掘金互联网保险

INTERNET INSURANCE

苏洁 著

中国金融出版社

责任编辑：亓　霞　张清民
责任校对：张志文
责任印制：丁淮宾

图书在版编目（CIP）数据

掘金互联网保险 / 苏洁著 . —北京：中国金融出版社，2017.5
ISBN 978-7-5049-9018-1

Ⅰ．①掘… Ⅱ．①苏… Ⅲ．①互联网络 — 应用 — 保险业 — 中国
— 文集 Ⅳ．① F842-39

中国版本图书馆 CIP 数据核字（2017）第 112787 号

出版
发行　**中国金融出版社**

社址　　北京市丰台区益泽路 2 号
市场开发部　　（010）63266347，63805472，63439533（传真）
网 上 书 店　http：//www.chinafph.com
　　　　　　　（010）63286832，63365686（传真）
读者服务部　　（010）66070833，62568380
邮编　　100071
经销　　新华书店
印刷　　北京松源印刷有限公司
尺寸　　169 毫米 × 239 毫米
印张　　17.5
字数　　261 千
版次　　2017 年 7 月第 1 版
印次　　2017 年 7 月第 1 次印刷
定价　　50.00 元
ISBN 978-7-5049-9018-1
如出现印装错误本社负责调换　　联系电话（010）63263947

序　言

近年来，我国经济社会生活的互联网化程度快速提高，这为互联网保险的发展奠定了坚实的技术基础。互联网保险的发展促进了保险市场的创新：一方面，迅速发展的互联网保险在部分领域打破原来的市场均衡、创造新的潜在均衡点，即突破产业边界，创新业务模式，为消费者创造价值；另一方面，互联网保险使得市场主体发现传统保险市场存在的不均衡及其蕴含的盈利机会，即通过对传统价值链的升级和改造，促进资源得到更有效地配置，推动市场趋向均衡。互联网保险就是在这种"均衡—不均衡—均衡"的循环往复中不断发展。其背后的根本驱动力是企业家、企业家创新精神和互联网等信息技术，即在竞争性保险市场过程中，企业家发现未开发的利润机会，通过互联网相关技术推动保险市场发展。互联网保险本质上是通过科技对传统业态的赋能与革新，技术革命及其诱发的机制创新正在促进保险业的思维变革、商业变革与管理变革，促进商业模式创新。互联网保险的产品创新、服务创新、模式创新交错迭代，螺旋上升，共同推动保险市场自身的发展以及保险行业与其他行业的跨界融合。

互联网保险发展的逻辑在于运用信息技术降低保险市场的交易费用，激发和提升保险需求，推动保险市场规模的扩大，这进一步促进保险市场分工的深化和效率的提升，从而推动互联网保险的进一步创新。这就形成了互联网保险市场不断发展的良性循环，即"创新—市场交易与市场规模—分工—技术进步与创新—市场发展"。同时，互联网保险通过对数据流、信息流的充分利用，可以以较低的成本实现对客户保险需求的量身定做，这要求保险市场主体的销售、产品、运营管理和服务模式等都发生相应的变化，以适应经营模式变革的需要。

目前互联网保险已然成为我国保险业最具有创新活力的领域之一。但其发展尚存在不少的挑战。从市场主体角度看，如何更好地彰显保险的核心价值是关系到互联网保险发展方向的重要命题。比如，在人身保险领域，如何既满足部分互联网用户的金融理财需求，发展理财型产品，又能同时发展以保障为基础和核心的产品，让互联网保险助力亿万个家庭的经济保障体系。在财产保险领域，如何既围绕不同生态链开发各种具有小额、高频、海量、碎片等特征的场景化产品，又选择具有"发生概率低、损失程度高"特征、最适合保险转嫁的风险，开发相应的新型消费保险产品，并借助于互联网保险的创新，低成本、高效率地为网络经济提供保险保障。另外，如何利用移动互联网提升个性化产品开发与定价的水平、提高渠道管理和理赔等环节的效率，以及通过大数据技术进行更为有效的健康管理和慢性病管理，提升保险服务水平。这些都需要保险业和互联网的创业者不断探索。

从监管角度看，为了促进技术与制度的协同演化，降低制度成本，监管机构有必要从行业层面推动数据保护、基础设施建设以及监管创新等，完善互联网保险发展的相关制度环境。面对保险市场的新生事物，监管部门既要以开放包容的心态拓展市场主体自由，鼓励创新，维护竞争方式的多样性，又要秉持法治精神完善监管。为此，监管部门必须致力于制定、维护和恪守一般性的规则，以法治的精神维护市场自由。

互联网保险的发展还需要开放、竞争的思想市场，相关的政策及其调整将会受益于观念讨论，并给市场带来巨大的变化。市场思想的繁荣需要媒体人发挥重要的作用。《中国保险报》之《互联网＋保险周刊》的主编苏洁女士是其中的翘楚。近年来，她追踪研究互联网保险，非常专业地从行业、公司、人物、专题等多个维度，对互联网保险多方生态价值链作了全景式的报道，持续对互联网保险的发展发出理性和建设性的声音。本书是她近年来不断求索和思考的结晶，很好地见证了我国互联网保险的发展历程。因此，我乐于作序，并向关注互联网保险的读者朋友推荐此书。

国务院发展研究中心金融研究所教授、博士生导师 朱俊生

2017 年 5 月 11 日

前 言

　　革故鼎新。每一次的技术革新、产业革命都涌现出了许多创新者和创新产品，如瓦特发明的蒸汽机，将人类历史推动了一大步；经过无数次的实验，爱迪生找到了合适的钨丝，发明了电灯，为人们带来光明；贝尔发明了电话，使现代通信时代到来。

　　如今，互联网的发展正悄然迅速地改变着人们的生活。在衣、食、住、行、用方面，人们几乎足不出户就可以解决遇到的问题。有人调侃说，未来没有网络将成为一种奢侈的富人生活。言下之意，多数人正被互联网"绑架"，离不开、少不了、会上瘾。而正是看到了"互联网＋"时代的商机，一大批互联网创业者涌现出来。

　　在这次互联网创业浪潮中，互联网保险领域是最为引人注目的。随着科技的进步，进入黄金发展期的保险业和日新月异的互联网结合起来。在普惠、平等方面，两者的本质非常接近，同时又各有特点。

　　2016 年，全行业共实现原保险保费收入 3.1 万亿元，同比增长 27.50％，增速创 2008 年以来新高。乘着保险行业发展的东风，互联网保险迎来了发展的春天。

　　这是一个最好的时代。

　　从数据看，互联网保险发端于 2011 年，2012—2015 年实现爆发式发展，仅 2015 年中国互联网保险保费收入达 2234 亿元。2016 年，共有 117 家保险机构开展互联网保险业务，实现签单保费收入 2347.97 亿元。其中，财险公司 56 家，实现签单保费收入 403.02 亿元；人身险公司 61 家，实现签单保费收入 1944.95 亿元。另外，2016 年新增互联网保险保单 61.65 亿件，占全部新增保单件数的 64.59％。

　　与此同时，用户对于互联网保险的接受度日益提高。根据蚂蚁金服与

CBN data 联合发布的《2016 互联网保险消费行为分析》显示，截至 2016 年 3 月，被互联网保险服务的用户已超过 3.3 亿人，同比增长 42.5%。也就是说，中国的"保民"逾 3.3 亿人，人数上是"股民"的 3 倍。

从监管看，2015 年 7 月，保监会出台《互联网保险业务监管暂行办法》（保监发〔2015〕69 号，以下简称《办法》），这标志着我国互联网保险进入新的发展阶段，该《办法》也成为各家互联网保险公司规范发展的政策指引，至此，互联网保险业务经营有章可循。

从融资看，2012—2015 年，共有 39 家互联网保险创业发生融资项目 55 起，其中仅 2015 年互联网保险融资项目达 29 起。互联网保险公司的融资总额超过 70 亿元，且近亿元的大额融资项目增多。

互联网保险"进击"速度之快让人震惊，也让各路资本垂涎其背后的巨大市场。从以众安保险为首的专业互联网保险公司的成立到第三方互联网保险平台等相关机构如雨后春笋般兴起，再到 BATJ 的互联网保险大战，一场互联网保险的变革正深刻影响、改变着保险业的发展态势和竞争格局。

互联网保险的发展，离不开科技创新的动力。互联网保险的创新归根结底还要依靠"技术"。遵循"无科技，不保险"的理念，在技术大变革的浪潮中，保险公司开始行动了……

顺势而为，开拓渠道，传统保险公司纷纷谋求互联网保险转型。它们借助第三方科技公司的力量，加入创新科技手段助力公司业务发展。比如，利用大数据技术分析用户行为，对用户进行标签，根据用户需求进行产品定制，从而实现保险产品"一人一价"；利用 UBI 技术的使用助力传统车险改革；利用区块链技术提高网络安全、减少欺诈行为、降低成本；利用人工智能加强自身智能投顾的水平；利用物联网对用户的健康行为进行奖励，投保人能够通过这种方式赚取保费折扣或者其他好处，进而使得投保人和保险公司的关系变得更加牢固。

技术颠覆给传统保险公司带来的是持续的挑战，而非一次单独的冲击。因此，降低颠覆所带来的影响，以及抓住其中的成长机遇对保险公司来说就不再是一劳永逸的目标，而是在一段时间内需要持续进行的日常工作。

在此，对于那些日夜操劳研发产品、奔波在一线的创业者表示敬畏，对于那些科技研发人员表示敬重，正是他们的付出为行业发展注入了创新元素。在未来的发展道路上，祝愿他们不忘初心，继续前行！

同时，感谢我所任职单位领导的鼎力支持，让我有机会对互联网保险行业有更加深入的了解；感谢在本书中出现的公司领军人物、创业者和投资人的配合，是他们让本书内容更加丰富、鲜活；感谢身边的好友、读者对本书的期待，让我更加有动力创作更多、更好的作品来回馈大家！

最后，借用一位知名企业家的话共勉。"从不间断地阅读关于新科技、新知识的书籍，使我不至于因为不了解新信息而与时代潮流脱节。"互联网时代，一切变化太快，唯有不断学习，才能跟上科技发展的脚步。

苏 洁

2017 年 5 月 11 日

目　录

第一部分　行业篇

第二部分　公司篇

第三部分　人物篇

第一部分　行业篇

一、行业综述

跨界融合引爆互联网保险 3.0

2016 年 2 月 15 日，深圳市银之杰科技股份有限公司发布公告称，保监会已下发批复公告，同意易安财产保险股份有限公司开业。至此，易安保险成为继众安保险、泰康在线、安心保险之后，第四家获批开业的专业互联网保险公司。也许不少人会问，这 4 家公司在经营互联网保险业务方面有何差异？未来互联网保险的发展趋势如何？

四方割据 各领风骚

作为国内首家互联网保险公司，一方面众安保险的成立可以说是互联网保险行业中杀出的一匹黑马，有"三马"背后支持，众安保险可谓含着"金钥匙"出生；另一方面，两年前，众安保险拿到国内首块互联网保险牌照时，对于互联网保险这个没有任何国外样本可以参照的全新领域，外界几乎是一头雾水，众安保险在这片旷野上"孤独"地探索了两年多。

众安保险目前实践的"互联网＋保险"模式可以总结为：一方面，通过互联网快速地接触客户，有效地了解客户的行为和需求；另一方面，负责提供金融产品，这些产品是基于客户需求而产生的，同时又借助互联网的手段以更低的成本和更精确的方式提供给客户。

可以说，众安保险的成立，颠覆了人们对传统保险的印象，真正做到了不是保险公司在卖保险，而是人们在买保险；不是单纯地把保险产品放到网上去销售，而是服务传统金融机构所不能服务到的人群。

相对于众安保险，2015 年底成立的泰康在线则别有一番"个性"。"2000年，泰康在线作为泰康人寿的互联网平台，率先探索互联网保险，经过 15 年的积累，泰康在线在产品创新、平台搭建、渠道拓展等方面积累了一定的经验。"泰康在线总裁兼 CEO 王道南表示，"仅仅是局部创新已不能满足市场对互联网保险发展的期待，也不能满足泰康人寿布局互联网保险的要求，我们需要在产品、服务、风控等各环节全方位创新。所以，泰康在线正式从泰康人寿的互联网保险平台转型为专业的互联网保险公司。"可以看出，虽然不像众安保险有天然的"坚强后盾"，但凭借泰康人寿深厚的保险底蕴和客户资源，泰康在线"背靠大树好乘凉"，发展互联网保险可谓雄心勃勃。

与此相比，2016 年初成立的安心保险似乎没有什么"先天优势"，但从成立之初起，安心保险就本着"问题导向"的原则，将解决保险"理赔难"作为未来业务开拓的首要目标，将从线上互联网服务创新和线下快速理赔优质服务两端发力，致力于为客户打造放心、贴心、安心又"惠而不贵"的极致服务。

据了解，成立不久的易安保险是银之杰、深圳光汇石油集团股份有限公司等 7 家公司共同发起筹建的，相比其他 3 家互联网保险公司，易安保险的成立则没有保险公司的背景依托，其以互联网保险为特色开展业务经营，充分运用互联网、云计算和大数据技术，实现保险业务和互联网、电子商务的高度融合，发展创新型的保险业务。

产品好不好用户说了算

"三马"设立众安保险的初衷是做线上生态系统的保险，当人们逐渐习惯线上生活方式后，线上保险的相应需求也随之产生。

谈及众安保险的未来，众安保险 CEO 陈劲表示要"做有温度的保险"。在他看来，互联网场景中大量、小额、高频、快速的保险产品可以离用户很近，运用碎片化的方法可以让保险更加人性化、有"温度"。他认为，互联网保险应该通过应用互联网的技术和工具以及去中间化、透明化、碎片化的方式，使得整个产业的价值链发生变化，保险产品将从金融链条的末端往前端转移。对于现在的众安保险而言，更多的是要面向未来，挖掘没有做过的市场、开发没有做过的产品以及服务新的客户群。

如果说众安保险更加注重产品的场景营销，泰康在线则是把互联网的社交属性和互联网金融的普惠精神融入到产品研发中。从只需要1元钱就能获得一份防癌保障，好友每支付1元，保障就增加1000元的"微互助"到专门针对淘宝卖家的"乐业保"，即每人每月缴纳10元，就能享受门诊和住院以及防癌保障。通过低门槛的保险产品，让更多人享受到互联网保险的普惠机制。

随着互联网不断普及，无论在需求、产品、客需等方面都出现了全新的"线上场景"。显而易见，各家互联网保险公司都在发力构建保险产品场景。

王道南表示，传统保险本来是个"冷"产品，一来进入门槛很高，人的一生中实际买保险的次数很少；二来就算是买了保险的人，只要不发生理赔，基本不会与保险公司产生互动。但通过与互联网生态结合，我们可以把"冷"产品变成"热"产品。

首先，因为互联网面向的是年轻的、大众的、个性化的客户群，所有产品的设计都要考虑这些用户的需求。现在白领人群压力很大，大多数人都处于亚健康状态，他们最关注的不是得了病以后怎么治，未来的养老怎么办，而是怎么预防重疾。比如泰康在线推出了一款真正提前预测癌症风险的产品——"癌情预报险"，通过三步权威筛查和保障责任的创新，让更多人因癌症早筛而受益。其次，依托用户的健康大数据做一些创新的尝试。例如，向一些用户赠送基因检测服务，帮助他们预见自己的健康风险，提前防治。泰康在线微信会定期向用户推送各种健康测试，基于他们的健康能力值，有针对性地告诉他们各个时节怎么吃，怎么养生。通过对他们健康的长期关注，实际上也起到了督促者的作用，真正把保险从事后理赔向事前干预转变。

谈及未来产品的设计方向，王道南表示：首先，会面向互联网用户，开发符合他们需求的保险产品，真正解决市场痛点，而不是以销售需求为导向。比如，公司在2016年初推出的"泰想家"抢票险，解决的就是用户抢票难的痛点。自1月5日上线以来，总投保件数已达到数十万单，可见这些真正解决用户痛点的保险产品还是能得到市场认可的。其次，在互联网保险产品的开发过程中，公司会结合移动端的特点，融入更多的社交化元素，让互联网保险变得更有趣。例如，在"微互助"中融入了"求关爱"和"送关爱"机制。另外，在移动互联网快速发展的大潮下，公司也在积极满足用户移动投保的需求。比如在公司官方APP和移动官网上，用户可以随时随地在线浏览、收藏和购买各种保险产品，甚至复杂的理赔都可以在线完成。

从 1.0 时代到 3.0 时代

如果说互联网保险 1.0 时代是保险的电商化，就是把传统保险搬到线上去卖；2.0 时代则是场景共生，如淘宝的退货运费险；3.0 时代就是跨界共创，将互联网保险和其他行业结合创造出完全不一样的东西。

目前在众安保险，三种业务模式是共生的，它们有的为企业带来现金流，有的为企业带来利润，有的却能为企业带来未来。

谈及互联网保险版本的"升级"，王道南认为，互联网保险 1.0 时代的发展模式只是把线下产品搬到线上，把互联网作为销售渠道，在产品设计上基本没有什么改变。在互联网保险 2.0 时代，很多公司在产品设计上也贴合互联网生态做了很多创新。把社交化、碎片化引入保险，让原本门槛很高的保险变得比较亲和。保险初级用户对这种保险产品比较容易接受，算是入门级别的能唤起他们保障意识的产品。不过，这类产品在保障能力上稍有欠缺。例如，"微互助"通过好友加保的方式，最多只能获得 10 万元的保障，一旦发生疾病，10 万元保障是远远不够的。而互联网保险 3.0 时代应该是通过和大数据的深度结合，更清晰地了解用户需求，为他们打造一整套合适的保险产品和服务，制定真正能改变他们生活的一整套风险解决方案。

他表示，互联网保险 3.0 时代的出路在于跨界融合。互联网保险与很多领域有结合和碰撞的空间，例如物流领域、在线支付领域、医疗养老领域等。

在安心保险总裁钟诚看来，传统保险的互联网化意味着对客户的服务必须落地。他表示，作为专业的互联网保险公司，应把线下服务资源通过线上技术连接起来，让客户得到一个舒心、放心、快捷的体验。传统保险公司需要很多分支机构，一是保证线下的服务到位，二是保证业务销售的需要。互联网保险的特质就是通过网上来承保，线下没有经营机构，而设置线下的服务机构很有必要，这也是安心保险与其他互联网保险公司的不同之处。

另外，钟诚认为，在未来的互联网保险市场中，大数据将会得到越来越多的应用。从大数据中可以找出特定人群的需求，并分析出人群中的共性，根据不同的人群特点和风险点开发出细分的保险产品。从客户体验上来看，未来的客户体验会越来越好，所有的保险流程通过互联网可以全部完成。此外，支付手段的变化也将带来便捷、多样化的支付方式，保费收取和赔款都方便了，客户得到赔款的速度会更快，购买保险将更简单。

第三方互联网保险平台迎来春天

"互联网＋保险"的热潮还在持续，由此催生的第三方互联网保险平台（以下简称第三方网络平台）正在不断壮大。相对于传统公司的电商化和专业互联网保险公司而言，第三方互联网保险机构在市场中扮演怎样的角色？未来发展前景如何？

第三方网络平台的优势

《互联网保险业务监管暂行办法》（保监发〔2015〕69号，以下简称《暂行办法》）中对于第三方网络平台的定义为：除自营网络平台外，在互联网保险业务活动中，为保险消费者和保险机构提供网络技术支持辅助服务的网络平台。也就是说，第三方网络平台如同保险中介机构，代表的是用户的利益，围绕用户需求量身定制保险方案。

创东方互联网金融投资总监康文胜表示，未来几年，随着保险行业的快速发展，互联网保险市场将会迎来爆发式增长，整体保持每年200%的增速是合理预期。传统流量模式的互联网保险销售时代已经过去，具备较强服务能力以及产品创新和运营能力的公司才能真正赢得市场。

可以说，在产品创新和理赔服务上，第三方网络平台都有着自身天然的"优势"。

顾问式"比价"服务

对于消费者而言，"货比三家"是一种本能的消费心理。由于第三方网络平台可以提供多家保险公司的同类产品，用户不再只有单一的选择，因此受到青睐。

记者了解到，2006年成立的慧择保险网，在几年前完成A轮风险投资后，于近日成功完成B轮融资。十年磨一剑，作为第三方网络平台的深耕者，慧择保险网目前已成长为国内成熟的保险电子商务平台。董事长马存军在接受本报记者采访时表示，目前随着互联网的冲击，保险销售模式已经由传统的人际模式转变为人机模式，也就是说，用户在哪儿，我们就在哪儿。线上保险销售的其实是一份"信任"和"托付"，这不仅要求服务快速全面，更重要的是专业化。因此，公司配备了专业的后援团队，建立了 7×24 小时无间断电话以及网络在线客服。

同样是第三方网络平台，开心保则将自身定义为"在线比价投保服务平台"，记者在平台上看到，所谓的"比价"优势在于：平台上有快捷引导、数据解读、产品优选几个功能选项，解决了用户在购买保险时条款难懂、销售误导等"痛点"，为用户购买保险缩短时间，为用户网购到适合自己的产品提供决策，特别适用于那些有选择困难综合征的保险"小白"。

根据需求"定制"产品

据中国保险行业协会的数据，2015 年，互联网财险累计保费收入 768.36 亿元，同比增长 51.94%，其中，财险公司通过与第三方网站合作获得保费收入 63.50 亿元，占比为 8.26%；互联网人身险累计保费收入 1465.60 亿元，同比增长 3.15 倍，其中依托第三方网络平台实现保费收入 1423.8 亿元，占比高达 97.2%。

第三方平台拥有更丰富的用户数据，可以更快速、更清晰地洞察用户需求，根据用户需求量身定制保险产品，从而为保险公司研发产品提供创新的方向。

业内人士表示，第三方网络平台与保险公司的关系是互补的，保险公司可以自由选择第三方网络平台，或者将其业务外包给第三方网络平台，这就为互联网保险的发展提供了更多的可能性，符合保险业产销分离的发展趋势；而相对于专业互联网保险公司而言，由于其经营的产品范围有限，第三方网络平台在产品种类上更具优势。

马存军认为，"定制"产品是未来保险业的发展趋势，因为其离用户最近，更符合用户需求，因此很容易被用户接受。

解决理赔"痛点"

第三方网络平台能够站在用户的角度，公正地为用户争取相关的权益，包括用户时常遇到的与保险公司因为理赔而产生的棘手问题。

马存军表示，理赔是我们非常关注的一个点，也一直是用户的痛点。理赔服务做好后，能吸引更多的精准流量，而用户在这个过程中享受到了好的服务，也会形成口碑传播，从而带来更多的精准流量。

据了解，慧择保险网的理赔O2O模式平台，改变了保险公司既当运动员又当裁判员的理赔难现状，该平台的优势在于：用户随时上传理赔资料，即时查看赔款进度的需求，而且还能满足所承接保险公司的理赔全流程服务需求。未来该模式还将衍生成为一个共享理赔平台，整合各地区的服务商资源，为全国用户提供落地理赔咨询和理赔协助服务。同时，为了让用户享受极致理赔服务体验，针对简易赔案，慧择保险网还将与战略合作的保险公司陆续推出小额快赔服务，即2000元以下，上传资料，一天赔付。

记者从新一站保险网了解到，针对行业理赔难的"痛点"，他们最新推出了"先行赔付"服务，即针对疾病住院医疗、意外医疗类产品，1万元以下的理赔款，将在6个工作日内直接赔付。这无疑提高了理赔效率，有利于提升保险行业的社会地位。

从B2B到B2C

记者了解到，目前第三方网络平台经营模式大致可分为两大类：一类是为个人提供多种保险方案的B2C模式，如开心保的比价模式、小雨伞保险等；另一类是为企业提供保险决策的B2B模式，如豆包网、悟空保等。

以慧择保险网为例，"慧择模式"可以说是B2C模式和B2B模式结合应用较好的案例典范。近十年来，慧择保险网从最初的代理公司的一个网销平台，到现在推出更多的对C的服务，为用户提供保险产品对比、定制服务。

保运通是慧择保险网为B端用户提供的平台，即为企业提供诸如货物运输保险、企业财产保险、企业责任保险，以及企业车辆保险等产品。从这个方向来看，慧择保险网考验的是如何能触达互联网新经济企业，并根据他们的需求设计出适合他们或其用户的保险产品。

聚米网是慧择保险网针对代理人设计的平台，目前号称汇聚了10万名保险代理人，其依托于慧择B2C平台的产品和理赔服务。"聚米平台提供一个独立的第三方网络平台，它连接代理人、消费者、保险公司和中介机构。"马存军表示，从代理人的角度，这改变了他们以前单个产品的销售逻辑，增加了对他们自身学习能力和产品鉴别能力的要求。从消费者的角度出发，他们得到了更加公正和公开的服务，有利于消费者通过产品组合获得最优化的保障服务。从保险公司的角度而言，增加了产品研发和服务方面的压力，因为消费者和独立代理人可以通过比较保险产品的条款和价格对产品进行取舍。对于中介机构而言，利用平台的聚合效应，利用大数据，可实现定制化开发贴近市场需求的产品，并通过精准交叉销售保险产品，突破目前产品同质化的瓶颈，激发用户真正的保险需求，并提供全面的售后服务，形成交易闭环。

警惕风险"短板"

在第三方网络平台准入门槛方面，《暂行办法》提出，满足以下五种条件的第三方网络平台，保险机构可与其合作开展互联网保险业务。第一，具有互联网行业主管部门颁发的许可证或者在互联网行业主管部门完成网站备案，且网站接入地在中华人民共和国境内；第二，具有安全可靠的互联网运营系统和信息安全管理体系，实现与保险机构应用系统的有效隔离，避免信息安全风险在保险机构内外部传递与蔓延；第三，能够完整、准确、及时地向保险机构提供开展保险业务所需的投保人、被保险人、受益人的个人身份信息、联系信息、账户信息以及投保操作轨迹等信息；第四，最近两年未受到互联网行业主管部门、工商行政管理部门等政府部门的重大行政处罚，未被中国保监会列入保险行业禁止合作清单；第五，中国保监会规定的其他条件。

《暂行办法》在明确定位保险机构、第三方网络平台职责同时，也强化了保险公司、第三方网络平台在保险业务中的行为约束，对包括信息披露、信息收集、信息安全等在内的操作环节进行了严格规范，从整体上提出更高的要求，这将有助于整个互联网保险行业的健康有序发展。

业内有关人士表示，多数保险产品具有非渴求性和复杂性的特点，对第三方网络平台同样具有"挑战性"。记者从几家第三方网络平台了解到，对于一些健康险产品的核保工作如何开展，其并没有详细的方案介绍，比如一些重大疾病保险在线下投保时都要经过"体检"这一关，体检通过才能投保，而第三方网络平台对于"核保"这一环节如何进行，是否有线下审核把关，值得商榷。若省去这一环节，一旦客户有"带病投保"恶意骗保等行为，就会对公司带来"威胁"，因此，存在一定风险。而对于后期理赔，也可能会带来一系列的"麻烦"，从而出现扯皮现象，导致用户对于保险的信任度降低。

因此，线上和线下须紧密配合，业内人士表示，没有保险公司线下核保、理赔、保全等配套服务环节的支持，第三方网络平台的局限性将成为其进一步发展的障碍。另外，保险公司在与第三方网络平台合作的过程中，线下的功夫不仅不能放弃，还要不断加强和完善。

互联网金融反欺诈：一场没有硝烟的战争

互联网时代，我们足不出户就可以解决很多问题，但互联网在带来快速便捷的同时，也伴随着巨大的风险——互联网金融网络欺诈。当前互联网诈骗出现了三个新特点，即从撒网式向精准化转变、大数据成为诈骗工具、诈骗个案的金额越来越大。随着互联网金融业务的不断发展，保障交易安全、降低网络欺诈行为的重要性将日渐凸显，而保障网络交易安全将是互联网金融业务的基础。对于互联网金融企业、用户和安全管控与信用评估服务供应商来说，互联网金融反欺诈，是一场没有硝烟的战争。

风险防控的必要性

对于大数据风控，同盾科技 CEO 蒋韬认为，第一，数据成本比较高。大家在做风控的过程中，越来越觉得数据风控成本非常高，我们有强大的风控团队，但是他们需要跟各种各样的数据供应商打交道，需要测试数据的有效性，需要测试数据维度的广度，需要测试数据的覆盖度。同时，拿到了这些数据还要不断地校验，调整自己的模型，这个过程成本非常大。第二，在中国，每年因为欺诈所导致的损失约 500 亿元，这是资金上的损失。第三，相对于国外的诚信机制，我们在互联网上做了一些事情，没有任何成本。我们可以到多家机构去借款，但是没有一家机构帮助我们做这样的防控。

上述人士表示，在互联网金融领域，反欺诈方面占比非常大。比如消费金融，消费金融是信贷的一个申请环节，其实对于欺诈风险的防控非常有必要。很多大的消费金融公司，他们在扩展线下业务的时候开了很多的门店，在门店周围都会有一些相关的中介机构，帮助高风险人群获取贷款，这样的中介代办行为非常多。再如，保险理赔方面也有非常大的欺诈风险的需求。

蒋韬认为，风控最重要的是以下三方面：一是数据，二是高质量的数据，三是大量的高质量的数据。

　　蒋韬将欺诈风险分为两类：一类是注册、登录、交易、支付等环节的欺诈。注册欺诈具体表现为垃圾注册等，比如伪造登录，即通过账户把一些用户密码拿过来之后，进行虚假的登录、交易，包括刷单的交易、支付盗卡交易等，这是通常在欺诈领域定义的与交易相关的欺诈场景。对于这种欺诈类型，必须要作出一个实时的事中的响应，否则这笔单子一过去，这笔钱失去之后，事后会很麻烦。但是事后可以做一些分析，最好是在这个损失发生之前把它控制住。第二类是"假阳性"。做任何的风险控制，要跟客户的服务感受度结合在一起，你不能错杀太多的好客户，导致你这个风控策略无法往下进行。

　　在同盾科技反欺诈及基础产品总监祝伟看来，反欺诈是一场没有硝烟的战争。"我们在做反欺诈的过程中，遵循以下几点：第一，我们一直在强调跨行业的联防联控，也希望能够通过构建一个诚信网络，打破信息孤岛；第二，希望在现有的事中风险决策基础之上，能够更进一步，构建一个风险发生之前、风险发生当中，以及风险发生之后的闭环；第三，因为是一场没有硝烟的战争，我们要拥有一个专门的技术团队，做这样的技术攻防的升级。"

利用大数据技术进行反欺诈

　　宜人贷首席数据科学家种骥科认为，大数据的概念确实很大，大数据的价值也是在近几年慢慢在各行各业把技术应用到这种行业中的时候体现出来的。在他看来，大数据技术体现最显著的一个行业就是金融业。在金融业里，体现最好的地方是互联网金融行业，可以说这是互联网底蕴和金融底蕴非常完美的结合。在这个结合的过程中，如果互联网公司在线上做这种信贷借款和出借的信息中介服务，一个最重要的环节就是反欺诈，因为在线上没有面对面的环节，所以反欺诈变得最重要。大数据价值的体现，可能也是在这种互联网行业、金融行业发展的过程中，最后得到了杠杆效应的最大点，这是非常好的大数据价值的体现。

　　"关于大数据这个问题，未来我们会看到数据获取的成本越来越低，而且数据本身的价值不会特别高，因为假如有一天把所有的数据开放给公司，那成本将会更低。将来真正竞争的核心是怎么利用这些数据解决具体场景的问题，而且大家千万不要小看解决问题的能力，你要把解决问题的能力做得越厚越好。"知识分子CEO纪中展表示，所谓的"厚"，就是要从产品、技术、专业服务、建模、咨询入手，在这些领域成为顶级专家，因为不仅仅是解决问题，而且要学会融会贯通，可能包括信用卡、消费金融、汽车金融，包括小贷、P2P，每个行业风控的模型和流程都不完全一样。比如像汽车金融，它的风控价值到底在哪里，人家凭什么用你的东西，会不会在汽车金融方面对大数据的风控能力有需求，因此要求你对整个风险场景有一个非常充分的把握和认识，只有这样才能把这个业务做好。依此类推，像广告行业，怎么用这些数据真正解决广告推送，或者提升广告效果。"所以我觉得专注这个特质，对于大数据公司来说其实非常重要。"

启明创投合伙人叶冠泰则表示，大数据方面，有两种公司可以做投资：第一种是针对这个"大"字，就是数据量大到一定程度的时候，用什么样的软件、什么样的系统、什么样的设备，来存储、处理、分析数据。第二种是将这些"大"数据贴合行业细分，能够整理、分析，最后把数据能够变成一个服务卖出去，这是非常困难的。"这就要求你必须深刻了解客户的需求，对你的数据有很清楚的处理与整合的能力，从服务的角度来帮助客户更好地使用数据，从而产生一些新的产品服务于客户，我觉得这才是真正的大数据。"

在国内市场做信贷业务、风控业务已有约30年经验的阳光信保首席风险官梁玉苹表示，大数据的应用在外资银行其实很普遍，通过对数据的分析应用做决策也很普遍。在互联网时代下，"大"就是无限空间。

由此看来，移动大数据在预防互联网恶意欺诈和高风险客户识别方面，已经有了一定的应用场景。如宜信、聚信立、闪银已经开始利用TalkingData的数据，预防互联网恶意欺诈和识别高风险客户。移动大数据应用场景正在被逐步挖掘出来，未来移动大数据商业应用将更加广阔。

互联网金融进入内部整合与洗牌的关键期

2016 年可以说是互联网金融最为艰难的一年，政府加强了监管，市场唱衰，资本冷却，以 P2P 模式开启倒闭潮，整个行业面临信任危机。然而，互联网金融在重压之下依然势头强劲，原因在于以下两个方面：一方面，互联网金融因其独特功能，具备无可替代的时代优势，冲锋的势头异常汹涌；另一方面，众多企业在舆论的漩涡中奋力进取，积极探索市场的生存空间和变革之道，寻求强力突围。

2016 年下半年，互联网金融业展现"新面貌"："裸泳者"将被剔除，迎来规范发展之年，整个行业进入内部整合与洗牌的关键时期，金融企业也进入弯道超车、突围进化的阶段。

在"冰火两重天"的背景下，专家、业界怎么看？未来互联网金融发展趋势如何？下面的观点极具代表性。

中央财经大学教授、金融法研究所所长黄震：

传统金融机构唱主角

对于未来互联网金融的发展，黄震认为会有以下趋势：

第一，传统金融机构唱主角。第一个原因，我们的金融消费者不成熟。在中国整个金融市场不完备的情况下，大多数人信任由国家信用背书的正规金融机构，所以大家还是选择它。第二个原因，大家手里钱很多，相对安全的还是银行等这些金融机构。因为过去我们一致认为它们大而不倒，这是由国家做信用背书。第三个原因，传统金融机构也在进行互联网金融转型，而且动作越来越大。

第二，互联网金融企业面临大洗牌。有人说血洗互联网金融行业，为什么会出现这样的情况？最主要的原因是我们这个行业鱼龙混杂、良莠不齐，需要优胜劣汰。

第三，产业巨头纷纷涉足互联网金融。大家都看到了这个大趋势，像海尔、碧桂园等这些传统企业都来做互联网金融，互联网金融的路径主要是产业链金融、供应链金融、消费金融。

第四，行业生态链逐渐要建设完整。生态的发展要从政策方面，为更多的第三方服务，进而与整个生态形成一个相互的关联。

第五，资本追逐创新的平台。过去互联网金融出现这么多问题，很多是由于同质化造成了恶性竞争，所以需要有差异化，有真正独特技术的平台。

第六，整个政策环境会有很大的改变。互联网在2015—2016年，最大的变化是政策环境的变化，市场环境没有太大变化。所以我在2015年说请注意政策风向，但大家没有明白政策风向到底怎么吹。

第七，监管。互联网金融就是跨界，现在回到各管一段的管理模式很难，监管在与时俱进，不断地改进中。

第八，行业自律更加有力。互联网金融领域有三伪：一是伪平台，有很多打着互联网平台的名义，做线下金融，其实是伪平台。二是有很多互联网金融伪专家。三是伪协会组织。对伪平台、伪专家、伪协会组织一律要进行公示打击。

第九，消费者权益保护。这个体系会日益成熟，但道路还很漫长。中国互联网金融真正发展的基础就在于金融消费者，要成为理性的、负责的、并且具有有意识的风险承受能力的消费者，这一点非常关键。

第十，国际交流互动更加频繁。互联网是无国界的，技术创新还有更多的空间。

易宝支付创始人唐彬：

互联网金融要回归本原

互联网金融的关键点：第一是回归本原，本原是客户。今天是互联网的冬天，投资人是嫌贫爱富、锦上添花的，大部分投资人跑掉了，剩下的很少，真正给你钱的不是投资人，而是客户，回归客户这是做商业的根本。第二是回归金融。以为做金融就是靠创新把客户服务好就够了，其实还远远不够，他有两个客户：一是给我们赚了钱的客户；二是给监管许可的客户，这两个最重要的客户都要服务好。

如何在互联网的冬天里抓住机会，等到春天时上个大台阶？这个时候特别强调两个因素：一个是用户；另一个是技术。因为互联网世界有技术，像大数据技术、移动互联技术、区块链技术，不利用好技术怎么竞争呢？一是顶层武器——云计算，二是移动互联——连接武器，三是大数据这样的武器。

如今互联网金融为什么碰到很多困难？一方面是行业发展早期良莠不齐、劣币驱逐良币、制度安排不到位；另一方面是价值链尚未成形，比如资金存管，资金存管不好，没法相信你。它的传统模式是传统经济，互联网长尾原则。这时借鉴第三方支付是怎么成功的，在今天中国零售市场上，80%的零售市场，银行只是后台的接口而已。

玖富联合创始人兼COO刘磊：

消费金融场景化与移动化

现在消费主力群体是"80后"和"90后"，他们属于新兴的中产人群。这些人目前的消费能力有限，但他们的消费观念和消费意识远远超越了他们的前辈，所以消费金融有了巨大的市场。即使"60后""70后"消费额再大，但让他们贷款消费却有一定难度。从买房角度来看，如果到父母的年龄，攒点钱会提前偿房贷，不会拿攒的钱消费，但"80后""90后"不会攒钱提前还房贷，而是去消费。我们慢慢发现消费的人群已经具备了。

举几个例子，比如租房，刚毕业的大学生到了北京、上海这种大城市要租房子，遇到押一付三等不同的支付方式，租房押金动辄上万元，刚毕业的大学生资金紧张怎么办？通过金融场景的设置，让你只交一个月押金、按月交租金。对房东而言，提前把一年租金拿到了，这样他可以打折。房东拿到了钱，租房者拿到了低价位，我们赚到了差价，但如何控制风险？签订协议，哪个月交不上房租了，我帮你垫付，如果不租房了我委托中介机构转租给别人，风险可控。租房者没有拿到实际的资金，整个场景中风险可控，这就是消费金融，而且利息很低。

另外一个是我们目前理财成本比较高。我们理财成本不跟银行资金一样，现在好多银行不一定拼得过互联网金融企业。

麦子金服 COO 杨恒：

互联网金融向 3.0 时代进化

随着行业的发展，整个中国互联网行业进入从萌芽到发育的过程，核心关键词是垂直化，向细分领域、向整个行业的纵深进行延展，开始初步形成原始的丛林，像一个丛林社会一样，里面有动物、有植物，他们的结构是非常多的，生物多样性在这个阶段发展得非常明显，开始进入野蛮生长的阶段，这只是 2.0 的阶段。我们目前看到一个新的方向，会向什么样的方向发展呢？这个方向大家都比较清楚，是团购，大家都经历过 2010 年开始的团购大战，号称千团大战，美团和大众点评这两家现在合并了，现在市场上剩下的就两三家，其他没有了，行业会经过萌芽，经过原始的竞争状态，最后一定会走向整合。

然后是电商。电商的市场比团购大一点，电商玩家有阿里、京东，还有小的垂直平台。电商的行业容量比团购大一点，所以它剩下的玩家更多一点。密密麻麻非常像早期的团购。但是因为互联网金融这个行业的市场容量会更大，所以说未来综合性的产业生态平台和金融科技平台、有自己竞争壁垒的这么一些公司可能会胜出，最后剩下的玩家应该会比团购以及电商剩下的玩家数量要多。因为这个行业的特殊性，他比单一的团购电商覆盖得要更广一点，剩下的玩家更多。尤其是资金端的整合。状态、产业程度比资产端整合程度要大好多。对于资产端来讲，每一个资产端面对的是细分的市场、细分的产业，资金端面对同一个人群，面对整个中国广大有投资理财需求的用户，市场同质化程度更高，互联网金融未来几年会是这么一个演变的趋势，向垂直化、长久化的生态平台过渡，形成繁荣的阶段，姑且我们叫它 3.0 时代。

海尔产业金融副总裁兼 COO 张磊：

如何打造产业金融的共赢生态圈

对于产业金融新思维，我认为：第一是工具的金融。传统银行包括金融机构主要看负债、看净资产增量。工具另外一面是金融远远不是卖资金的问题，而是金融工程、制度安排、交易社会、产品组合。

第二是合作的金融。银行或其他金融机构没有看到客户背后强大的能力，根据所有生态圈中参与者的金融禀赋，我们尝试整合资源，确定共同的目标。我们改变了价值创造的方式和分配方式，整个生态圈中的各个参与方不是博弈关系，而是合作金融。

第三是积极的金融。为什么说我们是农民式的金融从业者？因为我们是以农民种地的心态做金融。比如跟产业合作，首先是看整个行业，看微观操作层面，我们可能进入一个企业做三个月的长期咨询，提供整个的解决方案，而不是做一个项目。在这种情况下，我们提供的是增值服务。

二、行业观察

第三方互联网保险机构有戏

2015 年是互联网保险发展的元年，对于保险中介机构来讲，更是迎来了发展的春天，《中国保监会关于深化保险中介市场改革的意见》《互联网保险业务监管暂行办法》等利好政策的颁布，让中介机构有了更好发展的土壤，进一步推动保险行业互联网化进程。互联网保险从被动销售的产品转化为主动需求的金融产品，已成大势所趋。

全流程服务诉求呼声渐高

"保险在互联网的过程当中，主流一定不是保险公司官网，就像现在消费者购买机票的主流入口不是航空公司，而是携程网、去哪儿网这样的网站一样。未来互联网保险的入口是代表消费者利益的平台。"慧择保险网 CEO 马存军说道。

如今第三方垂直商务网站如雨后春笋般成立，开拓了互联网保险发展的新格局。以慧择为例，成立于 2006 年的慧择在行业内提出了互联网保险服务平台的概念，旨在构建从产品设计到理赔服务的完整生态圈，为用户提供从售前咨询、售中投保、售后保全到理赔的一站式、一致性的顾问式保险服务。

据了解，"慧择模式"分为以企业为服务对象的保运通、以代理人为服务对象的聚米网和以兼业代理人为服务对象的 CPS/API，通过多渠道全方位地为客户提供高性价比的保险服务。目前，慧择提供 70 余家保险公司千款产品的销售，积累了超过 500 万条个人用户数据，快速发展了超过 20 万名保险代理人用户，并形成了独特的模式。

在互联网保险各方力量蓬勃发展、相互博弈的过程中，可以预见第三方专业互联网保险机构前景会被看好：一方面，利用平台的聚合效应，实现保险资源的共享与合理利用，保险行业生态得到重塑；另一方面，第三方平台改变保险公司营销驱动发展的弊病、帮助独立代理人以多种产品资源服务用户、最终消费者得到优质的产品与服务，行业中每一个角色都得到更好的回归。

保险产品自身的复杂性，对提供方服务能力提出更高的要求，全流程服务诉求呼声渐高。以独立于保险公司的第三方角色，为用户提供全程专业保险服务，并提供全程协助理赔服务以及先行赔付模式，不断改善用户体验，将成为发展趋势。

评估风险有的放矢

谈及互联网保险涉及的各种风险，中央财经大学保险学院副教授徐晓华认为，互联网保险各种平台的风险，可以分为两个方面：一方面是保险产品本身的风险，从目前的情况看，由于保险监管相对到位，这方面问题不是太大；另一方面是与保险产品嫁接的其他产品和业务风险，这在保险 3.0 时代会非常突出，值得大家高度重视。

对于消费者来说，面对市场上众多的互联网保险平台，如何选择适合自己的平台和方式购买保险？徐晓华表示，购买保险的渠道很多，消费者可以根据自己的情况，选择比较便利的渠道购买保险产品，不必特意强调要通过何种渠道或者平台购买保险，核心是要评估自己的需要，准确评估风险，有的放矢。

抢红包买保险，国人"网"上过春节

除夕夜，可以说全国网民手上和心里最热的一个词就是"抢红包"。据悉，在春节期间，有超过11亿元的现金被腾讯与阿里巴巴投放到红包大战中。在互联网"永不打烊"的特性驱动下，2016年的春节，抢红包已成为商家"互联网＋"的有效实践。

白领小李26岁，初入职场的他2016年春节过得特别"有意义"，听说今年红包大战将会异常热闹，小李便提前做好了"功课"。为了集齐"五福"领取超大红包，小李也是拼了——提前下载了最新版的支付宝软件，还将家里的无线网进行了优化，确保"万无一失"。除了支付宝红包外，QQ和微信等也成了小李的"战地"。除夕夜，小李都没顾上看春晚，抱着手机聚精会神地刷屏、摇一摇……功夫不负有心人，一晚上下来，"战果"还不错，算下来有200余元，头一回抢了那么多红包，小李颇有成就感。小李说："现在移动互联网越来越发达，用手机抢红包也成为一种新的过年方式。"

据企鹅智酷独家发布的《中国"互联网红包"大数据报告》（以下简称"报告"）显示，目前互联网红包在城市手机网民的渗透率为89.5%，红包高频用户集中在20~29岁，渗透率达92.6%。另外，除夕微信红包、QQ红包收发总量达到122亿个，是2015年的7.5倍。互联网红包从最开始的节日活动，逐渐发展成为替代贺卡、请柬的情感表达工具，成为一款成熟的社交场景应用。

无独有偶，张女士是一名退休教师，新年伊始她学会了玩微信，并建立了自己的微信圈和兴趣群。随着微信红包的普及，2016年春节的压岁钱是她直接以红包形式发给孙子孙女们的，这是她第一次使用互联网红包，她觉得非常方便，孩子们也乐于以这种方式接受。"互联网时代，网络拉近了人们之间的感情，抢发红包已经不仅仅是一种娱乐方式，更多的成为一种社交方式，通过这种社交方式来增进人们之前的情感交流。"张女士感慨道。

据报告数据显示，在社交平台的推动下，互联网红包在 50 岁以上的"白发网民"中也呈现出高达 64.6% 的渗透率，其中日活跃用户达到 28.1%。另据蚂蚁金服的相关调查数据显示，在"50 后""60 后"与"80 后""90 后"的春节红包互动中，年轻人给老年人发的支付宝红包，平均金额为 518.2 元，这个数字比长辈发给晚辈的支付宝红包平均金额要大出不少，后者为 382.7 元。可见，网络红包正成为晚辈表达心意的新载体。

红包在 2016 年春节又一次超乎想象的被引爆了。互联网红包从一种简单的游戏，变成了全民参与的现象级产品。从线上到线下，一场围绕"红包"的移动互联网浪潮正在悄然改变我们的生活和身边的商业。

开始，大家以为它仅仅只是"钱"，后来我们发现它拉近了彼此之间的情感。如今，从商家的各种红包以及铺天盖地的优惠券类互联网红包，生硬的营销渐渐变成了一种消费新场景。通过社交链条，将服务惠及自我和身边人。

互联网渗透在春节生活的方方面面。除了抢红包外，类似的"春节保险"也让这个春节"温暖如春"。据蚂蚁金服的数据显示，在当年春运购票高峰期，通过支付宝购买的火车票数量比上年的购票高峰增长了 40%，可见，互联网在出行领域的渗透正在加速。而买完车票后，投保一份"春节保险"，也成为回家路途的必备。

据了解，2016 年支付宝首次上线"春节保险"，针对春节期间的交通安全、食品安全、鞭炮安全、家庭财产安全四类问题进行保障，目前累计投保人数超过 1000 万人，其中不少用户都是在外打工者。

过年有了更多新的方式，中国人的新春记忆里也增添了更多互联网的印记。蚂蚁金服 CEO 井贤栋表示，"互联网正在成为生活的水电煤，但是，改变，是为了不变的年味，我们希望，互联网技术能够让团圆更加轻松，让过年更添福气。"

相关链接

微信：2016 年春节，除夕当日微信红包的参与人数达 4.2 亿人，收发总量 80.8 亿个，是 2015 年春节除夕当日 10.1 亿个的近 8 倍。

QQ：2016 年春节，除夕当日 QQ 红包的参与人数 3.08 亿人。收发总量 22.34 亿个。除夕夜全球 QQ 用户共"刷"1894 亿次，参与 QQ 红包活动的用户中，"90 后"占到了 75% 以上。

支付宝：2016 年春节，除夕当日支付宝红包总参与 3245 亿次，共有近 80 万人集齐五福红包。三四线城市参与支付宝红包的用户占比为 64%。

互联网保险产品新"玩法"

"互联网＋产品创新"是目前乃至未来互联网保险市场发展的主流。所谓"创新"包括两个方面：一方面是顺应互联网保险市场发展趋势的传统产品"升级"，诸如"退货运费险""航空延误险"等；另一方面是根据不同场景衍生出的创新型险种，诸如"雾霾险""高温险""碎屏险""忘穿秋裤险"等。只有想不到，没有做不到，那些令人脑洞大开的险种不禁让人感叹，国人真是越来越会玩了。记者仅以几款常见的、具有代表性的产品为例，分析互联网保险产品的创新之处，以窥其中的奥妙。

退货运费险：迭代升级覆盖不同场景

退货运费险（以下简称退运险）曾一度被称为"最具互联网保险基因的产品"，因其符合互联网保险"场景化、碎片化、高频化"的特点，所以广受欢迎。

数据显示，2015年"双十一"购物节，退运险淘宝网销售3.08亿单，超过了2014年"双十一"的1.86亿单，增长近65%。退运险之所以畅销，是因为其抓住了客户的"痛点"，不管对于买家，还是卖家，以及第三方电商平台，退运险都能满足他们各自的需求。

据了解，退运险在2014前基本都处于亏损状态，其中包含保险欺诈等原因，保险公司对于这块市场基本是赔本做买卖。之后，保险公司经过大数据定价以及后台风险技术防控，该险种才开始逐渐创造利润。

技术创新是一方面，产品"升级"也是该产品近年来广受追捧的重要因素。以众安保险的退运险为例，该产品上线两年多以来，在定价方式及核保核赔等运营方式上都在不断探索。

在定价方式上，从过去的精算定价进步为大数据定价方式；在运营方式上，顺利上线了第三期自动复核模型系统，充分利用大数据将同人模型、风险评分及业务规则镶嵌进系统，全程基本不需人员干预，提升了业务上自动处理的效率及准确率。

相较于之前，在退运险理赔时，保险公司可能在定价上拿不准，在核保上相对简单，以致出现该险种"只赔不赚"的现象。

另外，升级后的退运险覆盖了不同电商平台退货场景。除了淘宝天猫平台的退运险以外，也在向不同电商平台延伸。2015年6月，淘宝上线家装O2O平台极有家，专攻垂直市场。针对这个平台，众安保险牵头孵化了一套极有家卖家综合保障服务，专注于解决大件物品的退换货保障问题。该款产品也是基于原先淘宝天猫平台退运险的升级版。升级的极有家卖家综合保障，包括一年质保、假一赔三、破损包赔、运费险四个产品，涉及履约保证险、货运险、运费险等险种。

可以看出，退运险已经不仅仅局限在小件物品不满意退货所带来的运费风险，而是随着客户需求的变化不断升级为大件物品从购买到物流运输再到后期服务的整个过程，并且保障范围也较之前有所延伸，而这其中所隐藏的"商机"也贯穿物品购买的始终，从中可窥得该险种的盈利点。

航空延误险：当互联网遇上智慧机场

航空延误险（以下简称航延险）在互联网保险产品调查满意度中排名靠前，可见该险种的受欢迎度。目前，经营该险种的机构之多、范围之广，让消费者有些摸不着头脑。各家公司销售的航延险究竟有何不同？

记者从保险电商平台——开心保了解到，目前其在售的航延险从保障期限看可分为单次、包月、季度和1年期。从保费和延误时间上看可分为延误1分钟、30分钟、1小时等阶梯赔付，此类起赔点低、门槛低，且大多数是根据乘坐航班号进行投保；另外，有延误2小时、3小时或4小时一起赔付的，此类不限制航班号，需最晚提前1天投保。从理赔区分，有自动理赔到账和提交资料申请理赔。自动理赔到账多与航班号挂钩购买，理赔时间短，保额较低。提交资料申请理赔，有单次和1年期，不与航班号挂钩，一般保额较高。从购买时间分，有提前1天购买和当天购买的产品。

除了以上特点外，目前上述公司还针对旅客与人保财险合作，推出1年期"人保超白金"航空保障计划，延误4小时即理赔2000元的高额保障，每年可申请4次理赔。从产品保障范围来说较之前更加"超值"。

相较于此，众安保险的延误险则多了几分"智能化"的色彩。2015年，众安保险联合微信、飞常准、航联，推出一款在机场场景下"即买即用"的延误险：在计划起飞前4小时到延误发生后2小时内，只需通过微信摇一摇就能购买，最高赔付达到1000元。据了解，这是北上广深六大智慧机场首次支持在机场直接购买延误险，用户投保后也将同步获取所有候机信息服务，由此，也为其他行业的发展带来商机。

"我们需要让用户的等待时间变得有价值。"众安保险产品经理严鹏介绍，"机场已不再是简单的候机和到达的场所。"同理，用户在机场也不仅仅只有候机那么简单，他们更希望在越来越高频的飞机延误场景中有事可做。

"传统的延误险至少需要提前一天购买，提供的是固定的投保标准；而微信摇一摇延误险的投保标准则根据'预测起飞时间'而定，可随机场情况、气候、航班等不同因素的变化而变化。例如，在延误前和延误后得到的预测起飞时间是不同的，实际起飞时间只要迟于它，延误1秒钟就能获赔。"严鹏介绍道，"正是由于有了这一动态的预测起飞时间，用户在航班延误后2个小时内都能够购买。"

据了解，现阶段众安保险已经形成了多达十几款航延险的产品体系，基本覆盖了各个场景：之前已在官方微信、航空类APP、移动支付平台等渠道推出了不同类型的航延险。微信摇一摇正是在此基础上的智能升级。

业内人士认为，这是互联网保险首次进军物联网结合移动社交的场景，未来若更多地结合这一场景，将更加有利于打开互联网保险跨界创新的局面。

步步保：保险如同"游戏"一样"好玩"

"走路也能获得保障？"是的，如今在各大写字楼里经常看到利用休息时间坚持"运动"的白领们，他们有一共同特征，那就是喜爱运动、坚持锻炼。有没有一种软件可以帮助运动爱好者在得到锻炼的同时获得保险保障呢？

记者了解到，众安保险在2015年推出了一款"步步保"的互联网保险产品，该产品实质是一款互联网健康险。该产品不仅以用户的真实运动量作为定价依据，用户的运动步数还可以抵扣保费。

　　据悉，步步保通过与可穿戴设备及运动大数据结合，用户只需在微信里搜索关注该公众号，就可以轻松搞定每天的运动计划。然后，系统会根据用户的历史运动情况以及预期目标，推荐不同保额挡位的重大疾病保险保障（目前分档为 20 万元、15 万元、10 万元），用户历史平均步数越多，推荐保额就越高。

　　步步保产品经理崔晨表示，该产品有以下三个特点：第一，鼓励用户运动，让用户了解"行走有价"。为了让更多用户参与该产品的体验，步步保第一个月体验是免费的。用户在投保时需要选择适合自己的运动目标及保额，在参与过程中，用户每个月的运动达标情况，将直接影响下个月的保费价格。第二，关注每个用户的健康变化过程，将健康管理前置。保单生效后，用户运动达标天数越多，下个月需要缴纳的保费就越少，甚至可以免费。这种以运动因子作为实际定价依据的保险服务，也使得步步保成为与运动大数据结合的健康管理计划。第三，打造像游戏一样"好玩"的保险。由于互联网的特质，消费者主体以"80 后""90 后"的年轻人居多，这类群体对于新事物的接受程度较快，并且爱"玩"，在设计产品时考虑到这一点，希望通过"玩"来拉近与用户的距离。另外，也想通过这一趣味性的娱乐方式，改变用户对于保险的认知，让他们快乐体验的同时获得保险保障。

　　"当你每天运动达标时，既有酣畅淋漓的快感，又能免费换取重疾保障，获得双重喜悦；而当运动没有达标时，虽然原因可能是自己运动不足，但用户依然可以通过每日低廉的保费继续补充自己的保障，以此不断提醒自己坚持运动，主动管理自己的健康。"崔晨说道。

　　有网友调侃，"一份保险设计到这个份上，一定是真爱了。"

　　可能有人不禁要问：既然是免费体验，那保险公司靠什么盈利？要知道，商家推出这些产品的目的并不在于直接盈利，而是通过免费的碎片化保险来吸引流量，增加用户黏性。另外，由保险需求切入保险产品然后再进入其他各个行业，在保险与传统产业链之间形成服务闭环，从而实现其商业价值。

互联网冲击下传统保险公司怎么"玩"

随着互联网保险主体的不断壮大，经营互联网业务的公司如雨后春笋般涌现。数据显示，2011—2015 年，经营互联网保险业务的主体从 28 家上升到 110 家。截至 2015 年 6 月，全行业经营互联网保险业务的财险公司和寿险公司达到 96 家，较 2014 年底新增 11 家，这一数额超过了我国现有财险公司和寿险公司机构数量的一半多。相比专业互联网保险公司和第三方互联网保险平台，传统保险公司的竞争力何在？传统保险公司怎么"玩"才能顺应互联网发展大潮？

错位竞争是传统保险公司发展的出路

互联网大潮愈演愈烈，互联网保险已处于爆发前夜，大型保险公司的互联网转型往往集中于自身的渠道建设、牌照争取、服务的线上线下结合或者和第三方渠道合作；而中小保险公司，则在创新产品上做文章。

目前，几家国有大型保险公司，基本都成立了自己的互联网子公司。记者了解到，作为国有大型保险公司的太保集团在 2012 年全资设立了"太平洋保险在线服务科技有限公司"，定位于打造集团公司"互联网＋"战略下的创新型互联网服务平台。其在互联网保险方面的布局主要有以下几点：第一，主动根据客户使用互联网的习惯快速布局。自有 PC 端、移动端微信、移动端 APP、移动端 WAP 等数字化界面实现了全覆盖，同时拓展与第三方渠道合作，如与 BATJ（百度、阿里、腾讯、京东）、苏宁易购、交通银行等第三方门户网站及互联网渠道合作。第二，积极利用互联网手段优化保险产品供给。据悉，目前客户可以在线查询全集团产品的详细信息，可以直接全流程在线购买 53 款保险产品，线上线下融合的 O2O 产品数量接近 100 款。第三，整合线上线下服务资源。通过线上营业厅，满足互联网客户"一站式""快速响应"和"自助式服务"的需求。第四，聚焦线上线下客户体验提升。在集团层面成立客户体验专项项目，了解客户需求、发现体验痛点，提升全流程客户体验。

相比太保的多样化创新转型，合众人寿则以科技创新助力互联网转型，"将互联科技作为公司的重要战略，积极拥抱互联网，通过互联网生产工具重构公司销售、服务、管理等环节，从而提升公司整体经营效率和行业竞争力。"合众人寿互联业务部负责人丰志刚表示，"互联网给保险带来了新的活力与生机，它不仅给保险提供了网销新渠道，还形成了互联网保险新业态。"

虽然传统保险公司相较于互联网保险公司在捕捉场景化、定制互联网保险产品上稍逊一筹，但传统保险公司在经营互联网保险业务方面也有自身的优势：首先，大型传统保险公司具备产品开发设计能力，可以根据消费者需求开发出合适的产品，这也是其核心竞争力的体现。其次，渠道顺畅，经营地域受限小。大型传统保险公司机构铺设完备，因此经营地域上的限制极少。在《互联网保险业务监管暂行办法》中，保监会规定只有四类险种的互联网保险业务经营区域可以扩展至未设分支的地域，其他险种的互联网保险业务只能在有分支机构的地域经营。最后，客户引流相对容易。大型保险公司具备品牌优势，客户认可度高。

太平洋在线市场企划部总经理翟玉婷表示：相较于新型的互联网保险模式，传统保险公司开展互联网保险的优势主要体现在三个方面。第一，拥有客户资源优势。比如，太保目前已经建立专门的大数据部门，将对客户、业务等数据进行深入的挖掘、分析，从而针对客户需求设计产品。第二，拥有服务资源优势。大型保险公司对客户提供保单服务、理赔服务等的速度及效率将无可比拟，同时还可以充分整合线上线下资源。第三，拥有一支经验丰富的产品设计及精算团队。基于大数据分析，可快速将客户需求设计成为满足其需求的保险产品。

国泰君安证券研究表明，与专业互联网保险公司相比，由于传统的保险公司并不具备捕捉互联网场景的优势，因此合适的发展路径是与专业互联网保险公司错位竞争，将自身的定价能力和互联网渠道费用较低的特点结合，推出真正的高保额、低保费的纯消费型保障产品，目标客户定位为有保障消费意识的中高端客户。

创新的前提是满足客户需求

目前，很多互联网公司都在说创新，那究竟如何才算创新？

翟玉婷认为，"以客户为中心，更全面、更快速地满足客户需求就是创新。"她表示，太保在互联网方面的创新主要体现在生态圈布局及新领域探索方面。一方面，主动与各类数字化生态系统进行合作，参与到第三方生态系统的合作中，如在与BATJ等超级数字化生态系统合作中，为生态系统客户提供需求精准、体验良好的一揽子保险需求解决方案等。另一方面，启动太保自有客户生态系统建设，在客户入口上，利用品牌和客户资源优势，推进跨界合作。

在新领域探索方面，上述人士表示，在现有体系外，公司还在探索车联网技术及应用，投资设立了车联网服务公司，并启动业务试点；投资设立保险比价网公司，上线"海保"比价APP等。

丰志刚表示，互联网技术的高速发展是一次新的产业革命，各种产业都在按照互联网的特点进行重构，各种新兴业态正在不断涌现。比如，互联网保险的兴起，移动互联网、APP、微信等营销渠道的拓展，信息技术带来的各类创新将成为未来行业发展的重要驱动力。他认为，在新的竞争格局面前，保险业必须发挥好自身的比较优势，更新发展理念，创新发展模式，着力巩固传统业务领域，积极培育新的业务增长点，不断强化行业核心竞争力和发展底蕴，才能在激烈的竞争中立于不败之地。互联网和保险在碰撞中不断地融合，互联网强大的能量也逐步被不断地释放，通过"互联网＋保险"全面提升传统保险销售、运营、产品各个环节，互联网渠道为保险业务带来大量的流量和客户，随着互联网服务的进一步渗透，保险行业将迎来更加快速地发展。

丰志刚向记者介绍，合众人寿结合寿险营销特点，推出了"两个创新"——第一，基于O2O模式的寿险营销新模式，形成线上与线下相结合的双线营销O2O模式；第二，网电移一体化建设，寿险产品并非刚性需求，网销模式要有人为因素干预，所以网电结合是非常好的结合。在电话销售时，如遇客户没有时间等问题，可以推荐客户到网站和移动平台。客户可自行选择合适的平台获取产品信息，同时了解客户行为捕捉可能的有效销售时间。

建立风险防范的底线思维

信息技术正在飞快地发展，消费者预期和行为也随之变化，保险业的体系、结构、模式正在经历一次变革式的转型。中国作为全球最重要的新兴保险市场，在这场转型中自然无法置身事外。目前，监管部门在集中整治互联网金融行业，保险也是其中的一部分，对于互联网保险的风险以及相应的监管，业内人士各有看法。

翟玉婷表示，长远来看，个人认为互联网保险的监管一方面要鼓励各类创新发展，另一方面要做好风险防范，加强互联网保险经营资质认定、信息风险标准建立、保险服务规范等方面监管制度建设。

丰志刚表示，《互联网保险业务监管暂行办法》（后文简称《办法》）提出，互联网保险监管的主要原则是促进互联网保险业务健康发展、切实保护互联网保险消费者权益、线上与线下监管标准一致、强化市场退出管理。从《办法》中可以看出，监管是鼓励互联网创新的，但由于作为保险业发展的新业态，互联网保险在存在传统风险的同时，新的风险也在不断显现，因此要建立风险防范的底线思维，保险公司须在依法合规的基础上秉承线上与线下一致性原则，加强公司管控水平，明确产品透明度和披露要求，切实保护消费者权益。

任何事物的发展，都要有与之相对应的配套管理措施，互联网保险创新也不例外。今后相当长一段时间，互联网保险创新都将在路上，基于互联网保险创新的风险管理也必将紧紧跟随。

让保险"移动"起来

2016 年"5·20"刚过，中国移动推出重磅消息：5 月 21 日，中国移动正式宣布，将与招商局旗下招融投资、航信股份等合资联合发起设立招商局仁和财产保险股份有限公司与招商局仁和人寿保险股份有限公司。其中，中国移动拟出资 10 亿元认购仁和财险 20% 的股权，出资 10 亿元认购仁和寿险 20% 的股权，合计出资 20 亿元人民币。那么，对于中国移动来说，因何出资跨界玩保险？

笔者认为，其一，中国移动此次出手大方也是看中了互联网保险这块大蛋糕。随着 BAT、苏宁等电商平台纷纷加入互联网大潮，此次中国移动的加入也可以看出其对互联网保险市场的青睐度。据中国保险行业协会（以下简称中保协）最新发布的数据显示，2016 年第一季度互联网人身险业务发展态势迅猛，累计实现规模保费 820.3 亿元，同比增长 2.5 倍。其中，第三方保险电商平台是主力军。互联网保险的加速发展，也引起各路资本的关注，成为投资风口。

其二，中国移动此举也可以看作是互联网转型布局的一部分，通过仁和保险完善互联网金融的使用场景，推动互联网保险业务的发展。据了解，早在 2010 年，中国移动便出资 398 亿元收购浦发银行 20% 的股权，开启了金融布局。之后浦发银行与中国移动在手机支付、微信银行、互联网金融等领域合作，打造了"和金融"品牌服务体系，面向中国移动上下游企业客户提供"和利贷"网络贷款业务，面向中国移动的个人客户提供"和理财""和支付"网络金融服务等。而此次保险板块的布局，可以向中国移动生态体系内的企业客户、个人用户提供财险、寿险服务，拓展了"和金融"的使用场景，完善其在互联网金融领域的布局。

其三，中国移动资金充裕。出资 20 亿元对于中国移动这样的企业来说不算什么大数目。根据中国移动 2015 年业绩报告显示，其账上的现金及银行存款多达 4077.6 亿元，资产负债率为 35.5%。与其让这些存款趴在银行账户上，不如拿出来投资。

对于中国移动涉猎互联网保险业务，业界普遍看好。要知道中国移动有超过 8 亿人的用户，仅仅用户数量这一点就足以让其有了发展业务的"资本"。未来，有关人士预言，像滴滴打车这种企业，也有可能成立自己的保险公司。

有保险稳定需求的场景才是好场景

航班延误,没事儿,买了航延险就能获得"补助";加班熬夜工作,不用担心,买了加班险可以得到"奖励";扶老人被讹,不怕,买了"扶老人险",心里踏实多了……随着互联网保险的快速发展,各路资本竞相涌入保险业,市场出现群雄逐鹿的局面。与此同时,基于各种场景下的保险产品层出不穷,可以说只有想不到没有保不了。那么,究竟什么样的场景才是被用户接受和认可的? 未来互联网保险市场走向如何?

"战国时代"优胜劣汰

近段时间,互联网保险与资本市场异常热闹,从中国移动联手招商局重启仁和保险公司、苏宁与渤海财险联手发起筹建互联网财险公司、太保联合百度发起成立互联网保险公司、中国人寿入股滴滴打车等,可以说互联网保险市场风生水起。而从资本方向来看,自 2015 年,互联网保险公司共发生23 起融资事件,融资总金额超过 70 亿元人民币。其中百万级为 10 起、千万级为 8 起、亿级及以上 5 起,共有 8 家互联网保险公司获得第二轮及以上投资。获得投资的互联网保险公司主要集中在上海和北京,具体来看,北京有8 家,上海有 11 家,深圳有 3 家,其他地方有 3 家。各路资本觊觎互联网保险,市场会不会出现"打架"现象?

开心保 CEO 李杰表示,目前互联网保险呈现出十分热闹的现象,很多巨头涌入,势头非常猛。新进入的互联网保险主体在创新,传统保险公司也想要从中分一杯羹,互联网保险市场空前繁荣,当然竞争也十分激烈。他认为,现在互联网保险正处于"战国时代",必然要经过一番乱战,优胜劣汰是必然。如同股市泡沫,股市发展到一定阶段势必会出现一些问题,保险也是如此。"互联网保险创业公司进来的太多,必定会有一个优胜劣汰的过程,未来 90% 的企业最终会被淘汰,这是由市场、竞争等多方面因素决定的。"

"产品＋服务"解决客户痛点

蚂蚁金服给中国"保民"做了一个画像，目前中国"保民"达 3.3 亿人，远超股民和基民的数量，"90 后"成为最具潜力的互联网保险购买人群。另外，退运险颇受青睐。在李杰看来，退运险受青睐并不奇怪，退运险就是退货保护，"90 后"是网购主力，购买退货险是很正常的。但他指出，"90 后"现在还不是传统保险产品的主力购买人群，只是因为退货险的购买人数庞大，所以看似主力，但是真正的保险主力产品购买用户其实并不多，但他们的保险需求更强烈，保费也更高。因此，培养"90 后"成为主力保险产品购买客户，还需要时间。"淘宝让退运险走红，无疑是替保险行业教育了客户，让客户颠覆传统心理对保险的认知，更了解到保险的保障存在于生活的方方面面。"由此来看，互联网平台为保险行业树立形象做了很大贡献。

当然，对于互联网保险公司来说，仅仅有产品是不够的，后期的用户体验和服务同样重要。记者了解到，目前很多平台都十分重视用户体验，如慧择网前段时间成立了专门的呼叫中心，开心保则打造保险导购平台，旨在满足用户的个性需求。比如，你要去美国和法国旅行，因为风险不同，所以产品推荐就不同。

"我们的目标是为有保险意识的客户定制产品，在平台上利用导购模式，从而找到适合他们的产品。"李杰认为，作为一个平台，要有自己独特的定位，垂直互联网保险平台更适合刚需客户。据了解，从 2012 年 9 月上线 B2C 开心保，到 2014 年上线 B2B 美行保，再到 2016 年上线 B2B2C 网金微商，保险产品涵盖旅行险、意外险、健康险、理财险、寿险、车险等 200 余款，合作保险公司达 30 余家，累计服务用户超过 200 万人，保额超过 2 亿元。"成为用户的保险管家，深挖客户需求，并提供专业的咨询服务，是我们的未来发展目标。"李杰感慨道。

"场景＋定制"大势所趋

目前，互联网保险的发展模式不外乎三种，即 B2B、B2C、B2B2C，每一种模式都有各自的特点。

业内人士表示，与 B2B 相比，B2C 上量更慢，成本更高，但在市场估值方面，B2C 更高一些，因为 B2C 模式可以自己直接管理客户，更好地深挖客户的保险价值，从而有针对性地提供更好的服务。

业内人士指出，任何一个网站都缺流量，需要在其他平台倒流，所以很多互联网保险公司做了分销平台。比如，建立一个母婴网站专卖小孩住院保险、疾病住院，然后对保险公司的产品比价、比服务，再提供给 APP。而 B 端的发展更是拼市场拓展、拼产品、拼服务。

随着越来越多的互联网保险主体进入市场，"场景 + 定制"产品成为很多公司的营销利器，场景营销似乎被一些互联网公司"玩坏"了，甚至有些产品更多的是噱头成分。有人不禁要问，究竟什么样的场景才是被用户所接受和认可的呢？

"场景非常重要，它会产生需求。"李杰坦言，"市场是你创造不了的，我们不是创造场景，而是挖掘场景下的客户需求，从而加以利用。"在他看来，真正有保险稳定需求的场景才是好的场景，才是被用户接受和认可的场景。

另外，他认为，定制产品必将成为趋势，为多个场景定制，并在其中进行创新。比如，可口可乐以前只用一种产品来打拼市场，而现在市场个性化，需求众多，市场细分显得更加重要，所以大数据的发展，为个性化定制提供了技术支持，就像 UBI 车险，就是技术进步和市场进步的结果。"未来市场一定越来越细分，技术成本越来越低，精准把握客户需求，提供最贴切的产品，一定是最受欢迎的。"同时，他指出，一些噱头，主要是实现了保险教育的作用，属于昙花一现的东西，保险真正要做的是为客户定制有保障的产品。

互联网向更加平民化的方向发展

互联网给中国经济带来的转型是根本性的，让我们从原来只关注物质生产，到现在不仅仅可以关注物质生产，更重要的是关注那些非物质的体验、享受，包括知识分享、知识传播等。现在有了互联网，特别是移动互联网以后，我们面对的情况就完全不一样了。互联网给我们带来了怎样的影响？互联网金融发展方向如何？经济学家、耶鲁大学终身教授陈志武向《中国保险报》记者分享了他的观点。

《中国保险报》：2011 年，大家都知道互联网时代 B2C 比较受大家欢迎，而现在是 O2O 以及"互联网＋"时代，您认为未来几年，互联网的方向是什么样的？

陈志武：互联网对经济、社会最大的影响，是让我们把经济发展从原来只关注生产力的提升转移到人，更多地关注人。因为互联网本身不是生产什么东西，也并没有因为互联网让同一个车间 1 年本来只能生产 100 辆汽车，到现在可以生产 10000 辆汽车。从传统生产力的角度来看，互联网并没有带来很大的变化。之所以互联网很重要，是因为它对商品的流通、信息的流通以及人在社会中的相互关系带来很大的变化。从这个意义上来说，互联网在相当程度上使机会、经历、经验向着更加平民化的方向发展，而不是原来所谓的有特殊体验、经历，有钱、有地位的人才可以享受、体验。

现在的互联网，特别是移动互联网，一方面，不管是你的身份还是收入，也不管是在偏远的山村还是一级城市，都可以让你了解到同样的知识、信息。另一方面，也对人的生活、体验带来根本的影响。

《中国保险报》：您认为现在全球的经济大环境如何？在这样的大环境下，哪些行业比较有前途？

陈志武：现在的基本情况是，发达经济体总的方向是往上的，新兴市场经济体更多的是下行，这是基本的格局。与 2008—2013 年的情况正好是相反的，那五年因为中国把各个地方的新兴市场经济都带得非常好，那个时候发达国家在国际金融危机的冲击下慢慢走出来，所以花的时间比较多。到今天正好是反过来。从 2014 年开始，新兴市场应该要去杠杆，但是实际上没有去。2016 年甚至未来好几年，这个局面还会持续。

我认为，互联网、健康、医疗、旅游等未来都是比较有发展的行业，这是与人身体验、经历有关系的，而不是与生产有关系的。

《中国保险报》：未来互联网金融是一个发展方向，但是现在互联网金融暴露出很多问题，应该怎么去避免和解决？

陈志武：互联网金融实际上是老百姓金融，与传统的银行、证券市场是很不一样的，银行主要为大的企业提供服务，互联网金融为老百姓提供服务。没有互联网金融，国有企业和已经成功的民营企业照样可以融到资金，而且融资成本很低。所以互联网金融对国企带来的边际影响不是那么大，但是对于千千万万个普通老百姓和需要金融支持的年轻人、千千万万个小微企业来说，互联网金融可以让他们用很低的成本、很方便地获得金融支持。在我们讨论是不是要发展互联网金融时，涉及的一个根本问题是，我们要不要把老百姓金融、小微企业需要的金融摆在很高、很重要的位置上。如果答案是肯定的，要把老百姓金融、小微企业金融放在非常重要的位置，就要积极地拥抱互联网金融，因为互联网金融比任何别的金融更贴近老百姓。

但是在发展过程中出现问题并不奇怪，有挑战是很正常的。互联网确确实实使得金融渗透面可以带来翻天覆地的变化，老百姓可以得到金融的服务和好处。但是，互联网金融也给骗子提供了前所未有的机会，原来骗子水平再高，最多就是在几十个亲戚朋友中骗一通，但是没有办法在几万人、几亿人中行骗，但是互联网让骗子能够骗到的人数前所未有的高。一方面我们看到互联网金融发展的必要性、重要性，另一方面也看到了监管，特别是法治和社会安全方面的挑战。一旦受众达到几百万人、几千万人，甚至几亿人以后，一旦有问题，就是社会稳定的问题。在这种情况下，法律和执法的必要性很高、很重。

所以，对于互联网金融应该有一个基本的筛选，比如行业准入的要求、资金透明度等，如果不能够做到这些，就为更多 e 租宝之类的企业提供了行骗和卷款逃跑的空间。

《中国保险报》：近段时间以来，互联网保险市场异常热闹，您觉得未来互联网保险市场竞争会不会越来越激烈？未来互联网的发展趋势是什么？

陈志武：保险原来可以通过电话投保，现在互联网对保险带来的影响是便利程度越来越高、交易成本越来越低。除此之外，互联网保险和原来的保险差别也不是很大，绝大部分保险，只是有一些和保险行业有关的具体业务、特征，并没有因为互联网的出现而产生那么大的变化。但是有一个变化值得注意，就是潜在的社会风险比原来更高了。正是因为移动互联网可以渗透到中国每一个乡村，甚至每一个角落，保险公司在销售或者赔付时，是不是能够真的履行金融合同，这是监管应该关注的话题。

《中国保险报》：京东前一段刚刚宣布与沃尔玛的战略合作，2015 年阿里宣布入股了苏宁，也是看重他庞大的线下实体店。未来，您认为实体店是否会被电商取代？

陈志武：我不相信电商可以完全消灭实体店。有一些产品，像女士买衣服，很多都可以通过电商购买，但是试衣服，电商并不可以。在试衣服期间，实体店可进行品牌的建立和宣传，这些都是很重要的。比如 LV、古驰，之所以可以卖那么贵的价格，跟他们通过实体店和广告建立的品牌有很大的关系。

要想品牌带来超值的价格，完全依靠电商、互联网实现挺难的。比如我一直非常好奇的一个话题，为什么银行从一开始在欧洲出现，以致后来都很喜欢盖很结实的大楼。因为银行提供的服务是金融服务，这个往往是看不见、摸不着的，你怎么可以让人有一种踏实感，让他相信你这个银行不是拿到钱就要逃跑的。那个时候的欧洲人在实体的"实"方面下的一些功夫是很扎实的，让来往的客户觉得，这个银行靠得住。正因为人对看不见、摸不着的东西天然不信任和不好做价值评估，造成了很多品牌最终要通过实体店把"实"的东西的特点、与别人不一样的地方展示出来。

我们在信息经济学里讲，通过某一种"实"的东西，降低了信息不对称以及看不见、摸不着带来的障碍，实体店还是有非常大的价值。

《中国保险报》：现在大家都在说知识分享型的创业，您怎么看待这个问题？

陈志武：有这方面理念的企业都应该鼓励，因为这些企业对社会的价值是非常高的。但是在赚钱方面，这些企业还有一定的困难。特别是对于看不见、摸不着的东西，最早像麦肯锡这样的公司刚刚进入中国时很难赚钱，很多中国的客户不愿意付钱，后来经过了二十多年的发展，还是有很多人能够接受，所以知识分享型的创业可以做。

不一样的保险：相互保险迎来发展契机

不一样的保险来了！2016年6月22日，对于保险行业来说，是个值得纪念的日子，保监会正式批准筹建3家相互制保险公司。目前，首批3家试点单位分别为众惠财产相互保险社（以下简称众惠财产）、汇友建工财产相互保险社（以下简称汇友建工）和信美相互保险社（以下简称信美相互），标志着开启了相互保险在中国的探索历程已开启。

特定人群风险共担

从试点公司情况来看，三家公司的业务范围各有侧重。其中，众惠财产针对特定产业链的中小微企业和个体工商户的融资需求，开展信用保证保险等特定业务；而有保险基因的汇友建工则聚焦于建工领域的风险保障需求，开展工程履约保证保险、工程质量保证保险等新型业务；定位寿险领域的信美相互，发起会员不仅有蚂蚁金服、天弘基金等金融圈的龙头，还有来自医疗健康和房地产领域的公司，如汤臣倍健、新国都等，主要针对发起会员等特定群体的保障需求，发展长期养老保险和健康保险业务。

与常见的股份制保险机构不同，相互保险未来在购买保险产品后将有可能变成会员，成为它的主人，而不是客户；同时相互保险不以追求盈利为目标，着力为会员提供保险保障。再加上大数据等新技术运用，将实现保险产品和服务的个性化定制。

自2015年6月国务院提出"发展相互保险等新业务"以来，有关部门把引入和发展相互保险作为推动行业供给侧结构性改革的重要举措，未来，相互保险将成为现有保险市场主体的有力补充，与股份制保险公司相互促进、相互竞争，共同推动保险行业发展，满足群众日益升级的保险需求。

据统计，目前国内共有约200家保险主体，但是相互保险此前并未有过。相互保险在国际上已经成为成熟、主流的保险形式，历史比股份制保险更加悠久。据国际相互合作保险组织联盟统计，截至 2014 年，相互保险占全球保险市场总份额的 27.1%，覆盖 9.2 亿人。

"人们面对风险时，凭借个人力量难以抵御，于是有共同风险的人便缴纳保费形成保障资金池，通过互保来分摊风险，这便是相互保险的起源。"信美相互相关人士介绍说，相互保险和中国传统文化中"扶危济困""人人为我、我为人人"的理念十分相近。

作为国内首家寿险相互保险，信美相互方面表示，批筹后将按照监管要求积极进行开业准备工作。根据规划，未来信美相互将聚焦于特定群体的养老健康需求，专注发展养老和健康等长期保障型产品，不经营类似短期理财业务的高现价保险产品，目标是为保险需求没有得到很好满足的特定群体提供便捷、实惠、互助的普惠保险服务，让金融的共享性、公益性得以进一步体现。

据介绍，信美相互将以会员为中心开展业务。在股份制保险公司，投保人买完保险之后成为客户，公司的主人是股东；而在信美相互，投保人买了特定保险产品后将成为会员，会员也是这家保险机构真正的主人。信美相互表示，未来将让会员有主人翁的体验，真正感觉到这是属于自己的保险组织。

"相互保险的特点决定了我们不以追求利润为目标，我们将聚焦会员需求，追求稳健经营、永续成长，为会员提供更好的保险保障和服务，经营上会更多围绕这些目标展开。"信美相互相关负责人说。

运用互联网技术

据悉，作为首家寿险相互保险机构，信美相互得到了蚂蚁金服、天弘基金、国金鼎兴、成都佳辰、汤臣倍健、腾邦国际、新国都、北京远望、创联教育 9 家主要发起会员，以及中央财经大学教育基金会、真爱梦想公益基金会的支持。与信美相互有着相同理念和愿景的这 9 家主要发起会员，除负责筹集初始运营资金外，还是信美相互重要的战略协同伙伴，未来将和信美相互在技术、渠道、产品共创等方面开展深度合作。

有专家指出，互联网新技术的发展为相互保险试点提供了十分有利的外部条件。一方面，相互保险与互联网的开放、协作、分享等理念十分契合；

另一方面，互联网还可以更大范围聚集有同质风险保障需求的人群，为相互保险发展提供更加便捷的条件。

互联网巨头蚂蚁金服称，参与信美相互是其"互联网推进器计划"的一部分，旨在与保险行业共同打造一个以保险消费者为中心、开放的保险服务平台。

虽然与股份制有着诸多的不同，但相互保险和股份制保险之间并不像一些言论所认为的是代替甚至颠覆关系。两者在全球范围内一直长期共存、相互借鉴，它们各具特色、各有所长。可以说，相互保险机构是现有保险主体的有力补充，两者将共同推动保险业不断向前发展。

从监管方面看，引入和发展相互保险，可以进一步推动我国保险市场与国际接轨，扭转当前保险组织形式单一的状况，促进保险市场向专业化、差异化、特色化、多样化发展。

相关链接

什么是相互保险

按照保监会《相互保险组织监管试行办法》（保监发〔2015〕11 号）中的官方定义，相互保险是指具有同质风险保障需求的单位或个人，通过订立合同成为会员，并缴纳保费形成互助基金，由该基金对合同约定的事故发生所造成的损失承担赔偿责任，或者当被保险人死亡、伤残、疾病或者达到合同约定的年龄、期限等条件时承担给付保险金责任的保险活动。通俗理解，相互保险就是在平等自愿的基础上，以互相帮助、共摊风险、共享收益为目的，会员缴纳的保费汇聚成风险保障资金池，当灾害损失发生时，则用这笔资金对会员进行弥补的互保行为。

相互保险在全球的发展状况

相互保险历史悠久，在古埃及的驼队、古罗马的互助组织"格雷基亚"中，就产生了相互保险的萌芽。1756 年英国的公平保险公司（诞生了保险业第一个精算师）以及 1778 年德国汉堡的 Hamburgische Allgemeine Versorgungs-

Arstalt，通常被认为是现代相互保险公司形态的起源。

在国外，相互保险的诞生要早于股份制保险，现行保险行业的众多标准都脱胎于或来源于相互保险。当前，相互保险仍是全球主流、成熟的保险组织形式之一，可以说代表了保险本真的样子。根据国际相互合作保险组织联盟（ICMIF）的统计数据，截至 2014 年，全球相互保险收入 1.3 万亿美元，占全球保险市场总份额的 27.1%，覆盖 9.2 亿人。

用户体验重于产品本身

　　小米也卖保险了！2016年，小米联合保险公司推出重疾险，引起业界关注。这是继小米推出防癌险、电信诈骗险之后的又一举措。记者了解到，小米联手众安保险于2016年6月1日上线了未成年人重疾险，以下简称"少儿保"；同年7月1日，小米又联手众安保险上线成年人重疾险，不过这与之前媒体报道的联手华康人寿推出的"大病保"并不是一回事。据小米保险相关人员表示，与华康人寿联手推出的"大病保"子虚乌有，纯属媒体误读。记者在小米金融APP上看到，这款重疾险确实也是联手众安保险推出的。

　　是否如工作人员所说，纯属媒体误读，我们不得而知。抛开这些，我们来看这两款产品，一个是未成年人重疾险，另一个是成年人重疾险。两款产品的保障期限均为1年，保障范围依据成年人和未成年人会产生的重疾不同来定的重疾种类，均为70种，这个保障范围较其他保险公司同类产品在疾病覆盖面上有一定的优势，几十元钱就能保几十万元，价格上也有一定的优势。但是有网友吐槽说，很多疾病都不是常见病，发生概率非常小，甚至很多疾病都没听说过。对此，业内人士表示，确实包含了一些发病率低的不常见的疾病，但是这两款产品的价格本来就低于市面上的同类产品，且保障全面，就短期健康险产品来说，性价比有一定的优势。

　　新产品推出难免会被吐槽，千人千面，也能理解。但是，产品究竟好不好还是要符合大多数用户的需求，毕竟少数还是要服从多数。产品效果如何，我们还是交给市场来检验。

　　随着互联网保险市场竞争的愈加激烈，产品战也打得热火朝天。有的产品亮点在保障范围，有的产品用价格吸引人，有的产品则在"私人定制"上下功夫。日前，一款针对"手足口病"的定制保险产品在网上"蹿红"，这款产品是由华海财产保险与安富保联合打造的家庭综合保障计划。该产品亮点在于将儿童多发的"手足口病"列为传染病单独予以承保，而之前有些保险条款将传染病列为除外责任。同时，该产品还附加了重疾、意外医疗和走失找寻费，这些都抓住了目前很多家长的"痛点"而设计，比较接地气。

互联网场景下，类似的"定制产品"还很多，比如"失眠险""加班险""手机碎屏险"等。但是，衡量一款产品好不好不仅仅是其解决了用户的痛点，还要看用户的体验如何。而用户体验好不好，取决于以下几个要素：首先，这款产品是否符合大多数用户的需求。如果一款产品无人问津或者投保人寥寥无几，说明不符合市场需求，如今，在大数据技术支持下，我们可以轻而易举地看到某款产品的受欢迎度，从而根据细分用户画像，根据用户需求、喜好更有针对性地设计产品。其次，保险条款是否简单易懂。传统的一沓保单给客户的时代已然过时，互联网时代，一切都要简单明了。在互联网上购买保险的群体也正是看中了其方便快捷的特点，因此，条款设计越简单越能被用户接受。最后，理赔是否快速。保险产品口碑效应体现最明显的就是理赔环节，很多客户购买保险也最看重理赔是否快速。譬如，对于一些重疾患者急需用钱，如第一时间解决赔款，解了燃眉之急的同时，还赢得了客户和口碑。

互联网时代，产品创新固然重要，但前提是尊重用户，从用户体验角度考虑则更能赢得人心。

网络直播为何那么火

互联网时代，人们将越来越多的时间和精力花费在网上，人们更多地通过互联网，透过电脑屏幕去了解和认识整个世界。通过互联网，节省了时间、节约了成本，而且你想要的场景在网络上就可以轻松实现，一时间，网络直播成了互联网时代新的商机。

那么，网络直播为何这么火？

其一，可以轻松实现场景定制。随着互联网的发展，越来越多的网民加入直播家族，直播家族人数在逐步扩大。目前，直播领域也是五花八门，比如会议、娱乐、旅游等。不仅仅是在线直播，而且还可以根据用户需求实现场景定制。比如你很想去某个城市，却因为种种原因去不了，没关系，点选该城市的户外主播，就可以一起领略城市风情。还有一些大型会议，由于客观条件限制，粉丝无法到场，通过直播便可实现与主播在线上面对面交流。对于会议主办方而言，更多的观众通过直播即时观看，会极大提升会议的影响力，增加用户黏性；有些直播还会收取一定的观看费用，还可以为主办方带来收益。业内人士表示，"传统线下大多会耗时长、成本高，在利用网络直播解决这些问题的同时，还能带来收益，未来直播将会成为一种趋势。"

其二，"'网红'＋移动端"成标配。随着越来越多的网民加入直播家族，在线直播的主体也慢慢增多，如微吼直播、花椒直播、映客直播等，最近还出现了某电台保险产品的在线直播销售。这些直播往往有一个共同点，就是利用"'网红'＋移动端"的模式。直播者再加上一部智能手机、电脑或者PC端就能实现直播。

随着技术的发展，网络直播给予观众的用户体验也越来越精致，越来越符合用户的口味。你可以通过直播让自己与各行各业的精英、明星近距离接触，面对面聊天交流。可以说，直播捧红了不少网民，善于制造"热点"，善于制造"事件"，你就可以成为"网红"，所谓的"网红"也就是如此诞生的。

其三，实现流量变现。互联网时代流量为王，如何将流量变现是需要长期思考的问题。说到底，互联网创业就是一场争抢用户的战争。业内人士将其分为两种类型：另一种是用来消耗用户时间的，比如视频应用、直播、游戏、音乐、网络文学，跟传统的书刊电视一样，用户使用它就是为了消磨时间；另一种是用来节省用户时间的，如网络订餐、票务、在线课程、资讯等工具和服务，初衷都是为了节省用户时间。如何实现流量变现？比如你可以在直播平台植入广告，其所带来的收益，可能是不敢想象的。

互联网时代寿险营销如何实现蜕变

2016年7月30日，首届世界保险互联网大会在京举办，本次世界保险互联网大会由培训机构保险名人堂主办，采用线上线下相结合的形式，使更多的一线保险从业人员能有机会学到世界顶级的营销理念。"互联网＋保险教育"改变了传统营销线下人海战术的培训模式，拉开了寿险营销的新序幕。互联网时代，寿险营销将发生哪些变化？保险从业人员如何实现蜕变？

美国"销售天王"所罗门·希克斯：

利用互联网的力量

我们必须要利用互联网的力量，今天我们有网络了，我们要利用网络的力量，去把你自己心中那个故事讲出去。你相信的是什么？你的愿景是什么？你的使命是什么？但是记住，任何时候都要保护你的诚信。坏消息传播的很快，必须保护你的诚信，说到做到，必须要以诚待人。但所有这一切都不重要，所有一切必须建立在爱的基础上。我现在有一部手机，随着科技的发展，手机也会不断更新，但是有一样东西是不会改变的，那就是爱。因为你的爱一直都会提升的，爱你的工作，爱你自己。先爱你自己，先照顾自己再照顾别人。我还是讲我走过的路，为什么我每一年能做几百张保单，哪样是你所想要的，是你渴望的，你所需要的，都在你的心中。

韩国大都会人寿副总裁崔宇亨：

找到属于你的魔法数字

保险代理人业绩优秀，能够长期留存在保险市场上，我总结有三个原因：第一，每天如一日，每天都要到营业部上班，上班之后开启每日的正常活动。

第二，上班之后每天参与会议，学习新的知识。第三，上班之后跟同事、前辈学习、交流，学习导师们身上的优点。我相信这三点就是他们能够长期在保险市场上沉淀下来的原因。

我的体重一直控制在 68 公斤，68 公斤就是我在人生里给自己找到的黄金魔法数字，作为代理人，想要成功，必定要寻找一个自我独有的魔法数字。我每天 11 点必睡，不管电视里播多好看的节目，都是这样坚持的，4 点必定起床，我非常努力地保持 19 小时的清醒来过这一天，我非常努力地保持每天 12 小时的工作时间，祝愿每个伙伴能够找到自己的黄金魔法数字。

普世顾问公司集团主席兼执行总裁谢观兴：

顾问式行销将成趋势

一个专业的代理人，第一步必须要成为保险知识的顾问。何谓顾问，有所顾虑就问，有问题就咨询你，所以关于保险知识，对行业的时事变迁，跟保险有关的都要知道。作为一位专业代理人，你必须要用最简单的方法让别人明白保险，以客户为出发点，了解客户真实需求，而不要想着我还没有达标，我还需要多少业绩，这样你是不专业的，专业是完全从客户的角度出发。我们必须要很完善地解决客户的需求。顾问式的行销、顾问导向，是目前中国非常健康的营销趋势，这样代理人就不会只卖产品而不注重客户需求。从经营保险公司到服务客户，我始终把爱和责任融化在每个过程中，融化在我的人生之中，这就是我强烈的保险的使命感。

中国台湾寿险顾问、MDRT 终身会员黄志明：

用大数据实现保险产品定制

互联网时代投保方式有什么样的改变？第一个就是大家使用网络的时间大幅度增加。我们很难在网络上阅读一篇很长的文章，如果文章太长，可能要花三四十分钟才能读完，但我可能只有 5 分钟时间，那我就不会读这篇文章了。所以网络上的东西要简单，这跟科技发达程度有关。购买保险产品，人们会选择压力最低的方式。年轻人很怕你坐下来跟他讨论保险，可是通过网络就没有这个问题，而且非常多元化，他可以做更多的比较，在网络上就可以投保，但是偶尔也会需要跟你面对面的咨询。网络上的商品一定要简单易懂，而复杂的保险产品、高价值的保险产品还需通过现场解说，不可能在网络上就讲清楚。未来，不需要精算师，通过大数据，保险公司就可以获得客户的精准数据，从而设计出相应的保险产品。

保险名人堂顾问式行销系统总教练游象辉：

由产品导向向客户需求导向转变

我希望能够通过自己的经验，通过现在互联网的带动，来改变中国的保险业。这是一个梦想的事业，这份有意义的事业必定充满了挑战与乐趣。寿险规划师的信念是：成为客户生命中的伙伴，与客户共同成长，共同享受生命，共同达成生命中的梦想。对于一名专业且称职的寿险规划师来说，我们是在于如何踏实地实现梦想，如何把自己的信念提升到更高。所在乎的不是你认识哪些人，而在于我们活在多少人的心中，我们不只是一位造梦者，我们更需要成为圆梦者。

平安五星级导师、大陆20年保险互联网实战达人吴晋江：

传统寿险模式的转变

互联网时代，代理人的价值是什么？互联网越发展，人们越懒惰，资讯越泛滥，专业越珍贵。今天我们说信息对称，但是产生了另外一个反应——信息泛滥，信息太多了，所以希望更专业的人士帮你筛选。另外，线上越发达，线下越专业。保险代理人的核心价值就是三个词语：第一个是O2O；第二个是专业；第三个是服务。如果线上越发达的时候，你在这三点做得越好，代理人的核心价值就会体现出来。时代变了，行业变了，公司变了，传统寿险营销变了吗？在过去没有线上的时候，主要靠线下，靠传播信息给客户，但是今天我们会发现已经发生了变化。在移动互联网时代，我有一个概念跟大家分享，就是只有为客户创造更多的价值，才能真正拥有客户，只有站在客户的角度创造更多的价值，才能真正拥有客户。

MDRT 中国区主席、CMF 中国圆桌大会常务副主席叶云燕：

互联网营销 3.0 时代

互联网背景下，在服务的新趋势当中，1.0 时代只是推荐你的产品，2.0 时代在做客户服务，今天 3.0 时代，更多的是客户体验。所谓的客户体验就是用户体验，就好比所有在线观看直播的观众都是我们的用户，顾名思义就是用户使用商品之后最直接的感受，这种感受包括操作的习惯、使用后的心理想法。我将客户体验总结为三个服务体系：第一是满足客户的期望，这既是意料之中的，也是情理之中的。第二是超出客户期望，既是意料之外的，也是情理之中的。第三是让客户感动，既是意料之外的，也是情理之外的。我发现在互联网时代，更注重的不是具体的服务方法，而是更要关注客户的体验。所以在这样的一个升级的背后，我就有了三个服务体系，这三个服务体系恰恰可以在这样一个互联网时代去满足我们客户的需求。

信诚人寿康达理财行政总监唐洁：

"互联网 +" 时代的个人保险生态圈

互联网时代有两个词：一个是金融互联网，另一个是互联网金融。金融互联网指的是金融行业转变为互联网，原有的金融领域产生了 APP 平台，他们开始做互联网。互联网金融则是在做跨界的事情。未来如果我们不知道竞争对手在哪里，如果我们不能很好地做一些在实力方面能够让我们落地的事情，恐怕你的奋斗结果不会太好。我现在做得非常多的互联网金融的事情，比如注重圈层经营。在做这个行业之初，我就不想一个一个客户去做，我想一片一片"森林"去做。也许在您的经营管理部没有品牌部，但是我的经营管理部中最重要的就是品牌经营管理部。我非常看重品牌，没有品牌就没有未来，所以我们有品牌经营管理部专门做市场营销活动，也就是说什么叫圈层经营，如果我们搭建好平台把资源整合到这个平台当中，你就会发现系统销售都会在这个平台中产生。所以从大众消费到圈层经营，我觉得有两点很重要，一点是互联网，另一点是团队合作。

大都会人寿副总裁、浙江分公司副总经理贺恋疆：

顾问式行销的核心

顾问式行销一定是未来保险业的发展趋势，它有几个核心：第一个核心是反映了人寿保险的本质，到底什么是人寿保险。第二个核心是总结出了人人都可以将人寿保险做成功的规律。我们目前的代理团队，在2016年1~7月，业绩持续增长。这个市场成熟以后，人们受教育程度越来越高，城市化的进程越来越快，像供给侧，供给侧就是以客户需求为导向，真正开始反映市场开始要什么东西。现在我们的团队，本科以上学历占70%，其余30%是大专学历。

河北省高峰会会长吕启彪：

寿险的魅力

人寿保险也许并不能解决所有的问题，人寿保险也肯定不是您唯一的投资，因为投资有的是要看长远的，有的是看短期，有的要看回报率，回报率高一般来说风险也大。但有些问题是必须通过人寿保险来解决的，未来你会发现因为买保险和不买保险的区别，也会发现因为有了保险打官司的会越来越少。我跟客户每次制作计划书的时候，客户买与不买我都会打上这句话——现在买不买保险生活还一样，20年以后有没有保险，生活完全不一样。人寿保险最大的魅力是什么？其实就是给你一个喜悦的人生。

互联网保险产品为谁定制

服装可以量身定制，美食可以选择搭配，保险产品也能实现"私人定制"吗？是的，互联网时代完全可以满足你的"个性化定制"需求。

互联网保险大潮渐起，各方资本都想从中分一杯羹，而随着市场主体的不断涌现，不管是拿到保险牌照的互联网保险公司还是以科技公司身份出现的保险服务平台，都在探索互联网保险的发展模式。当前，随着场景越来越丰富，用户对于互联网保险产品的要求也更加个性化。目前市场上有针对企业定制和个人定制两种"私人定制"的保险产品模式，哪个更有"前途"？我们不妨听听业内人士怎么看。

个性化保险需求越来越强烈

相比传统保险，互联网保险可以"量身定做"，还可以让保险产品更加场景化和去中介化，而且互联网投保和理赔模式更便捷。

在互联网平台上，保险与消费正展现出一种互相促进的"共生效应"。保险切入消费场景，提升互联网消费活力，用户需求进一步释放，同时，蓬勃生长的互联网消费又反过来激发更多的保险需求，带来增量。在这种环境下，催生了更多场景，带来了更多保险需求，用户个性化的保险需求也越来越多。

传统保险市场产品同质化严重，难以满足客户精细化分群的需求。于是，一些第三方保险服务平台应运而生，通过发挥互联网的优势，解决用户和保险公司之间的痛点，提升保险产业链的信息化和效率、改善保险价值链上的某一环节。

随着互联网逐渐成为人们生活、消费的主要场景，保险生活化的步伐大大加快。由此，很多第三方创业公司会对用户进行细分，发掘深层次的需求。那么，未来哪些场景会成为企业聚集的焦点？

在 2016 年 5 月获得由凤凰祥瑞基金领投、风云资本跟投的 1 亿元 PreA 轮融资的互联网保险定制平台——悟空保，对外宣布将进军十大互联网行业，对房产、金融、二手车、医疗等行业进行了深入分析。悟空保 CEO 陈志华表示，"悟空保强调针对企业的互联网保险定制，在互联网这个生态圈里，每个行业、每个企业的用户都有风险和消费痛点。所以，保险在每个场景中都是有需求的，我们考虑更多的不是选哪个场景，而是如何结合企业的场景特点和其用户痛点提供优秀的行业解决方案。"

"场景保险不是越来越聚焦，而是越来越分散。互联网保险深耕的场景既会覆盖传统的吃穿用住行，也有随着消费升级、服务内容多样化和技术进步诞生出来的新场景，焦点可能不会是唯一的，而是交替的。"海绵保总裁陈明光表示，"作为第三方互联网保险定制平台，海绵保专注于为企业提供保险定制服务和风险解决方案，已经为洗衣制衣、快递配送、出游出行、到家服务、母婴、运动、医疗等行业提供丰富的场景定制保障方案。我们看好增量领域的保险需求——那些经过互联网改造后，让效率和体验得到提升的场景里的保险需求；真正能够改善人们生活的保险需求，比如快递配送、到家服务、运动保障等场景。另外，我们会为企业提供行业风险解决方案和 SaaS 化服务，不仅帮助企业做好风控，更能以互联网公平、透明、高效的精神重构行业和企业服务，形成真正的基于大数据、服务企业的生态保险。"

"场景化的保险一定是未来互联网保险的发展方向，基于此的产品定制也将成为趋势。"第三方互联网科技公司——保掌柜创始人任海波说道。

个人定制和企业定制各具特色

2016 年 3 月，企业级互联网保险平台——保险极客宣布完成 A 轮数千万元融资，复星昆仲领投。一站式保险服务平台——慧择获得由万融时代资本、创东方、拉卡拉联合投资的 2 亿元 B 轮融资。之后还有不少互联网保险服务平台获得融资，自此，第三方保险服务平台成了资本追逐的"新宠"。

目前来看，基于场景化的定制有两种：一种是企业定制，如悟空保、海绵保、保险极客、保掌柜等；另一种是个人定制，如慧择网、开心保、小雨伞保险等。那么，这两种模式，各有什么优势？哪个更有"前途"？

"无论哪一种定制，都是围绕客户和客户需求展开的。个人认为，各有各的难度和意义。个人定制在产品营销上会更容易理解，覆盖人群更广泛，但个人定制要想实现真正的定制需要的经验和数据积累更大，是一个更加宏大的系统和工作。而企业定制在时空上商业途径会更具体一些。两种模式都需要结合客户需求和保险原型做重构和协调。"陈明光认为。

而在陈志华看来，不论是个人定制还是企业定制只是获取用户的途径不同，两者的最终目的还是个人端，"将产品送达个人端，为其服务获利是最终目的。但是，这两种模式在产品多样性上存在差异，因为企业端的消费场景包含个人端的消费场景，会更加多样化，所以产品上也会更丰富一些。另外，企业定制与个人定制对于团队的要求不一样。针对企业定制类型的互联网保险项目有着天然的进入门槛，一方面要求团队有着保险行业的经验和资源，能够根据不同的生态定制保险产品；另一方面又要求团队在互联网行业有足够多的积累，能够迅速洞悉合作伙伴的痛点，快速与合作伙伴达成合作关系。"互联网保险是一个"新生儿"，各个企业都在探讨生存与发展的道路，没有人可以肯定自己的方向和模式一定对。所以，企业定制和个人定制都是有机会的。

任海波认为，对于企业端来说，门槛相对比较高，对于行业的专业要求也比较高；而对于个人端来说，门槛相对较低，未来可能会占据市场，对于消费者教育可以起到很好的作用，但是未来他们可能最需要担心的一是流量（获客）和成本，二是被其他机构代替或者赶超。

企业定制或个人定制取决于创始团队的资源

陈志华认为，企业定制或个人定制取决于创始团队的资源。一个创业团队考虑自己的商业模式，首先要清楚自己的核心团队擅长什么，这就决定了自己是针对企业还是针对个人。两者之间的区别就是中间有没有场景和消费痛点。"但企业定制其实归根结底是回归个体，依托企业端场景，以责任险等产品改善用户体验，输出保险产品，这样用户的体验与参与感会更强。"

"创始团队的优势和判断共同决定了团队的方向，任何团队做出一个决定都是综合考虑和权衡的结果，而不仅仅是某一个单一因素。针对个人和企业,营销模式不同,在宣传上有着天然的区别,并不是说哪种形式更容易一些,大家都在努力培育市场,两种类型的保险都在做着不同的尝试,希望大家都能闯出一片天地。"陈明光说。

2016 年初刚成立的保掌柜则同样将其定位为企业保险定制平台,但有所不同的是,走的是 B2B2B 路线,也就是说,最后的落脚点是企业端,而不是个人端。在华为有着 8 年工作经历的任海波认为,"其实小微企业的保险需求非常强烈,只是目前市场上没有适合他们、为他们量身定做的保险产品,我要做的就是解决他们的痛点,帮助他们定制相应的保险产品,然后与保险公司对接实现产品落地。未来企业如果发生理赔,会直接找到我们,我们会与保险公司接洽,第一时间将赔款打入企业账户。这样做的好处是,企业不用直接面对保险公司。"目前,最终落地在企业端的平台并不多,任海波表示,"希望走不一样的路线,尝试更多创新。"

当保险遇上七夕场景

七夕作为"中国的情人节"，为相爱的人们又提供了一次示爱的机会，近年来越发受到年轻人和商家的关注。而近两年，考虑给另一半购买保险表达爱意的情侣越来越多。与往年不同的是，越来越多的人选择在互联网上定制七夕保险产品，而保险公司也在线上做了满满的创意来吸引用户眼球，更符合互联网特征。

"约会险""单身关爱险""分手险"……碎片化、场景化的"互联网保险"瞬间刷爆朋友圈。各家公司也是想借此来提升自己的知名度和流量，当然，这些看似轻松休闲的测试虽然最终还是落在产品上，但是创意十足，也更容易被用户接受和认可。

创意背后，其实各家保险公司推出的这些"恋爱保险"不外乎是意外险和分红型寿险，这与市面上每年七夕销售的"爱情保险"殊途同归，只不过之前多是传统保险公司通过代理人销售或是在官网销售，而现在则更多的是互联网保险公司在线上销售，而且针对的人群也较之前更广泛，市场更加细分，并且在客户体验方面下足了功夫，从这方面来看，值得点赞。

"爱情保险"都保什么呢？真正意义上的"爱情保险"是以婚姻维持年限作为约定的给付条件之一，若离婚，则不给付保险金或者对被遗弃的一方支付一定的保险金。国外的"爱情保险"产品，比较类似于信用保证保险，也就是说，当夫妻双方离婚时，就相当于破坏了保险合约的保证，将由保险公司提供赔偿。

虽然国内不存在这样的产品形态，但并不妨碍以爱之名，选择适合夫妻的高保障、低保费的保险产品购买方式。国内的爱情险多是分红型寿险，且需要夫妻双方共同购买，婚姻持续的时间越久，能获得的收益就越多，在婚姻纪念日时还可以获得额外的"奖金"，这其实在一定程度上，可以作为婚姻的黏合剂。这些保险的利益是在被保险人遭遇意外身故后实现，将保障留给家人，更能体现夫妻双方一生一世为对方着想的爱情承诺，同时，相比相同条件下的同款产品，用联合寿险的形式购买，保费要便宜很多。

　　需要特别注意的是，第一，热恋中的情侣购买"爱情保险"当作礼物互相赠送是无效的，因为按照法律规定，保险合同中的指定受益人必须是直系亲属，如果仅仅是男女朋友，就算互相指定为受益人本身也是无效的。一般保险公司在遇到"爱情保险"理赔时，会要求受益人提供如结婚证等证明文件，对于热恋中的情侣来说，由于没有存在法律关系上的保险利益，其"爱情保险"当然是无效的。第二，参与联合寿险的双方中任何一方遭遇不幸，保险公司给付保险金后，该保险合同即终止。

线上旅行保险缘何悄然走俏

时值暑期，不管是境内游还是出境游都迎来了高峰。随着人们保险意识的提高，不少游客在出行前会主动为自己和家人买上一份旅行保险，而与以往不同的是，更多游客选择在互联网上购买。据蚂蚁金服此前发布的互联网保险消费行为分析数据显示：2015 年，互联网旅行保险保费规模同比增长了140%，明显高于保险行业总体 20% 的保费增长速度。在安联财险公布的旅行保险销售中，目前线上渠道的占比 2016 年首次反超线下，达到了 58%。凭借场景化的优势，互联网旅游险正迎来快速增长期。线上旅行保险缘何悄然走俏？

场景更多更贴合用户需求

随着互联网技术的发展和成熟，以及用户需求的个性化，基于场景化的定制保险产品开始受到市场追捧。第三方互联网保险平台慧择网资深产品设计师曹文瑾表示，"近两年，线上投保旅行保险的客户比例增长很快，远高于其他险种的线上成交数量。"据慧择网十年的线上旅行交易数据显示，投保旅行保险的用户占比为 70%，截至 2016 年 7 月，投保旅行保险人数就已经超过上年一整年的投保人数，旅行保险在线投保人数和投保比例领先于其他线上险种。

上述人士认为，旅行业实际是最先与保险行业进行场景合作的行业。初期，针对旅行行业的保险只是由旅行社强制购买的旅行社责任险，所承保的保障利益只是出去旅行的游客遭受意外导致的身故、伤残、医疗费用，而并没有结合旅行中的特点设计合适的保险产品。随着保险业和互联网的发展，现在旅行保险结合了旅行中的常发风险，比如旅行最高发的风险"航班延误""随身财物损失""医疗救援"等，境外旅行增加了紧急救援保障等，这些保险产品在设计上更贴合旅行出游时游客的需求，这也是线上旅行保险交易提升的原因。

同样，据第三方互联网保险平台开心保统计，线上投保旅行保险的用户比例约占所有保险的 88%，与往年相比逐年提高，和其他产品相比也较为畅销。开心保客服经理高胜男表示，"旅行保险之所以畅销，一是由于去欧洲申根国，办理签证时必须提供一份医疗费用保障超 3 万欧元的保险。二是境外陌生环境，风险的概率较大，人们具有一定的安全意识，所以大多数人在出行前，会根据旅游目的地和具体的旅游项目，选择一款合适的保险；同时，因旅行保险专门保障旅行期间的责任，其保障天数短、性价比高，几十元甚至几百元就可投保，且保障范围较为全面，一般包含意外、意外医疗、航班延误、行李延误、旅行变更、签证拒签、个人财物丢失，等等。"

可见，旅行保险不仅从场景设计、保障范围、附加服务等方面相较于以往发生了改变，而且从根本上解决了游客"痛点"，满足了游客实实在在的需求。

紧急救援机构从"幕后"走向"前台"

随着人们生活水平的提升，越来越多的人选择出境游。然而出境游与境内游有很大不同，由于语言不通、人地生疏等因素，一旦出现意外，选择带有全球紧急援助服务的旅行保险至关重要。无论是罹患急性病和遭遇意外事故，还是遗失物品，甚至是深陷困境都可以通过致电 24 小时救援热线获得及时救助。那么，目前旅行市场上的旅行保险是否都带有救援服务？旅行保险如何与救援服务更好地结合？

高胜男表示，"目前市场上的旅行保险不一定都带有救援服务，因其具体的出行地点、责任条款而有所不同。"他认为，旅行保险和救援服务可以完美结合，这样游客可以根据具体的旅行目的地和出游计划选择产品，如果出行中要参与攀岩、滑雪、徒步、赛艇等高风险运动旅游项目，一定要选择具有救援服务的险种，救援服务一般可提供包括将被保险人运送到医院、提供就医信息、安排住院、垫付医药费等服务。因此，游客在出行前，要将写有救援电话和保单号码的救援卡随身携带，一旦出险，只要拨打 24 小时多语种救援热线，救援机构就会及时提供服务。

据了解，开心保在售的旅行保险中，像美亚保险、安联财险、人保财险等公司的产品都含有紧急救援服务，若被保险人因意外事故或身患疾病，保险公司将安排被保险人医疗运送及送返。

在曹文瑾看来，境外旅行产品与紧急救援服务的结合是属于标准配置。目前公司线上平台最畅销的境外旅行保险产品"乐游全球"，配备了国际救援公司的紧急救援服务。2016年一位客户去澳大利亚大堡礁旅行，潜水时发生呛水窒息昏迷，即刻启动了直升机紧急救援，将患者当天转运至最近的医院，安排ICU。客户康复出院后，所产生的医疗费用都是由救援机构直接与医院结算，无须客户支付费用后回国理赔。"因为身处他国，有语言、文化、气候上的差异，中国游客随时都可能遭遇突发状况，所以购买保险时还应注重紧急救援服务，这些救援服务除了医疗还会提供紧急情况的翻译服务、护照遗失的援助服务、法律咨询服务、航班信息咨询服务等。"

随着保险业的发展，以及保险教育的不断渗透，一直默默为保险公司和客户服务的救援机构也从"幕后"走向"前台"。据记者了解，目前救援市场鱼龙混杂、良莠不齐，中国每年出行1亿多人次，并且每年以两位数持续增长，在海外的救援服务几乎被外国救援机构所垄断，比如国际SOS紧急救援，还有一些外资保险公司自己的救援机构，如安联救援、安盛救援等。在这种情况下，很多国内保险企业只能和这些救援机构合作，不得不支付高昂的救援成本和网络费用，变相沦为国外救援机构的代理。

"国人出门在外，到了一个陌生的地方，语言和生活方式等方面可能都不习惯，若发生意外那个体更显得单薄，他们希望我们自己人还是用我们自己的方式提供服务，这样会让他们感到贴心。"远盟康健科技（北京）有限公司（以下简称远盟康健）助理总裁江肖华认为。专注于急救领域8年时间，江肖华对于救援市场有着独到的见解和认识。在他看来，目前急救市场与保险公司如同"兄弟手足"，是密不可分的一家人，甚至发生了事故，往往是救援机构第一时间得到消息，然后再通知保险公司确认出险客户。目前来看，救援机构可以帮助保险公司解决以下"痛点"：第一，帮助客户解决困难，体现人文关怀，实实在在为客户服务；第二，帮助保险公司协调理赔，控制保险公司赔付成本；第三，联系当地机构进行协商，避免纠纷；第四，协助保险公司定制保险产品；第五，帮助保险公司拓展渠道，比如旅行社、OTA业务等。据悉，远盟康健国内的救援网络涵盖 2863 个市县（并与其中 111个核心城市的 115 家急救中心实现联网数据传输），在大陆居民赴台旅游救援保障市场占有近 70% 的市场份额，同时在全球还覆盖 211 个国家的救援服务网络站点，为中国人的安全出行保驾护航。

"互联网＋旅游"大有可为

"互联网＋"时代，如果将旅游与互联网结合起来，将大有文章可做。也许"互联网＋"就是传统行业的产业升级问题，如滴滴打车，改变传统行业业态，旅游行业也应该利用互联网思维，玩出新玩法。

业内人士表示，旅游是一种特殊的商品，是一种体验式消费，是体验经济的一部分。互联网不能取代体验，但互联网是可供旅游业使用的一种工具，采用这种工具，可以提升体验的品质。

"互联网＋旅游"并不仅仅是通过互联网来营销，而是希望能够通过新技术，通过创新的方式，让游客体验更加顺畅、优质的旅游服务及旅行保障。"我们现在和全国 120 急救中心试点运行的微（信）急救平台，就是基于微信平台打造的更加便捷获取紧急救援的通道，不需下载任何手机 APP，只要在微信中'一键呼'即可。与传统电话报警相比，可提供报警人血型、体重、紧急联络人、GPS 定位等重要信息，避免因位置、信息不对称造成急救不及时，同时还包括区分当地真假牌照救护车、支付相关费用，报名参加急救知识讲座等。目前远盟在全国 60 个城市创建了微信急救服务平台，在微信城市服务端已上线杭州、武汉两个城市，更多城市正在陆续上线，所有过程都可以在线完成。"江肖华说道。

旅游是综合性产业，是拉动经济发展的重要动力，"互联网＋旅游"正在与各个行业不断融合。未来，旅游与国民生活及健康、养老等重点领域的"＋"将成为新的发展热点。

资本寒冬互联网创业怎么破

如今，不少创业者在吐槽：身处资本寒冬，移动互联网公司为了生存和发展，应该在哪些方面进行更多的思考？2016 年 8 月 20 日，由中国电子商务协会食品医药产业促进会指导，蔚蓝客和健康卫视主办的"2016NETmed'互联网＋医'健康创新论坛"上，以下创业者和投资人分别给出了答案。

谁是胜者？交给市场检验

重山资本创始人孙超认为，互联网市场资本寒冬确实来了，这是因为：第一，国家实际对互联网的准入限制。真正抓住 C 端用户，并没有产生变现能力的，这样的一些公司未来就会出现一件很尴尬的事情，很多早期的一些创业者以拿到 A 轮、B 轮为主，越往后，看的不是人和市场的模式，看的是你的现金流量和如何变现。第二，互联网公司面临的尴尬就是上市公司收购。另外一个有巨大流量的公司可能会进行新的转型，未来投资人不会相信新的转型，因为在这一个行业中，在中国的每一个细分的行业中都有一些优秀的公司跑得速度已经很快。当然，我们也不可能排除会有优秀的互联网企业转型成功，至于说整个资本市场寒冬来了，谁是胜者，还要让市场去检验。

"我既不是互联网人士，也不是医疗人士，我在平安做了 20 年的保险，最初我们这个行业流传了一句话：'剩者为王'。把这句话送给大家，同时给大家一句打气的话：冬天来了春天就不远了。"平安万家医疗投资管理有限责任公司市场部总经理白影洁对于互联网创业者，更多的是鼓励。

资本寒冬或许是个好事

作为一位互联网创业者，项立刚表示，"其实从我的创业感觉，我不太感觉得到寒冬不寒冬的，我们就是按照自己的情况往前走，第一按计划去走，第二做完 A 轮就会有融资，做完 B 轮以后没有实实在在的用户群，你就没有价值，就拿不到投资。至于说寒冬这件事情大家可能太敏感。但是我相信一点，你把前面的事情踏踏实实一步一步做好了，融资的时候很容易就成了。"他认为，"我们把大量的时间都花在做产品上，最后投资人一看到产品的时候，觉得你这个东西是实实在在的，你的销售渠道也是实实在在的，比如我们现在马上要做B轮融资，我去跟我们的团队要求，必须要把单子拿出来，我有这么多单子，你投不投？但是如果没有这个单子，我去忽悠你，那样大家都会很难受。"

作为互联网医疗领域的创业者，罗峰认为，"如果说移动医疗面临寒冬，别太信这个事，它决定不了你想做的事情，你想做的事并不是因为寒冬就不做了。你最后只想要100万元、200万元的天使轮没有关系。现在都在说移动医疗，作为创业者心里要有一个标准——如果没有移动你做不做这个事？如果没有移动端你做不做这件事情？如果没有移动端你不做这件事，说明医疗的主体非常重要。但是如果没有移动端，你的创业项目还是可行的，你可以去找投资人谈，证明你的项目确实很好。鸡汤有毒，看到别人特别努力，也别太信，做好自己非常重要。不要揣摩投资人的心理，更不要去掌握市场的风口，那跟你没关系，做好自己，寒冬不寒冬跟你关系不大。要知道，寒冬来临真正干掉的是水落石出的水落那一部分，如果你本身就是石头你更开心，越是寒冬，那些越是扰乱市场的都被淘汰了，这是个好事儿，所以，大家还是专注于做自己。"

做对用户有价值的服务

在互联网领域的持续创业者陈迟看来，"应该回归到商业的本质，不要考虑融资，融资是锦上添花的事情，更多的是我们自己做的事情能不能挣到钱，能不能把这个公司养活，能不能走下去。后面既然投资人看重你了，那就是锦上添花，能够让你跑得更快一点。但是，我们首先想的事情应该是回归到用户的需求，我们也别说O2O倒了，上门服务不景气了，其实这里面肯定有它的原因，就是它的价值能不能在上门服务中体现出来。不是觉得这个服务能够挣到钱我们就去做，我认为不要把我们想做的事情一直套在某一个标签上面，说你是移动互联网，你是O2O，你是电商，其实我们提供的就是服务，就是对用户来说有没有价值，如果对用户有价值，你的服务就成功了。"

保险遇上互联网医疗：一场相见恨晚的牵手

每一次技术革命都能够推动社会的巨大发展，而移动通信技术让众多行业顺利地进入了移动时代。但是当移动互联网撞上医疗，却仿佛一度进入了另一个时空，引无数移动医疗创业者竞折腰。互联网医疗的使命不仅在于发现需求，更在于改变习惯，创造需求。而当保险遇上互联网医疗，又会发生什么化学反应？

"互联网＋医疗"缓解医疗痛点

2016年9月1日起，一则"北京儿童医院全面取消窗口挂号"的消息引爆朋友圈。也就是说，除急诊外，收费窗口的挂号服务全面取消，现场排队挂号的传统模式就此结束。市民可根据情况，选择手机APP挂号、114电话预约、网上预约等方式。

市民王女士生完宝宝不久，得知此消息后非常欣慰，在她看来，挂号难成为她心中多年来挥之不去的阴影，尤其是这种三甲专科医院，挂号更是难上加难。以往习惯于电话预约的她，对于此项政策拍手叫好。原因在于：第一，有利于打击"号贩子"的猖獗行为。2016年初，女子怒斥北京广安门医院"号贩子"的视频让大家记忆犹新，普通的专家号在"黄牛"手里要价高达千元，让人心寒。时至今日，媒体关注，警方严打，但百姓挂号依然很难。第二，一定程度上解决老百姓的"看病难"问题。让广大患者，尤其是外地进京的患者能够及时得到医治。第三，改变传统医疗模式，让更多人适应互联网时代带来的便利。

说起移动医疗，其实早有发展。多年前，很多市民就已经开始在网上预约挂号和选择专家，但是多年过去了，痛点依旧不能解决，看病难依旧是广大患者心中的痛。随着互联网的发展，我们看到市场发生了很大变化，可以说，在一定程度上"缓解了"患者的医疗"痛点"。比如轻问诊、导诊、预防疾病管理、健康管理等都可以在线进行，现在还有"私人医生"根据患者需求上门服务。此外，人工智能、机器人也正在往医疗领域切入，对某个特定的疾病，机器人的准确率已经比医生高了。

互联网发展已经是大势所趋，对于医疗行业而言，也迎来了前所未有的发展机遇。

医生集团模式线下医疗落地

中国人民健康保险股份有限公司党委书记、总裁宋福兴在《中国保险报》主办的第二十六期"中国保险热点对话"中提到，将健康保险和健康管理有机结合，通过建平台、搭生态圈，积极提供全方位、全生命周期的家庭医生服务。一方面，可以发挥健康保险的纽带作用，带动上下游产业的发展，培育健康服务产业集群，促进经济转型升级；另一方面，健康保险机构通过整合医、养、药、护等上下游产业资源，可以打造功能完善、服务优质、线上线下结合的服务链，提高健康管理服务实施能力，使客户不得病、少得病、得了病能控制，当好客户的家庭医生，为客户提供最好的医疗健康服务。

重山资本创始合伙人孙超看好未来医生集团的发展前景，"对现在整个医疗市场环境来说，医生集团是一个新鲜的事物。从实际来说中国的医生有很多困惑，他们白天要忍受医闹、医患的纷扰，周末还会坐上飞机去外地做手术。中国的医疗很不均衡，才会导致了这样的情况。在美国医生都是预约手术的，有专业的系统，有保险公司各个方面支持付费。医生集团实际一直在支撑着整个医疗的发展，现在随着国家政策的变化，一些大型移动互联网公司也在线下开医院，这也证明了光有流量是不行的。"

孙超认为，美国很多例子其实已经告诉了我们答案，现在医生集团分体制内、体制外综合"医生＋保险""医生＋医院"两种模式，中国的医生集团未来也无外乎这几种模式，而且医生集团有了一定的管理运营模式后一定会回归线下。

"从医疗时代来讲，现在患者选择医生时代已经来临。医生集团将来如何实现呢？可能还需要有很多辅助的工具，比如说病理如何解决？影像系统、连接保险的这些系统如何连接？这也是投资人需要深度思考的一个问题。"

孙超表示，"今天中国的医疗已经进入了一个医疗服务时代，未来在几个领域，比如康复市场，中国一定会像国外一样以预防为主。互联网医疗在不断地大浪淘沙，洗牌逐渐明确，在大家都往线下走的时候，未来中国的医疗一定会迎来一个在医言医的时代。"

"互联网＋医疗＋保险"的整合与连接

"互联网＋医疗"虽然在一定程度上缓解了市民看病难的痛点，但是并不能从根本上解决问题。那么，如果有保险的参与会不会不一样呢？还是以挂号难为例。记者发现，针对挂号难这一现象，日前，易安保险与第三方互联网服务平台聚保盆联合推出了"挂号服务费用补偿保险"（以下简称挂号险）。投保人在简单完成线上投保后，需要在京就医，即可免费享受北京 90 多家三级医院的"绿色直通"挂号服务，同时，将为投保人及其家人提供专属的挂号风险保障管理，还可根据客户需要，提供指定的专家诊疗服务。若出现预约挂号成功后医生停诊，将推荐同等级的医院，如不接受推荐的同等级医院或医师，则退还全部保费。

一边是愈加严苛的医疗健康服务市场，一边是与老百姓息息相关的刚性需求，如何从中探索一条创新途径，达到互利共赢，成为易安保险与合作第三方技术倒流平台——聚保盆最初设计该产品时的共同思考。

聚保盆创始人周豫表示，"看病难一直是老百姓心中的痛，如何运用互联网的优势解决这个痼疾，是我们一直在思考的问题。我们在多家三级医院实地考察发现，医院和保险公司之间其实存在着信息孤岛，如果让它们之间发生关联，打通信息不对称的壁垒，其实是老百姓、医院和保险公司共赢的事情。"

据记者调查发现，之前也有保险公司推出过类似的挂号服务，比如泰康在线与挂号网推出的购买公司指定保险产品可以免费提供挂号服务。但是针对此类专门细分的挂号险种却无迹可寻。

在 2016 年 6 月召开的互联网保险大会上，易安保险总经理曹海菁表示：互联网保险必须把服务做到极致，随着互联网保险的发展，保障范围越来越广，保险业可能会从过去的经济补偿为主，向经济补偿与服务补偿并重的方向发展。类似于挂号险则符合了这种趋势，消费者投保，保险公司可以帮助其预约挂号进行医疗服务，如果挂号未能成功，则将对消费者进行经济赔偿。

随着互联网保险的发展，保险的保障范围越来越广，一方面保险补偿除了进行经济补偿之外，越来越多的产品将目标锁定在解决问题上，以此拓宽保险的作用，增加保险公司与用户互动的频次，比如众安保险与小米推出的小米手环，泰康在线推出的健康测试平台，等等；另一方面，优化医疗资源配置，突破了国内健康保险需求不足和逆选择难以防控的"二元困境"。

平安万家医疗投资管理有限责任公司市场部总经理白影洁在"2016NETmed'互联网＋医'健康创新论坛"上表示：互联网作为一个行业，跟传统行业一样会经历一个从孕育、发展到高潮、衰落、消退的过程，这个行业中的个体也像传统行业中的个体一样，也会经历初生、发展、倒闭、并购的过程，这几年好多公司倒闭了或被并购了，这就告诉我们一个教训——互联网没有内容就是泡沫。

白影洁认为，互联网的核心是聚合、连接、共享。在他看来，互联网进入医疗领域，应该是在连接上做了很多工作。第一，连接医疗机构。使信息得以共享，提高医疗技术。第二，连接医患。让医患信息对称，而不产生医盲。第三，连接保险。连接医疗保险以后，保险公司就不再成为支付方，而是通过商业保险的手段变成了被保险人或患者的健康管理，这样，保险公司就会变成一个健康管理者的角色。第四，连接金融。金融这一块，互联网要把医疗和保险衔接起来。

当保险遇上互联网医疗，即出现了消费者、保险公司、医疗机构三方共赢的局面。人们期待，有了保险的参与，那些医疗环节的痛点都能一一解决。

保险创新应"不忘初心"

不少保险公司近年来推出如"爱情险""赏月险"等创新型保险产品，但由于产品的噱头大于保障实质，因此该类创新型保险在盛行一段时间后都沉寂了下来。

记者发现，在拥抱互联网后，不少保险公司针对一些细分领域推出满足消费者需求的创新型保险产品已是其决胜市场的法宝。业内人士也指出，保险的创新性发展需以"解决客户实际保障需求"为前提，不可遗忘初心。

2016年9月6日，中国保监会发布《关于强化人身保险产品监管工作的通知》（保监寿险〔2016〕199号）和《关于进一步完善人身保险精算制度有关事项的通知》（保监发〔2016〕76号）。此次保监会打出"组合拳"，将有效释放行业发展活力，倒逼公司提升产品开发管理能力，对接消费者真实需求；同时也将有效提升人身险保障水平及行业竞争力。

为响应监管号召，保险公司积极推出更加符合消费者需求的产品。以"新型"重疾险为例，目前市场上的产品一部分仍沿用"走渠道"的传统思维，使保险公司便于管理；另外一部分则是"走心"设计产品，属单纯的"产品思维、用户思维导向"，这就需要保险公司费一番心思了。

日前，众安保险推出的一款"尊享e生"医疗保险因性价比高而引爆朋友圈；同时，阳光人寿根据行业精算报告推出的一款在互联网上销售的重疾险——"健康随e保"，也因性价比高深受网友喜爱。据悉，"健康随e保"共有4档保险套餐，保障范围最多可覆盖42种重大疾病，基本保险额度会在三年内逐年递增，最终提升为三倍基本保额，而且一经确诊即可完成理赔，不必等治疗后再报销，为消费者带来优质的服务体验。

随着习惯网购的年轻人慢慢步入"上有老、下有小"的人生阶段，随着保险更加贴近"80后""90后"这些互联网主力人群的需求，相信越来越多的群体能接受在网上购买保险。

互联网保险产品定制走向深度产业整合

目前，有些互联网保险公司开始推出针对某一群体设计细化以及衍生相关的产品，这些产品不再是根据某个场景设计的单一产品，而是千人千面，细化到每个人的特殊需求。由此看来，保险"定制"的意义愈加深刻，这也预示着互联网保险从模式布局即将走向深度产业整合阶段。

"定制"由单一产品走向产业整合

2016 年 10 月，慧择网发布第一款自主创新、全流程服务的保险产品"勇者部落"，为户外运动群体量身定制，该产品区别于市场上类似产品之处在于：第一，可以根据不同运动项目分别定制相关产品，满足不同极限运动爱好者的需求，由此可以精准洞察消费升级的需求和保险产品供给侧的痛点。第二，从产品设计、救援到理赔的全流程服务都由慧择直接提供，充分体现了互联网保险平台的连接和整合能力。

从传统视角来看，互联网中介只是渠道，但是不同之处在于中介渠道也能参与其中，可以说是互联网保险中介平台的一大突破。"互联网保险不仅仅是将保险产品从线下搬到线上，更是对整个保险流程和服务模式在全新技术下的重构。"慧择网董事长马存军表示，"作为第三方平台，我们不再满足于超市定位和渠道价值，而开始尝试'造血'，以真正、直接的服务和产品影响整个保险产业，典型的 C to B 反向定制，这是所有中介机构以前没有的创新。"

中央财经大学保险学院教授郝演苏表示，"保险中介的发展是平衡保险业生态的重要力量。"目前，中国的保险中介仍处于发展滞后的状态，在这种情况下，只有通过对现有服务与产品的有效合理研究，才能真正有能力帮助客户进行风险评估、选择并定制合适的产品，进而推动整个行业的发展。

无独有偶，易安保险也在考虑将推出的"挂号险"做"延伸"，如果客户暂时用不到挂号服务，则可以选择进行诸如基因检测、健康体检等延伸服务。这样做的意义在于：一方面，可以最大化满足客户需求，而不仅仅是保险服务，更多地体现出由保险延伸出的相关产业的整合。由此看来，客户不会轻易拒绝接受你的服务，因为相关服务总有适合你的需求点；另一方面，也可以有效提高保险的信誉度，让保险真正成为人们的必需品。

由此看来，互联网保险已经不仅仅是简单的 B to C 或者 B to B 阶段，而是进入 C to B 反向定制时代。这也预示着互联网保险已经进入深度产业整合阶段。不再是单一的为消费者提供产品，而是根据消费者需求定制更多符合其特点的产品。

"C to B" 反向定制时代来临

那么，究竟 B to C 和 C to B 有何差异？简单来说，B to C 的商业模式为从企业到客户，卖方是公司，买方是个人，主要指零售业务，如淘宝、当当，全球最大的 B to C 网站是亚马逊。C to B 也是电子商务模式的一种，即消费者对企业，最先由美国流行起来的。C to B 模式的核心是通过聚合分散分布但数量庞大的用户形成一个强大的采购集团，以此改变 B to C 模式中用户一对一出价的弱势地位，使之享受到以大批发商的价格购买单件商品的利益。

说到 To C 产品时，总是与"用户""体验""转化"等词语挂钩；而做 To B 产品时，更多的是与"项目""客户""收费"等词语挂钩。当然 To B、To C 只是一个笼统的分法，并不绝对：有的 To B 产品并不是很复杂，与 To C 比较类似；有的 To C 产品涉及具体行业知识或功能十分复杂，也有很高的门槛。

但不管 To B 还是 To C，都要时时刻刻思考客户的核心痛点是什么，产品为什么样的客户、角色解决了什么样的问题，如何解决，产品的核心价值是什么，等等，看起来很简单，但做到谈何容易。所以很多时候，我们其实需要停下脚步，让灵魂跟上。因此，重要的是永远不要忘记在心里问自己"我的产品为客户解决了什么问题，怎么解决，对客户的价值是什么"，那么不管 To B 还是 To C，都会更容易找到答案。

互联网保险怎么玩，产品定乾坤

如果说互联网保险发展的第一阶段是各主体忙于铺设赛道，那么，目前互联网保险已经进入选手入场、列队比赛的阶段。究竟谁能在比赛中优先抢占赛道，到达目标？对于处于创业期的各家公司而言，找对方向、耐住性子，熬过艰辛时期，方能柳暗花明。

2016年，华兴资本研究团队发布了一份关于《互联网保险商业模式探讨》的报告，瞬间引爆朋友圈。一是说明大家看好未来互联网保险的发展潜力，二是大家都想知道自己在这个行业里处于什么位置，三是想了解竞争对手都是谁，他们都在怎么做。以上三点，在这份报告中都可以找到答案。记者采访了参与此次报告撰写的研究团队主要成员——华兴资本董事、总经理刘佳宁、华兴资本副总裁白洋，对于互联网保险的几大玩法和未来发展趋势，他们作出了大胆预测。

"这是一个应该爆发而没有爆发的市场"

自2011年以来，互联网保费规模不断扩大，4年的时间翻了69倍，2015年收入高达2234亿元，渗透率达9.2%。然而，拆细来看，1466亿元人身险中83%即1219亿元都是万能险、投连险；768亿元财险中81%都是从官方渠道卖出来的车险。也就是说，真正来自纯粹保障型、互联网、创业公司贡献的量仍非常有限。综合考虑，真实渗透率应该在5%左右。

这是否表示万能险等投资型产品还是主力？创业公司很难在市场上占有一席之地？

"2012年开始的险资市场化改革，显著提升了保险公司的投资收益率，为资产驱动负债激进模式创造了条件。众多中小型寿险公司为实现快速冲规模，将万能险作为低成本融资工具，借此实现迅猛发展，弯道超车，市场份额大幅提升。2015年下半年险资举牌潮后，保监会对于万能险的监管逐步趋紧，万能险成为重点监管领域。"华兴资本董事总经理刘佳宁表示，"另外，由于寿险产品的特殊性，互联网上销售寿险产品有一定难度，所以还需要代理人来销售，目前来看，代理人渠道占比约为47%，这也能理解为何以投资型产品居多。车险同样如此，车险保费集中在几家大型保险公司，一家独大现象较为明显，而创业公司想要从中分得保费，抢占市场，恐怕还得拥有稳定的核心数据，同时，还关乎合作方利益、车主隐私等多方面因素。所以，这绝不是一朝一夕的事情，需要长期作战。"

"站在5%渗透率的爆发前夜，我们综合考虑保险行业的正常发展和互联网的渗透率，估计在2020年，行业规模有望达到4000亿~1.75万亿元，较2015年实现4~17倍的增长。这还是比较保守的估计。"华兴资本副总裁白洋感慨未来互联网保险市场潜力巨大。

相比互联网金融2014—2015年在资本市场的火热，互联网保险创业公司的融资也只是刚刚开始。根据华兴资本不完全统计，15家公司获得了天使轮，18家公司走到A轮，3家公司走到B轮。除了众安保险在2015年获得A轮9.34亿美元投资，其他都在千万级或亿级人民币规模。"展望未来5年，在4000亿~1.75万亿元的潜在市场中，除了众安保险，尚无从业者获得过与未来行业规模匹配的融资。从这个角度看，这是一个应该爆发而没有爆发的市场，值得我们格外关注。"白洋说道。

"保障类保险迎来商机"

保险，是分摊意外事件损失的一种财务安排，这种规划人生财务的工具在发展过程中朝两个方向演绎：第一，提供风险保障，与之相关的就是意外险、健康险、定期寿险等产品；第二，提供生存保障，这类业务实际就是资产管理业务。前者是保险公司独家特许经营，其他金融机构不能参与竞争；而后者其他金融机构的产品有较强的可比性和替代性。刘佳宁说："人有趋利避害之心，但趋利往往是主动的，避害却是被动的，所以纯粹保障的产品难卖，而有收益的产品却大受欢迎。"

"但值得注意的是，分红类寿险受益于高投资收益率的影响在逐渐消逝。"白洋表示，过于强调"投资"而非"保障"功能的万能险导致保险公司为扩充规模从而短钱长配。

掩盖在互联网保险快速增长的现象之后，是保障类保险逐渐的崭露头角，保费结构在悄然优化中。

有两类产品，一类是普通寿险，2015 年和 2016 年上半年的增速分别为 57%、79%；一类是健康险，2015 年和 2016 年上半年的增速分别为 70%、89%，掩映在整体市场 37% 的增速中。两者的增速并没有吸引市场太多关注，但他们并不依赖投资驱动，且增速逐步加快，势必在未来扮演越来越重要的角色。"我们认为，一方面，医疗、健康属于刚需，但目前市场上存在供给不足的现象，也就是说，市场需求和供给不平衡，所以这类保险产品有广阔的市场发展空间，一些创业公司发现商机，寻找痛点，开发一些保险产品满足市场需求；另一方面，还是要归结为居民保障需求的觉醒，这种不可逆转的觉醒将成为行业长期增长的动力。"刘佳宁表示。

另根据第三方互联网保险电商平台慧择网"双十一"数据报告显示，与往年理财险"一路高歌"的情况相反，出人意料的是健康险 2016 年独占鳌头，其次为旅游险及理财险，各占一半。而在 2015 年，健康险及理财险比例为 6∶4，这体现了随着保险市场的不断开放与规范，国民在选择保险产品的时候日趋理性。

"死差和费差是互联网保险切入的两大方向"

保险行业的底层是精算和产品设计，前端是销售，中间是核保和核赔，此外还有一项重要的业务是资产管理。简而言之，保险盈利来自"三差"，即死差、费差和利差。

死差是指预定死亡率与实际死亡率之差（更宽泛可理解为出险率），费差是指附加费用率与实际营业费用率之差，利差是指实际投资回报率与预定利率之差。"由于牌照因素，绝大多数互联网保险公司是无法用沉淀资金赚取利差的，于是利用大数据和场景改进产品赚死差，或者通过改造销售渠道赚费差，自然成为互联网保险发展的两大方向。"刘佳宁表示。

面对纷繁复杂的市场和从不同方向切入的众多创业者，华兴资本总结了死差入手的 7 种玩法和 6 大方向。在产品上做文章的包括以下七类：一是公司拥有用户和场景，从而衍生开发出保险的新需求；二是公司拥有传统保险公司所不具备的数据，能设计出更好的产品；三是公司与保险公司合作，在原产品的基础上进行不同程度的改进再进行销售；四是针对不同 B 端客户的需求，共同设计产品；五是创意型的产品，但有时过于创意并没有保险公司愿为之开发产品；六是互助保险；七是信用保险。由于绝大部分互联网保险公司没有保险牌照，所以产品都是和已有牌照的保险公司进行合作的。

"而想在死差上做文章，直观的理解，就是开发出的产品，出险率低又卖得出去，所以互联网保险公司如果想在产品上制胜就是要找到死差益高、赔付合理又有需求的产品。"刘佳宁表示。

从提供更优产品的角度，互联网保险的创业集中在以下 6 大方向：一是具备独特的数据和计算能力，能开发出对用户和保险公司双赢的产品，或者是具备独特使用场景，能创新挖掘新的需求；二是针对现有保险产品门槛太高的问题，通过小额、高频产品作为敲门砖吸引用户并获取信任，小步快跑，在留存基础上提高潜在购买意愿，为售卖高额长期的人身险打基础；三是针对保险产品极度复杂的痛点，去解读、比较，甚至简化条款，提升用户体验；四是抽象化概括出一些用户共同的普适需求，结合自身的产品能力，通过一些标准化、易推广、低利润的产品帮助平台放量；五是通过一些机制的设计影响实际的风险发生率；六是提高售前、售中和售后的配套服务能力。

"影响费差最大的一个变量是营销成本，渠道费用通常能占保单收入的 20%~50%。"刘佳宁表示，"从费差的角度切入互联网保险，就是看怎么能为保险公司节省营销费用，或是在相同的费用下提高效率。现在从费差角度切入的模式也很多，归纳起来，有直接面向 C 端用户的 B2C 模式，有通过代理人触达 C 端用户的 B2Agent2C 模式，还有通过企业触达 C 端用户的 B2B2C 模式。"

"B2C 模式中，留存率的提高靠小额和略高频次产品的销售。营销费用的下降意味着通过价格优势给予消费者保费补贴，目的是维持作为渠道的黏性，同时优质和适度的服务能够提升消费者的信任感，进而在留存基础上提高潜在的购买意愿。所以，在 B2C 的模式里需要两个要素，即丰富的产品线和良好的全程客服。"刘佳宁认为。

他进一步指出："在 B2Agent2C 的模式中，完善代理人工具固然重要，但最关键的还是要用费差吸引代理人，激励越高越好。所以，在 B2Agent2C 模式里，需选择在消费者受益和费差间平衡的产品，产品未必如 B2C 那样丰富，但能满足代理人获客、放量、赚钱的需求，可以对代理人工具进行完善，适度对消费者进行跟踪。"

"在 B2B2C 的模式中，互联网公司是与企业 HR 的对接，帮助企业解决员工社保、团险、补充险的管理和出险服务，并通过这个过程与员工达成关系，利用信任感向其销售长期高额的产品。"刘佳宁表示。显而易见，在 B2B2C 的模式里，为企业提供周到的服务是根本的竞争力所在，互联网公司所需要的产品线可以少而精，需要有一定的产品定制化能力。

这样看来，费差似乎更适合互联网，定位于销售渠道的互联网保险公司，实际上就是按照互联网思维把理应自己拿到手的佣金补贴给消费者或者代理人，靠补贴拉规模，规模有了就得到了各种数据，有了数据就可以自己做产品让保险公司贴牌，这样就又回到了产品赚钱的思路。

"产品为王"

"无论是做渠道还是做产品，互联网保险公司最重要的努力方向将会是产品。无论它是来自于传统保险公司的设计还是来自于互联网公司的设计，无论它是要低费率取悦消费者还是费率均衡激励代理人，无论它是要高频低额留存用户还是长期高额赚取利润。"白洋表示。在他看来，互联网保险公司终究是要选择符合自身商业模式的产品或产品组合，特别是在没有利差可赚的情况下，产品的重要性更加突出。

"能抓住场景、拥有独特数据、可以独立设计产品的公司会更有发展前途。换句话说，有保险牌照的公司、数据有独特性的公司、产品有特色的公司、渠道做得足够大的公司值得重点关注。"刘佳宁表示，"产品之外，就要考虑怎么卖得更好，也就是如何增强客户体验，这也非常重要。"

创业犹如暗夜爬山

在几年前，我们根本无法想象互联网能颠覆我们的生活方式，甚至影响各个行业。传统行业不景气，面临转型，"互联网＋"概念无所不在。正是看到了互联网带来的商机，很多人跳出传统行业，投身互联网创业大潮。

这些创业者或是来自于互联网公司，或是来自于传统行业，他们身上具备共同的属性：那就是信念！一种坚不可摧的信念，足以支撑其在创业路上勇往直前。

在与这些创业者交流时，总能发现他们眼神中的笃定和自信。在他们心中仿佛有一把永不熄灭的"火焰"，即使寒冬来临，暴风雨侵袭，依旧可以发光发热。易安保险CEO曹海菁将互联网保险创业比作暗夜爬山，很多人都在去往山上的路上，一边摸索，一边前行，大家坚信到达山顶必能看到日出，只不过过程是艰辛的，道路是曲折的，也许这就是黎明前的黑暗。到达山顶，你会豁然开朗。

很多人会问，究竟是什么动力在支撑这些创业者执著前行？说得简单直白点就是理想，外加骨子里不达目的不罢休的那股闯劲。大多选择创业的人都会认为，"理想还是要有的，万一实现了呢。"他们认为，如果这辈子不拼一拼，可能也就这样平平淡淡，拼一拼或许会赢得不一样的人生，即使失败，也能承受。自己选择的路，不后悔。

成功没有捷径，想成功就得熬。不经一番彻骨寒，怎得梅花扑鼻香？马云在创业之初，不也是熬过了一段痛苦期，起初他可能也没有想到阿里巴巴有一天会上市，坚持到今天，也是梦想成真了。所以人生是公平的，选择安逸，就会收获平淡；选择拼搏，才能收获成功。要想成为人生赢家，必然需要折腾，需要一种魄力，这与能力大小无关，关乎毅力和魄力。

创业路上的悲欢谁能理解？那些奔波在创业路上的人们睁开眼就意味着一天工作的开始，项目刚起步，奔走于不同城市进行各种路演、与投资人见面聊公司模式和未来前景、谈客户、谈项目……事无巨细，创业中一切都要亲力亲为。但是拿下一个项目后，会有满满的成就感，顿时又会信心倍增。

打心眼里佩服这些创业者，尤其是女性创业者。每每与这些女强人交流时，总能感受到她们身上有一种无形的力量和对这份事业的热爱。同时也会感叹自愧不如，尚需努力。

互联网背景下如何做好保险服务

近两年，互联网保险保费规模实现爆发式增长，互联网保险渗透速度加快，随着互联网保险新业态的快速发展，保险业行为方式和市场格局发生着深刻的变化。据统计，2016 年上半年，互联网保险市场规模发展迅猛，累计实现保费收入 1431.1 亿元，是上年同期的 1.75 倍，与 2015 年互联网人身保险全年保费水平接近，占行业总保费的比例上升至 5.2%，在各渠道业务中的地位进一步提升。然而，作为消费者，对互联网保险的接受度如何？互联网时代，保险公司如何做好客户服务？

传统渠道与互联网的摩擦

各家保险公司开门红期间，按照传统保险公司的规划，这会儿都在拼保费规模，导向所致，开门红期间理财型产品备受追捧。

相比传统保险公司，互联网保险公司则没有所谓的开门红；传统保险公司由于渠道定位，决定了产品走向，拿着产品找客户已经不是什么新鲜事儿，而互联网保险公司则必须根据客户需求和痛点匹配相应的产品，以满足基本保障为基础，这才是安身立命之本。

随着互联网渠道的逐渐发展，用户可以选择互联网的购买方式也越来越多样化，比如保险公司官网、专业互联网保险公司、第三方互联网保险平台。而对于消费者来说，在互联网上购买保险的接受度如何？

从统计数字来看，近年来消费者购买保险的需求日益提高，也越来越能接受线上购买保险。"客户在网上买保险是看中了以下三点：第一，价格低廉。相比传统保险公司代理人销售，互联网省去了中间环节，将实惠让渡给消费者。第二，产品差异性大。传统代理人销售储蓄型产品较多，互联网则以保障型产品居多。第三，创新产品较多。比如一些补充型消费保险的出现。"中国人寿济南分公司刘晓光说道，"互联网绝不会替代传统代理人渠道，因为保险销售是有温度的，一些复杂的保险产品还是需要代理人来销售。"

"随着互联网的发展，近年来代理人营销方式也发生了很大变化，比如利用微信朋友圈营销，通过互联网代理人工具实现快速出单、比价等。"微信营销达人李敬华说道，"目前客户购买方式也发生了很大变化，以前都是找代理人，现在有些客户愿意主动从网上购买。我现在建立了几个微信群，通过这个平台来展业，效果很好，这是互联网时代的红利。"

2016 年中保协发布的《2016 年上半年互联网人身险市场运行状况分析报告》显示，上半年互联网人身险业务仍呈现以理财型业务为主、保障型为辅的发展结构。因此从产品方面来看，虽然近年来客户的保险意识有所提高，在互联网上主动购买保险的意识也在加强，但是从产品结构来看，兼具保障和分红性质的理财型保险相比之下更受青睐，纯保障型产品还是以小额保单居多，类似重疾、定期寿险大额保单相对并不多。从购买渠道来看，目前有些客户，比如二三线城市的部分人群，还是会看重品牌效应，尤其是购买大额保险产品时，还是会选择大公司在线下购买，而同样的产品在互联网上也有销售，甚至综合性价比更高。

由此来看，消费者还是热衷于保险理财型产品，保障产品虽有提高但是相对较弱，因此，目前一些大额的、复杂的保险产品，比如人身险产品要实现互联网销售还比较困难，更多的是短险，如意外险、退运险之类的产品更容易被接受。这也从侧面反映出，目前尚需要一个市场教育的过程。保险的本质属性还是保障，而互联网则可以起到很好的教育作用，从小额保单慢慢过渡到大额保单，从碎片化产品过渡到定期寿险需要一个沉淀再到爆发的过程。

慧择网 CEO 马存军认为，"从历史看，保险的复杂性和长期性，必然要在互联网上消化，如同 20 年前我们都想象不到长期寿险会在电话里卖一样。传统渠道，比如电话，是相对窄、相对弱的一种联系，而互联网是很深、很广的一种联系。这就要求公司从产品、运营、管理更适应在线化。"在他看来，互联网最大的价值在于提高了每个环节的效率，互联网正在改变这个行业。"2015 年《互联网保险业务监管暂行办法》（保监发〔2015〕69 号）的实施，为互联网保险发展带来了契机。预计互联网保险在 2017 年下半年，应该能出现爆发的迹象，2018—2019 年，将会出现大家认可的模式。"

传统保险产品和互联网保险产品其实并不冲突，更不存在谁颠覆谁的问题，两者更多的是一种互为补充的关系，线上线下结合才是理想状态。

用户至上的理念

"客户对互联网的接受度取决于多方面，但根本来说还是服务，换句话说，就是客户体验。"德华安顾信息部牛振州表示。在他看来，尤其是中小保险公司，更要在创新服务方面做足文章，以服务取胜，才能增加客户黏性。

保险产品的特点是被动的，消费者不会主动购买，怎样根据这样的特点设计互联网保险产品，以及互联网的策略和发展互联网保险的一些具体的办法，是需要很多互联网保险公司考虑的。

"互联网是一个开放的平台，平等、公开、共享、自由，互联网用户的特点特别是移动互联网的用户特点是年轻人多，我们怎样为这样的客户提供有针对性的服务、定价、风险评估和产品。"业内人士称。

在互联网大背景下，首先，对于互联网保险公司或行业来说，可能在战略上会有一个新内容的考虑，这个新的内容主要体现在一种轻资产或者轻服务的战略现实性上。因为数据可以更加方便地让保险公司了解客户，有可能在某一个垂直领域，由于某一个公司具有数据方面的优势，以及数据挖掘技术上的优势，能提供适合消费者需求的服务，这时候准备比较充分的公司就会抢占先机。

其次，对保险从业人员的素质要求也会相应提高。信息化社会透明度很高，所以从这方面选拔人才和培训等方面都要跟上去。

最后，对互联网保险市场下的客户服务要求更高，因为所有轨迹都会记录在网上，这些都是很重要的证据，你再想补充或者篡改是很难的。

成熟的风险解决方案

"作为一个与用户利益和立场相关的平台，不是为了单单卖一张保单，当然也不是只代理某一家保险公司的产品，而是要站在用户的角度，秉持用户立场，帮助用户实现更加全面的风险保障。我们的客服有一道红线，坚决不能为了考核指标而为用户推荐不适合的产品，这也是互联网与传统销售方式的不同之处。"马存军表示，"中国保险行业一定会出现一个千亿级的平台，跟当年的京东一样，这是行业发展的必然结果。"

总体而言，未来互联网产品的进一步完善，应该说成长空间越来越大，其发展空间的大小取决于互联网技术的利用，以及我们很多产品设计中怎样便于互联网销售和服务。技术促进互联网保险服务形式的改变会完全超出我们的想象。人工智能语言问答在很多方面都得到了应用，相信很快就会实现稍微复杂一点的人工的替代。

随着用户需求的多样化，用户的权利将越来越大，而对于保险公司而言，未来可能保险销售的不再是产品，而是一种通过大数据技术与用户相匹配的风险保障方案。

临万亿级风口，互联网保险如何起飞

在"互联网+"时代，互联网技术应用将大幅度提高保险公司的经营效率，降低管理成本，提升客户体验效果。同时，也将带来客户消费行为和习惯的改变，推动商业保险模式变革，催生行业创新。近年来随着互联网群体在线消费习惯的形成，具有万亿级市场想象力的互联网保险已成为新风口，接下来，互联网保险如何起飞？在 2016 年 12 月 21 日凤凰 WEMONEY 举办的"NF+"峰会上，与会者就此展开了热烈的讨论。

未来痛点在于"产品创新+服务升级"

"过去代理人因为销售误导或者利益，造成了行业的一些负面现象和情况。而产品最大的问题就是理财保险和保障类产品混在一起卖给消费者，一个消费者一年可能要花一两万元的保费，享受的保额可能只有五六万元，远远不能覆盖他的风险。"弘康人寿副总裁郭翔说道，在他看来，保险保障和理财功能如同鞋子和袜子，他把投资产品当作袜子，把保障产品当作鞋子，"大部分寿险行业卖一双鞋子一定要搭配多双袜子。"也就是说，在产品方面，可能是未来的痛点。

安华农业保险首席信息官张胜利认为，"目前互联网保险产品同质化比较严重，不管是财险还是寿险，其实大家卖的产品差不多，特别是财险，75% 以上是车险，寿险做得比较好的是理财产品。目前最大的痛点就是如何创新，互联网保险对保险公司的创新带来了一个思考和引导。"

北京大学教授、普惠金融研究院执行院长赵占波认为：产品创新可能是保险公司面临的最大的问题，"保险公司一年往市场上推成千上万种产品，真正卖得好的是个位数。设计了那么多保险产品，最后市场不接受，因此产品创新非常重要。"

大象保险创始人钟洁表示，"无论是线上还是线下都有同质化的问题，其实不光是同质化的问题，而是很多消费者不知道自己应该购买什么产品，这是需要面对和解决的痛点。"

华兴资本副总裁白洋认为，"在整个互联网保险里，我们看到了几个比较明确的方向：第一，通过现有保险公司，积累到独特数据，在接下来的合作中可能会发挥独特的价值。第二，有一些独特的场景，这种场景比较局限，更多局限于拥有用户的大的互联网公司。第三，值得关注的是在整个互联网保险中做服务的公司，从死差、费差、利差、产品渠道方面强调怎么做服务，可以很大程度上解决用户的痛点。"

2017 年的发展方向

"保险姓保是保险行业当前最重要的话题，真正的互联网保险就是消费型的保险，很容易在互联网上销售。目前市场上已经推出了很多险种了，大家一起把整个行业的产品做得更好，通过互联网手段，为整个行业做贡献。"郭翔如是说。

"实际上互联网行业中的公司对保险行业的介入会倒逼传统保险行业的改革。互联网基因接入保险行业会导致倒逼他们创新，所以我们今天在移动互联时代，任何预测都会被证明是保守的，发展实际上比我们想的还要快。所以 2017 年、2018 年，对保险行业来说是非常大的机会。今天大家处在万亿级的市场，可能不止万亿级，这个市场刚刚被撬动了 5%，值得大家关注。"赵占波表示。

在张胜利看来，"互联网 + '三农'"大有可为。"我们现在已经与一些区域型互联网公司达成了战略合作，在农村最后一公里，包括农村的互联网上进行发力。我们也会针对农村进行一些新的产品研发，比如说农民收入很难保障。在美国农民收入保险做得非常完善，市场非常大，但中国国内现在还没有起步。2016 年我们也研发了一款针对农民收入的保险，未来我们应该围绕'三农'，结合小贷金融，对农民以及农业的消费、生产，还有服务、养老，提供一整套的服务。"

"整个保险市场其实在经历一些潜移默化的改变，而且这个改变市场上可能还没有注意到。首先，为什么在保险产品中，相比储蓄类产品或者保障类产品，大家偏爱投资类产品，因为大家有趋利避害的心态，大家更多还是考虑这个事情给我带来了多大的回报，而不是回避了多大的风险。其次，对一二三四线城市上涨的房价，大家认为不能靠买保险来防病、养老，而是靠买房子来防病、养老。站在今天这样一个时点，未来十年房地产市场还会不会像过去房地产市场，有这样波澜壮阔的行情？我觉得大家可以判断。"白洋表示，另外，他指出，互联网保险公司的创新是从用户需求的角度，而不是从自己如何制定规则的角度创新，这是最大的不同。未来线上和线下一定要结合，只做线上是不够的，因为售后有很多服务，比如理赔，很多东西都需要做。

不投什么决定了公司的高度

互联网保险在 2016 年受到了资本的宠爱，融资事件接二连三发生，几乎各种模式背后都有资本跟投。然而在资本寒冬下，投资人也愈发谨慎。俗话说，不能为投资人带来利润的模式不是好模式。目前互联网保险模式众多，投资人该如何进行选择和甄别？

盈动资本创始合伙人项建标在 2016·亿欧创新者年会上接受《中国保险报》记者采访时表示，"我看了很多互联网保险模式，想投但是没投进。保险行业机会非常大，但风险也很大。"在他看来，各种小的场景领域，这类保险产品现在几乎没有，或者说很少。另外，一些工具性的应用可能机会比较多。

"我们主要做早期投资，所以涉及面非常广，因为早期你必须要以量取胜，我们投很多，基本上不受领域限制，但是对什么东西限制，我认为一个投资公司不投什么决定了你的能力，投什么不重要，大家都知道，你投个项目，好的项目都是相似的，不好的项目，各有各的不好。如同'幸福的家庭都是一样的，不幸的家庭各有各的不幸'，这就是我们所说的安娜·卡列尼娜定律，在投资中也是这样的。所以，首先找出不好的，找出一个公司的短板，不外乎这几个因素，即团队、商业模式、组织能力等，你把这些方面做好了，基本上这个公司也不会差哪儿去。所以，不投什么决定了你公司的高度。"项建标说道。

昆仲资本创始合伙人姚海波表示，"保险是我们互联网金融持续关注的跑道，包括消费金融。保险创新其实具有非常大的挑战。"

在众多互联网保险模式中，姚海波比较看好以下三种模式：第一是技术创新；第二是服务创新；第三是消费创新。

"我比较关注人工智能等一些特别有趣味性的行业，现在流行的词语就是黑科技，我觉得是比较炫酷的事。"姚海波认为，"每一个新科技和黑科技对于我们来说都是一个挑战，比如无人车。"

在投资人看来，创业者需要有一种创新和不断革命的精神。很多人会问及投资人这样一个问题：到底是模式创新重要还是技术创新重要？

在源星资本创始及合伙人于立峰看来，技术创新更重要。由于模式创新门槛低，技术上有难度，没有技术创新作为基础，模式创新是不能现实的。"过去大量模式创新成功的公司都是基于以下几点：第一是人口红利；第二是高速经济增长；第三是中国经济本身结构效率低，还有一个很重要的原因是互联网和移动互联网技术的成熟。所以没有技术基础，模式创新也是不可能的。"由此看来，模式创新重要，但是现在这个阶段，技术创新更重要，没有技术创新不可能有模式转型。

三、行业数据

互联网保险产品：
只有想不到，没有"保"不了

2016 年初，由和讯网发起的一份关于互联网保险产品创新能力的调查显示：噱头类产品缩减，实用类产品上升。

互联网保险产品满意者认为，看到正面力量，出现了不少值得关注的产品；看好新技术的场景应用类产品，解决大家的保险需求，有实际用处。不满意者认为，互联网保险不能只把互联网当做营销渠道，还要迎合 3.0 时代，一方面加强与其他行业的合作，另一方面迎合生活碎片化趋势，开发更多贴近生活的细致产品，同时不断走在客户前面，发现更多需要保障的新风险。其他，少数用户看不清楚，也不关注当前互联网保险产品。

被点赞的互联网保险产品：

1. UBI 车险

UBI 车险是 2016 年互联网车险市场中让人眼前一亮的产品。其亮点在于车辆行驶多少里程支付多少保费，不开车不用付保费。通过车载 OBD 采集数据，记录车主的具体用车时间、行驶距离和行驶轨迹，另外加上驾驶习惯等逻辑的计算，核对出实际需要支付的保费，解决了现有保费收取不公所导致的行驶里程低的低风险车主补贴行驶里程高的高风险车主的"逆向补贴"问题。

点赞理由：让车险更加科学、公平、合理。

2. 航延险

一般的航延险都要提前 24 小时购买，但蚂蚁金服和中国人寿财险推出的一款叫做"晚点乐"的保险产品，在航班计划起飞（票面显示的时间）前 4 小时至起飞后 2 小时都能购买。赔付方式按预测起飞时间，每晚一分钟赔付两元，最高可达 120 元，保费仅需 8.8 元。

点赞理由：理赔门槛低，无须用户进行任何操作，后台自动理赔。

3. "癌情预报"险

泰康在线的"癌情预报"险不同于传统防癌保险，在被保险人患癌后再理赔的方式，它设计了三步筛查方案，帮助人们更早发现癌症，从而获得更好的治疗效果。在筛查中，产品对评估结果为低危的人群提供误判的保障，对评估结果为高危的人群，产品将提供并安排下一步筛查和报销费用。

点赞理由：全程在线的体验流程使得产品可以更加有针对性地覆盖更多人群。

4. 手机碎屏险

某保险 APP 推出，手机碎屏也可赔。这款小额保险由蚂蚁金服在支付宝平台推出，足以让不少"手滑党"欢呼雀跃。再换个屏幕动辄都要几百元甚至上千元的今天，这款保险的出现的确是个好消息。

点赞理由：手机品牌不重要，总之厂家不管的事情，终于有保险管了。

5. 雾霾险

该保险的要点主要体现在两方面：第一，只要连续 5 日空气污染指数监控大于 300，将一次性给付污染津贴，最高达 300 元。第二，对被保险人在保障期间因雾霾致病住院给予住院补贴，最高达 1500 元。该保险保障人群年龄为 10~50 周岁，保费从 78~138 元不等，保险期限为 1 年。

点赞理由：紧跟环境变化推出，从一定程度上解除雾霾带来的忧虑。

6. 正品险

天猫携手蚂蚁金服，与中国人保、平安产险等保险公司推出"天猫正品保证险"。即假设消费者在天猫平台购买到假冒商品，不仅将无条件获得退货退款支持，并且能够得到赔偿，赔偿金额为消费者实际支付商品价格的 4 倍。

点赞理由：如果避免不了假货，那就用正品险来保障你的利益吧。

最受认可的互联网保险产品得票率见图 1-1。

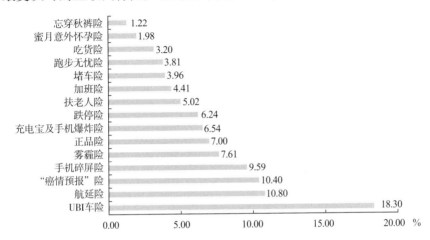

忘穿秋裤险	1.22
蜜月意外怀孕险	1.98
吃货险	3.20
跑步无忧险	3.81
堵车险	3.96
加班险	4.41
扶老人险	5.02
跌停险	6.24
充电宝及手机爆炸险	6.54
正品险	7.00
雾霾险	7.61
手机碎屏险	9.59
"癌情预报"险	10.40
航延险	10.80
UBI车险	18.30

资料来源：和讯网。

图 1-1　最受认可的互联网保险产品得票率

被吐槽的互联网保险产品：

1. 忘穿秋裤险

在 2015 年 11 月 22 日至 2016 年 2 月 4 日期间，意外伤害伤残，以及意外门急诊和住院，含冬天产生冻伤、感冒、下雪摔伤等冬季易发生意外或疾病的医疗责任，最高给予 1111 元的医疗费用报销。每人限购一份。

吐槽点：产品无厘头，调侃因素过多。

2. 蜜月意外怀孕险

由中国平安推出，专为因怀孕而导致蜜月旅行无法进行的新婚夫妇设置。针对男性投保人，如果妻子怀孕，保险公司将赔付已经发生且无法退回的旅行费用；针对女性投保人，如该女士仍想按原计划旅行，保险公司则需支付蜜月游意外怀孕津贴，500~1500 元不等。

吐槽点：敏感话题博取关注，只为赚取眼球。

3. 吃货险

由国华人寿推出，主要赔付吃货由于食物中毒住院产生的相关医疗费用，最短 10 天，最长 1 年。每天 30 元的住院津贴，赔付最长时间为 10 天；赔付客户的住院（二级或二级以上公立医院的正式病房）医疗费用，最高额度为 2000 元。此外，该保险公司还承诺客户因食物中毒造成的身故，一次性赔偿 50000 元。

吐槽点：噱头性强，内容创新缺乏。

4. 跑步无忧险

由百年人寿和支付宝联合推出，投保 1 元即可生效，有效期为 1 天，医疗责任保额为 1 万元，意外及猝死身故 / 残疾保额为 10 万元。

吐槽点：标题党，只为吸引受众，与传统保险产品无本质差别。

5. 堵车险

某保险 APP 推出，超过 5 分钟即可获赔。由手机应用"OK 车险"推出，期限 1 年。"堵车 OK"在各手机商店中上线，1 元钱可以购买堵车补贴，堵车超过 5 分钟即可获得赔偿。

吐槽点：对受关注的社会问题进行吐槽，抱怨社会现象。

6. 加班险

由财客钱包与华海保险联合推出，保期 1 个月，投保人每月支付 9.9 元即可参保。在此期间，若在 21 点下班则可以获得 9 元赔付，若 22 点下班则可以获得 10 元赔付，晚点 1 小时增加 1 元，单次最高不超过 12 元，1 个月最多可以赔付 6 次，最高不超过 72 元，即时到账。

吐槽点：新鲜大于实用，只为消遣娱乐。

可以看出，经过广泛的"噱头"类产品创新后，业内外对于互联网保险产品创新的方向更为明确——指向真的保险需求，力求结合互联网可以设计出真正符合消费者需求的保险产品。

十大趋势告诉你未来互联网保险是这样的

2016 年 4 月初，专注于互联网保险研究的投资机构——曲速资本发布了《2016 互联网保险行业研究报告》，报告中对于目前互联网保险发展现状、相关政策、案例分析，以及未来互联网保险发展趋势等做了透彻研究。记者根据报告中的相关数据，对 2015 年互联网保险市场发展情况以及未来发展趋势进行了解读，以飨读者。

对于中国保险行业来说，互联网保险在过去近 20 年里经历了兴起、发展以及不断成熟的过程。2015 年，互联网保险整体保费规模达到了 2234 亿元，开通互联网保险业务的保险公司数量已超过 100 家。2015 年互联网保费增长率为 160.1%，渗透率也从 2013 年的 1.7% 增至 2014 年的 4.2%，再至 2015 年的 9.2%。可以说，目前互联网保险正处于爆发前夜，互联网保险经过近 2 年的快速增长，即将迎来全面爆发。

互联网人身险：保费规模高速增长，中小公司异军突起

1. 保费规模飞速增长，占比提升

2013—2015 年，互联网人身险保费规模从 54.46 亿元增长到 1465.60 亿元，增长了近 27 倍，互联网人身险占比由 0.05% 提升至 9.2%，开展互联网业务的人身险保险公司也从 44 家增长至 61 家。2014 年，互联网人身保险投保客户数为 7240 万户，这一数据在 2012 年和 2013 年分别为 1737 万户和 4247 万户。整体来看，人身险在互联网业务上的增长非常快。

2. 理财型保险占比高

2015 年，寿险占互联网人身险保费收入的 96.6%，其中，万能险和投连险在内的理财型业务保费收入占互联网人身险保费收入的比例高达 83.2%，较上半年提高 7 个百分点。此外，以短期险为主的意外险仅次于寿险位居第二，其保费收入占互联网人身险保费收入的 2.7%。2014 年，寿险占互联网

人身险保费收入的 93.4%，其中，万能险和投连险在内的理财型业务保费收入占互联网人身险保费收入比例为 74%。此外，意外险占比为 5.3%，健康险为 1.3%。2013 年，万能险和投连险在内的理财型保费收入占互联网人身险保费收入比例为 54%。

3. 中小保险公司异军突起

值得注意的是，在互联网人身险中，中小保险公司异军突起，对这些公司来说，互联网渠道成为其突破传统渠道的瓶颈制约，借助理财型产品实现保费规模跨越式发展的一大助力，从而也为中小寿险公司的发展开辟了新机遇。

互联网财险：业务结构单一，寡头效应明显

1. 保费规模稳步上升

2013—2015 年，互联网财险保费规模从 236.69 亿元增长到 768.36 亿元，增长了 225%，互联网财险占比由 3.7% 提升到了 9.1%，开展互联网业务的财险公司也从 16 家增长到了 49 家。相对人身险来讲，缺乏分红险这种能快速起量的险种，互联网财险可谓是增长"缓慢"。

2. 业务结构单一，车险占大头

从业务结构来看，互联网财险产品品类呈现单一化特征，财产保险以互联网车险为主，其中 2014 年，互联网车险实现保费收入 483 亿元，占互联网财险总保费收入的 96%，非车险业务仅占互联网财险保费收入的 4%，并且呈现签单量大、单均保费小且险种多样化的特点。2015 年，互联网车险实现保费收入 716.1 亿元，占互联网财险保费收入的 93.20%。

从保单数量结构来看，2014 年由于退运费险等大量的互联网财险产品的出现，互联网财险保单占据了 98.17% 的份额，远高于传统业务 60.49% 的份额。

3. 寡头效应明显

大型财险公司，如人保财险、平安产险，分别占据近 40% 和 30% 的市场份额，寡头垄断地位正在强化，与人身险不同，互联网财险并没有给中小财险公司超越的机会。也就是说，如果中小财险公司的产品没有鲜明的创新

特色，经营模式没有与互联网融合的独到之处，将很难经营，而大型财险公司的优势将得以充分体现。

未来互联网保险行业几大变化

目前，涉足互联网保险研究的机构和个人很多，但对于互联网保险未来的发展没有特别明确的所谓正确方向，但是有一些趋势还是可以从行业发展的角度做一个预测。曲速资本对于未来互联网保险发展作出了如下预测。

1. 保险公司市场集中度下降（除车险以外）

互联网保险为中小保险公司提供了弯道超车的机会。一方面，云计算和互联网技术等可在减少其初期固定资产成本投入的同时保障公司运营顺利进行；另一方面，中小保险公司触网意愿强烈，在产品开发上贴近用户需求，积极与互联网公司合作共同开发新产品。此外，互联网保险牌照也有望放开，互联网企业也将参与进来，可能出现一批深耕细分险种的保险公司。

2. 车险集中度将进一步提升

相对来讲车险非常标准化，有点类似服务行业，获取市场份额更侧重品牌和价格，大公司的网络和经营、服务能力往往都非常占优势，像人保财险、平安产险等有更多线下的门店和理赔点，对客户来讲能享受更好的服务，且人保财险、平安产险等本身就有很大的客户基数，掌握的数据也更多，在车险费改、UBI等新模式出现后，能依靠数据作出更精确的定价，因此，车险的集中度将进一步提升。

3. 互联网保险渗透率提高

据艾瑞咨询统计，2011年美国寿险网上直接销售的占比约为8%，网络触发的份额约为35%，网络影响的份额约为85%；车险总保费收入中，网上直接销售的占比约为30%，网络触发约占40%，网络影响约占25%。而英国早在2010年车险和家财险的网络销售保费比例就分别达到了47%和32%。目前我国互联网保险保费收入占全部保费收入的比重为4.2%，其中财险网销占比为7.02%，人身险网销占比为2.71%。可见，与其他国家相比，这一比重还有进一步提高的空间。

4. 产销分离

从国际成熟的保险市场发展来看，发达国家的保险销售基本上是靠保险中介来实现的。如英国劳合社只接受保险经纪人安排的业务，日本市场上90%以上的财险业务是由保险代理店获得。在我国，尽管几年前保险业就提出了产销分离，但由于保险公司和中介机构之间错综复杂的关系，以及保险龙头企业现有的分配机制和现有销售队伍利益格局，使我国保险业的产销分离进展很慢。但是，产销分离一定会实现。原因是：一方面，保监会对中介公司审核门槛的提高，以及独立代理人制度的推出，有利于消化和分流现有营销队伍，有利于优化销售层，促进行业的产销分离；另一方面，互联网对保险行业的效率提升，有更多专注销售、售后服务的公司，相比于保险公司，它们能更高效、更低成本地接触用户，这也会促使保险业的产销分离，使中国保险业更专业化、精细化、市场化。

5. 销售渠道入口进一步向场景化方向发展

与一般消费品不同，保险产品属于被动需求型的产品，消费者购买保险产品需要场景搭载，如购买机票会同时购买航空意外险、航空延误险，购买手机的同时购买手机碎屏险等。场景化的渠道入口本质上是精准定位潜在消费者。中国平安通过平安好车、平安好房等场景搭建，进行保险产品销售取得了很好的效果。因此，未来场景化平台将成为互联网保险的重要渠道入口。

6. 代理人升级

代理人是保险销售的一个重要渠道。保险，尤其是寿险，产品比较复杂、非标，且寿险产品一般来讲客单价都比较高，因此，购买寿险相对来讲是一项重度决策行为，直接放到网上销售的效果可能有限。代理人在寿险交易环节有其存在的价值，而接下来的互联网保险发展过程中，代理人会更专业，他们的交易流程也会更高效。

7. 保险产品向个性化和定制化方向发展

互联网对产品设计的影响将进一步加深，大数据、社交网络等将凸显更多的作用。基于车联网数据的 UBI 保险、基于健康数据的个性化健康险、基于社交网络的 C2B 定制化保险等，将普及应用。

8. 相互保险能占有一席之地

互联网时代，使保险回归保险本质的互助保险也能占据一席之地。互助保险能够聚集同质风险的人，能够聚集一个一个的社群，衍生出更大的价值。

9. 互联网保险公司中诞生一个真正的保险经纪公司

随着互联网的发展，包括之后互联网对传统行业的改造过程中，会诞生很多保险需求，而保险公司对此的反应一般都是比较慢的，如果有一家互联网保险公司，有很强的产品创新能力，能发现新诞生行业的新保险需求，可以由他们联系保险公司去定制险种，这一块也是很好的一个方向。而且能随着互联网的快速发展而快速发展。这其实就是经纪公司角色，帮客户定制保险方案。

10. 保险成为公司的工具或标配

正如互联网目前正在成为绝大多数行业公司的工具或标配，我们认为保险也具备类似的特点。越来越多的公司会给员工购买商业保险作为社保的补充或福利，越来越多的公司会在自己的产品上附加保险，无论是为了获客、提高转化、用户画像（目标客户模型），还是将保险作为一个入口，都会有越来越多的公司将保险作为其盈利的来源。

互联网时代怎么买保险

随着社会经济不断发展，互联网已经深入到我们身边的各个领域，仿佛一夜之间，科技进步实现了我们足不出户就可以解决所有的问题。保险作为人们生活的必需品，其与互联网有着相似的属性，即平等、普惠，发展迅速的保险业和发展更加迅速的互联网融合在一起，衍生了互联网保险。中国网民规模和互联网普及率见图1-2。

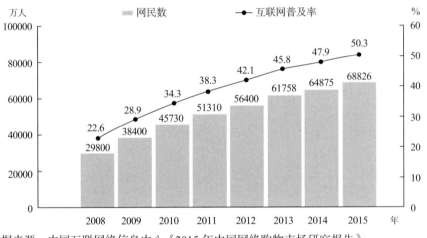

数据来源：中国互联网络信息中心《2015年中国网络购物市场研究报告》。

图1-2 中国网民规模和互联网普及率

近年来，互联网保险呈现出高速发展态势，互联网保险销售渠道也呈现出百花齐放、百家争鸣的局面。目前，互联网保险销售渠道大致包括六种，即传统保险公司官网直销渠道、专业互联网保险公司、第三方兼业代理平台、第三方专业代理平台、第三方电子商务平台、保险信息类网站。也就是说，消费者购买互联网保险产品，可以通过这几个渠道来实现。许多消费者不禁感慨：渠道那么多，我该怎么买？

如何在这些渠道选购互联网保险产品，以及如何了解这些渠道各自的优缺点。

　　互联网保险保费收入及分类见图 1-3，2011—2014 年互联网保险投保客户情况见图 1-4。

数据来源：wind 资讯。

图 1-3　互联网保险保费收入及分类

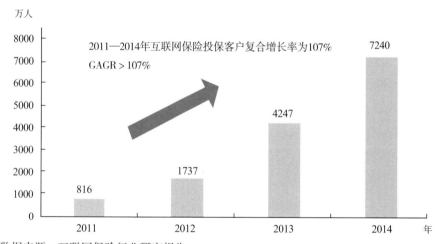

数据来源：互联网保险行业研究报告。

图 1-4　2011—2014 年互联网保险投保客户情况

渠道一：传统保险公司

保险公司通过自建官网销售保险产品。据统计，目前已有超过60家保险公司开通了官网销售保险的功能。

以几家大型保险公司为例。为了搭建保险产品网销渠道，中国人寿于2013年12月成立了中国人寿电子商务公司，近几年在互联网方面的行动主要在自身渠道建设上，比如建立了自己的APP、微信服务号、第三方销售旗舰店，其网销产品以短险为主，同时也与第三方平台京东推出了一些创新性险种，如买贵管赔险。人保财险是业内较早开拓网销市场的保险公司，2001年就开始启动对保险电子商务的初探，2003年推出车险网上保费试算，2004年推出网上专用非车险产品，2010年成立独立的网络保险销售中心。其推出了一系列创新性险种，如虚拟财产保险、熊孩子险、外卖保等，其特点是运营管理结合线下优势，依托网点为网销客户提供服务。中国平安作为金融全牌照集团公司，其互联网保险战略几乎渗透到所有领域，寿险、车险、养老险等。其特点是在垂直领域细分人群，更有针对性。

优点：官网销售注重品牌效应，可以为具有品牌忠诚度的客户提供网上购买渠道，对产品的介绍较专业、集中、详细。

不足：网站建设和维护的成本高，广告投入需要雄厚的资本；而且访问流量有限，客户无法横向对比，销量上无法保障。

渠道二：专业互联网保险公司

2013年，由腾讯、阿里和中国平安共同成立国内首家专业互联网保险公司——众安财产保险公司，通过众安保险开展专业网络保险销售。目前，有四家专业互联网保险公司，除众安保险外，其他三家分别为泰康在线、安心保险、易安保险。

以众安保险为例，众安保险目前拥有九条业务线，分别是阿里事业部、腾讯事业部、航旅及商险、消费金融、金融机构事业部、3C及数码事业部、车险、健康险以及投资型保险，以及两大平台，上线产品超过200款，除了被大家所熟知的退运险、航延险等，后来陆续推出的个人法律费用补偿保险

"维小宝"、短期健康险"步步保"、迪士尼游园"天气险"也开始陆续进入大众的视野。其产品受众包括企业用户和个人，比如健康险的团险，用户可能就是企业，针对个人用户的产品包含健康、旅行、投资等不同的垂直领域。

优点：都有保险基因。众安保险有"三马"做坚强后盾；泰康在线有泰康人寿的客户资源；安心保险有保险公司的管理血统；易安保险高管也是保险圈里人。在互联网保险研究方面相对比较专、透，而且会根据互联网用户的需求，在碎片化的场景中通过保险的方式解决用户的问题，创造用户认可的产品和服务。

不足：目前产品较为单一，待创新。

渠道三：第三方兼业代理平台

主要是以银行为代表的保险兼业代理机构在网络上实现的保险销售。此外，还有一些网站也兼业销售保险产品。如携程网、去哪儿网等成为该类模式的主力军。

据悉，去哪儿网平台目前主销的产品包括旅游意外险、交通意外险、家财险、车险、健康险、理财险等，受众目前主要是去哪儿网的用户。与专业的互联网保险公司相比，第一，这个平台开放、公平，遵循市场化的精神，向每一个合作伙伴开放公平的展业机会，并运用技术能力和数据能力，构建一个保险生态圈。第二，更懂消费者的需求，更加接近消费者的需求场景，并能用强大的数据能力去匹配人、场景和产品。

优点：用户量有一定保障，产品比较丰富，可直接通过网银购买，付款安全便捷。

不足：银行网站功能的设置多以银行主业为主，对保险销售不能投入更大精力，保险用户体验可能不佳；有些网络兼业代理平台，多数仅销售短期意外保险或卡折式保单，产品种类较为单一。

渠道四：第三方专业代理平台

由保险专业经纪或代理公司建立的网络销售平台。可以将各类产品和优质服务汇聚整合到平台上来，这样可以最大化地满足用户的需求。消费者可以根据自己的需求自主挑选产品，另外，专业经纪顾问站在他们的角度量身定制专属保险产品，与传统的"被动"接受代理人灌输和面对单一的保险公司产品，消费者的体验不止提升一个档次。另外，利用互联网信息对称透明的特性，用户在平台上能够得到最公正的价格和信息，而且中间环节损耗得到最大限度的消除，节约下来的利润空间可让渡给用户。

作为成立较早的第三方互联网保险平台，慧择网推崇一站式服务，目前整合了80家保险公司的上千款产品，涵盖旅游险、意外险、健康险、人寿险、家财险、汽车险、企业险等险种，目前服务用户超过2000万人。客户人群主要集中在25~35岁。

网金销售服务公司旗下的开心保平台推崇为用户提供自助导购、人工咨询两种保险指引服务。通过存储、分析、挖掘，实现聚类分析、客户画像，为客户提供个性化、定制的保险解决方案。目前，该平台主要销售旅行险、意外险、健康险、理财险、寿险、车险等200余款产品，受众人群主要分布在20~50岁，以境内外旅游群体为主，车险、理财群体其次，健康、寿险客户为辅。

优点：类似于保险超市，可以提供多家保险公司的产品和服务，种类丰富，产品对比和筛选起来比较方便，咨询也更为便捷，用户在这里可以得到"一站式"在线服务，相对而言专业化程度较高。

不足：广大消费者目前接受度低，主动寻找专业中介机构网站购买保险的欲望不高，因此受众面较窄。

渠道五：第三方电子商务平台

保险公司利用大型第三方电子商务平台，以店铺的形式销售保险产品。由于该类模式的便捷性，很多保险公司选择借助淘宝网、京东商城等大型第三方电子商务平台扩大产品销售。这些平台都有专门的保险销售入口，消费者可以自主购买。这些平台大多以意外险、车险等险种为主，同时也会和互联网保险公司合作销售一些创新型险种。

优点：流量大，用户多；产品全，便于比较；销售成本降低；与目前互联网行业中多数生活服务领域的业务相似，购买体验好，为大众所普遍接受。

不足：服务流程不完整，后续服务如理赔等仍需落地服务。

渠道六：保险信息类网站

一些信息类网站通过导航功能给保险销售者和购买者提供一个沟通和交易的平台，这些网站自身并不销售保险产品，只展示或对比产品，用户点击购买后，页面将自动跳转链接到保险公司网站。该类模式不涉及到具体的保险交易和后期理赔，相对来说运营比较简单，目前，该类模式的主要代表有中国保险网等。

优点：以行业的优势代理销售，通过广告和引流的作用，能够吸引到海量的访问量。

不足：不能够直接购买，用户体验相对不好。

互联网保险下一步

当未来数据的可得性、完备性更加增强，物联网技术、大数据的技术能够更有效预测一些事情发生的时候，保险可能就更像交费后就能享受某种服务。

在互联网带来快速变革的时代，保险行业蕴藏着非常巨大的潜力。相关数据显示，2015 年互联网保险行业融资并购的金额超过了 70 亿元，无论是创业公司的数量，还是资本的入场态度，互联网保险行业都迎来了前所未有的时代。未来，互联网保险究竟该如何创新，发展趋势如何？

健康险、车险领域前景广阔

如今，在线上已经出现了一些新的互联网保险销售的模式和形式，从相关数据看，现在国内很多理财社区，已经转向卖长期健康险，这比传统的保险代理人的销售和传统的保险公司的直销都要来得好。慧择保险网总经理蒋力表示，从数据来看，在线上购买长期健康险的平均客户年龄是 32 岁，这个年龄已经接近于日本、英国和美国等成熟国家的白领购买长期健康险的年龄，这说明了一个重要问题——中国"85 后"的人群对长期健康险的认识已经接近国际水平，在这样的情况下，健康保险一定有广阔的市场和前景。

在互联网车险领域，OK 车险创始人齐石认为，互联网车险未来有三大趋势：第一个趋势，越来越轻的渠道是整个行业发展的动向；第二个趋势，随着车联网和智能汽车的发展，个人出行数据将会成为互联网车险领域中风控的核心元素；第三个趋势，随着共享经济的发展，使得人们出行的方式越来越多样化，所以人和车之间的绑定会越来越分散。如何获取人的多种维度的出行数据和生活方式的数据，将会更有核心价值。

技术创新和用户体验是趋势

目前互联网保险的玩家主要有两类：一类是互联网公司，因为互联网公司是玩流量的高手，所以在如何获客，以及对一些小的产品品类（相对低保额）有优势。另外它们有用户体验的观念，因此会在保险销售和理赔时都会高度重视体验过程。另一类是从传统保险公司发展来的，这类玩家目前既有在产品设计和传统精算方面的能力，还有很好的线下资源，比如强大的代理人团队等。目前两者在市场上并不冲突，各自在做自己领域更擅长的事情。

互联网保险广受青睐，也有比较直接的原因：第一，2011—2015年，互联网总保额从30多亿元变成2000多亿元，5年的时间成长六七十倍，无论如何都是值得关注的领域。第二，跟互联网金融有间接的关系，互联网金融在原来差不多到了一个点之后，在保险领域确实还有很多未被挖掘的空间和痛点的存在，所以自然受到关注。

国科嘉和合伙人曹捷表示，未来技术创新潜力巨大。从产品侧来讲，互联网保险创新的机会比较大，现在对应于不同场景的创新型的保险层出不穷，而且也确实能够满足市场和用户的需求。传统的保险产品设计周期相对比较慢，也不能很好地迎合很多新型的场景。现在有这样丰富的产品出现，也给了很多创业者大量的机会。从销售侧来讲，也看到大量的创新，比如有的是围绕销售渠道，有的是围绕新的销售工具，让保险代理人更好地有效去销售。当然也包括网销，现在网销占的比例也已经比较高了。在从后续的理赔等来讲，也看到很多创业公司在理赔方面做到了极致的用户体验，比如做极速理赔。从创新的机会来讲，可能会更关注技术侧。比如财险中最大的一块是车险，目前UBI的车险渗透还是个位数，但是随着进一步的增加，应该说更符合现在的趋势。

随着互联网金融创新模式的出现，其实也在倒逼保险行业去面对。信天创投合伙人蒋宇捷认为，未来互联网保险会有这样几个趋势：第一是线上化。根据国外的统计数据，整体的用户线上化的渠道去购买保险的比例达到了45%，而目前在国内还远远达不到这样的数字，即便在国外，这样的数字还会有更加明显的变化。第二是个性化。现在标准化的产品，其实不适用于每一个客户，未来的保险一定是根据客户自身的特点量身定制的保险产品。第三是智能化。比如说跟场景的数据、大数据以及用户的一些量化指标去结合，去为整个传统的保险价值链改造、优化，最后为风险提供定价，比如为防止客户流失和理赔检测，在这些环节发挥功效和作用。第四是便捷化。中间很多的链条和环节是完全没有必要的，是完全可以简化的。比如用户填写一个复杂的表单，其实只需要填写身份证和姓名，其实就可以去购买车险。在理赔的时候，通过拍照的方式就可以极速得到理赔，便捷化也是一个很重要的趋势。

保险产品可能衍生为服务模式

在复星昆仲合伙人杨绍东看来，传统保险公司和互联网创业保险公司之间的边界会越来越模糊，现在的互联网保险创业公司是在做渠道的事情，是在经营客户把量聚拢进来，把产品销售出去，之后的承保、出单和保单之后的赔付还是传统保险公司在做。未来，可能会发生变化，现在以赔付为例，互联网保险创业公司之所以没有优势，因为赔付是跑腿的苦活，要去现场核实。随着基础设施的完善、大数据的联通和物联网起来之后，可能未来通过设备、数据就可以实时传输和跟踪。在这种情况下，互联网公司凭借技术的优势就可以把这些工作接过来，而传统的保险公司就要想办法在自己擅长的领域延伸，或者进一步挖掘其他的东西，这个边界相对来说是模糊的。长期来说，他认为，互联网对于保险公司来说也是一个工具，以及是一个提升生产效率的手段，而对于互联网创业来说，保险也是其中一个领域，最终是融合的，边界会越来越模糊。

另外，保险越往后发展，不管是客户的 CRM 数据、客户行为的数据，还是客户其他的风险关联数据，最终保险公司会越来越像一个大数据公司，而且会倾向轻资产运营模式。另外一个可能的趋势是，保险产品在未来可能会衍生为一个服务模式。未来数据的可得性、完备性更加增强，物联网技术、大数据的技术变得更有效预测一些结果发生的时候，可能保险就变得更像交费享受某种服务。比如健康险，不是买我发生疾病之后报销的费用，可能已经通过很多数据知道了这个人一年中该花销的医疗费用是多少，提前获得这个信息从而设计出服务打包的方案，保险和服务有可能慢慢往这个方向发展。

消费保险大战"双十一"

2016 年的"双十一"电商狂欢节俨然比光棍节要热闹,过了 12 点阿里即宣布"1207 亿元",再创新高。"双十一"转眼已经走过八年历程,而 2016 年的与众不同在于,众多剁手党除了在网络购物时为货物购买保险外,主动购买健康保障险的也不在少数,相比热衷于理财型险种的消费者来说,有一定比例的提高,这也说明消费者在选择保险产品的时候日趋理性。

消费保险崛起

2016 年"双十一"最为抢眼的要说是"消费保险"了,而所谓消费保险就是指专门为网络购物而设计的险种,包括退货运费险、产品质量责任险、账户安全险等。另外,还有一些根据具体场景设计细分的险种,比如生鲜腐烂险、物流破损险、化妆品过敏险等。这些险种分布在网络购物的各个环节,保证了交易的顺利进行。

消费保险的推出,可以说"一举多得"。对于消费者来说,可以为购物保驾护航,实现无忧购物,提升消费体验;对于小微商户来说,可以帮助提高交易量,降低成本和购物纠纷;对于保险机构而言,增加了保费来源,直面用户真实的需求,轻松获取流量;对于电商平台,则可以大大降低管理成本。

近些年来,伴随着网络购物消费金额的快速增长,这些产品的发展也相当迅速,2016 年前三个季度,保单量同比增长超过 80%,保费收入增速超过 50%,远高于行业平均增速。当然,更为重要的一点是,消费保险的快速发展给中国保险业创造了巨大的想象空间:新常态下,中国正积极推动发展动力的转换,从投资驱动型转向创新驱动、消费驱动,这必将推动民众消费水平快速增长,消费保险的用武之地也因此会更多。

据蚂蚁金服披露的数字和媒体报道,"双十一"的"1207 亿元"背后有 6 亿份消费保险在保障交易,保障金额达 224 亿元,平均每分钟成交 41

万单。且险种种类从 2015 年的 4 种扩充至 30 余种，退货运费险不再是唯一的领跑险种，保险为商品资质、质量、价格、物流和售后等各个环节提供保障。消费保险已经基本实现整个消费链路全覆盖，为至少 400 万个小微商家、3 亿多个消费者降低了消费成本。

另外，在消费保险覆盖的保民 3 亿人中，"85 后"有 1.9 亿人。据悉，这些不到 30 岁的消费者，大多是通过互联网才第一次接触感受到保险。这意味着，消费保险的体验，直接决定年轻一代对保险的感知。可见保险服务对互联网业态渗透加强，助力互联网平台服务商家以及消费者，促进电商业态健康发展，同时借助互联网业态得以普及增强国民的保险理念。

健康险独占鳌头

"双十一"的"激战"已落下帷幕，在超过 3 亿保民消费保险覆盖中，退货运险、保价险、订单险等各类五花八门的场景保险与剁手党一同狂欢，不断刷新佳绩。与此同时，健康险等保障类的险种也是备受青睐，突破了以往理财型险种投保率，突破新的历史纪录。

根据第三方互联网保险电商平台慧择网"双十一"数据报告显示，2016 年"双十一"当天保费较 2015 年成长 570%，投保单提升 955%，客户数增加 972%，服务用户猛增将近 15 倍的数量。在险种方面，与往年理财险"一路高歌"的情况相反，出人意料的是健康险今年独占鳌头，其次为旅游险及理财险，各占一半。而在 2015 年，健康险及理财险比例为 6∶4。

另外，记者从明亚保险经纪相关负责人获悉，2016 年"双十一"期间，公司在天猫平台的销售量创同类平台新高。销售最好的险种是短险，其中健康险支付金额占比为 62.53%，其次是意外险，占比为 31.32%，最后是旅行险，占比为 5.76%。

以上投保数据说明，随着保险市场的不断开放与规范，国民在选择保险产品的时候日趋理性，对于保障类保险的重视程度有所提高。

值得注意的是，在"双十一"前夕，以家庭为单位的健康保障组合产品便先赢得"开门红"，"双十一"当天以家庭的预约咨询也比上年同期增长 20 倍，表现强劲势头，未来预期还将带来持续可观的保单数量。

慧择网 CEO 马存军表示，"对人来说最好的保险，是能够给家庭提供幸福生活保障的"，马存军希望，慧择网能在其中担任保险平台的角色，做一个"产品池"，针对不同的家庭需求，来配置相应的险种。不断崛起的中产阶级，给家庭保险带来了巨大的空间，在本次购物节的刺激下就崭露头角，同时也让慧择网收获了比单一代销保险时代更多的利润。

另外，随着移动支付工具的普及，互联网保险的消费方式也在逐渐转变。慧择网统计的"双十一"数据显示，2015年电脑及移动支付占比为85：15，2016年移动支付大幅提升，2016年电脑及移动支付占比为52：48，移动支付占比提升3倍。

相关链接

"双十一"消费保险一览：

1. 京东金融：送货龟速险——保障在"双十一"当天购物的快递送货时间，用京东配送的快递送货时间超过3天管赔，在其他电商平台用其他快递配送，超过8天管赔，赔付金额为5元。

2. 众安保险：任性险——用户在国内任何电商平台购买，均可享受任性退的退货服务。

3. 中国人保：个人资金账户安全险——中国人保发起反单刷日，呼吁大家重视个人资金账户安全，面对盗刷、盗用、盗取转账等一系列损害个人资金安全的问题，通过官微和微信公众号免费发放5万份个人资金账户安全险。

4. 易安保险：低价保障险——易安保险联手国美电器，针对消费者在国美电器购买家电，都将自动获得一份保险，如果15天内发现有高于其他正规渠道同款商品的价格，可以拨打国美客服电话反映问题。

第二部分　公司篇

一、公司观察

UBI 新玩法

—— 专访手机车宝创始人兼 CEO 帅勇

2016 年初夏，国家级南京经济技术开发区，创业孵化基地。

穿过一排高大的建筑群和一个空旷的大厅，《中国保险报》记者乘坐电梯到达本次采访的目的地——人人保网络技术有限公司。映入眼帘的是一个"照片墙"，墙上有公司每名员工的照片和励志语，这俨然成为公司一道亮丽的风景线。记者跟随工作人员参观了公司的各个部门，了解了公司的基本构架和业务范围。

驾驶数据、UBI、移动互联网，一群年轻人为了梦想、为了共同的目标聚集在这里。近 100 人的创业团队，3 个会议室内的讨论此起彼伏。环境简约、人员年轻、独具创意，是典型创业公司的特点。

采访如期进行，手机车宝创始人兼 CEO 帅勇如约而至。"上线一周就迭代了 2 个版本，这几天都在开会，用户反馈的问题，我们希望能一一解决，让用户体验更加流畅。"匆匆赶来的帅勇，虽然一脸疲惫，却精神头十足。说起手机车宝，他兴致盎然。

安全驾驶奖励机制

帅勇毕业于南京大学法学专业、法学硕士，在创业之前，是资深媒体人士、汽车版块的主编。多年来在新闻界的摸爬滚打，铸就了他对新生事物本能的敏锐嗅觉和火眼金睛。为何放弃安稳的工作选择创业？"不安于现状，年轻人总想做点事！"在帅勇看来，人生就是不断地折腾，其实每个人的智商差不多，差异就在于勤奋度和持之以恒的决心。"创业之路虽然艰辛，但是苦过才会甜，希望做些有价值的事情，能带来改变和价值！"

帅勇说，他花了一年的时间研究汽车上下游市场，在他看来，汽车后市场无非有四大块——保险、维修、加油、停车。在互联网高速发展的今天，保险的互联网化程度却很低，正因为如此，互联网保险才更具发展潜力。

2012年1月，帅勇创立了车险无忧，这是一个专业车险服务网站，这也标志着他从此正式迈进了互联网车险行业。

随着车险市场竞争的白热化，仅仅做车险是不够的。在成立车险无忧后，帅勇提出车险UBI驾驶数据。然而随着科技的不断进步，帅勇又再尝试摸索一个更有意义的行业模式。

2014年7月，车宝诞生。他们通过免费给车载硬件，又奖励开车不出险的"好车主"，开车越安全，奖励越多。每次驾驶后，车主可以从APP中获得直接即时的反馈，这样的模式更强调了UBI对车主驾驶行为的正向鼓励作用，让用户更好地参与到日常驾驶流程中，也对产品的稳定性、数据的准确性和算法的科学性提出了更高的要求。

"OBD虽然可以记录驾车人的驾驶习惯，却并不是所有用户都能接受，但是手机APP现在已经很普遍了，只要有一部智能手机，就可以记录驾驶人的行车习惯等。"手机车宝联合创始人兼副总裁、首席数据官窦一平说道。作为北美注册精算师的他，此前已在美国工作11年，先后担任美国美亚保险精算总监（主管美亚美国车险定价）、英国律商联讯精算总监。

不用OBD，但手机车宝的数据核心技术却更高、更难。手机车宝团队突破了数十项手机UBI核心自主数据技术。"比如我们要实现自动计算和自动结束识别，仅这一项技术，我们就经过数百次技术突破，最终获得成功。"帅勇娓娓道来。创业之路，布满坎坷。

"通过驾驶数据，我们首创了安全驾驶奖励，旨在鼓励大家养成主动安全驾驶的习惯。"帅勇说。

记者看到了2015年车宝用户的安全驾驶收益全国TOP1000排名，排名第一的用户 188 天的收益达到 2000 元，平均每天的收益为 10 余元。目前，手机车宝上线一个月用户有 8 万多人，用户每天都在增加，好车主的收益每天也在增加，用户数量和好车主的收益成正比，这在一定程度上为用户安全驾车提供了动力。

前不久，帅勇和窦一平专门前往美国 AIG、Metromile 等公司进行学习。美国互联网保险之行，让帅勇更加坚定了创业信心。在 AIG 公司，他们分享了手机车宝项目，得到广泛认同。经过在旧金山、纽约、亚特兰大等城市的不同道路几十次测试，手机车宝 APP 识别准确、数据及时、用户体验好。

手机车宝技术总监兰锦生向记者演示了手机 APP 的操作过程：车主开始行车时，手机车宝就开始识别，行车过程中的各种"行为"都能实现数据对接，包括你在哪个路口急刹车、哪个路口超速等信息全部都能记录下来，当到达目的地时，会自动生成一份驾驶行为综合评判记录，然后手机车宝 APP 会对车主整个驾驶行为进行评分，达到标准的"好车主"就会拿到奖励，安全系数越高，奖励越高。奖励的收益可以用来进行一些延展服务时使用，比如购买加油卡，对于好车主的鼓励还会给予加油优惠，无形中也在鼓励车主养成安全驾驶的好习惯。

一部手机 APP 记录了车主的驾车习惯和风险偏好，有助于培养车主安全驾驶的习惯，同时也改变了车险行业的定价模式，为保险公司提供数据支撑。与其说手机车宝是一个行车记录 APP，不如说它更像一款智能"游戏"软件。

为"科学"定价提供数据

用"安全驾驶奖励计划"的模式推动车主主动安全驾驶，正在受到全世界越来越多国家、越来越多保险公司的关注。在美国、英国、南非、澳大利亚等国家，已经有大量的公司成功实践。

目前市场上的一些驾驶行为数据，大多都是"静态"的，比如仅仅是车辆出险状况、违章查询等，而缺乏"动态"的数据支持，比如车主的驾驶数据和驾驶习惯等。大数据讲究的是更精细化的数据，甚至能深入到用户的"心里"。"未来保险行业拼的是驾驶数据完整度，驾驶数据的背后就是驾驶风险，谁掌握了驾驶数据，谁就能赢得市场。"帅勇表示。

2016 年 6 月商业车险费率改革即将全国铺开，保险行业费率市场化进程加速。改革的意义在于，将以往的赔付记录与今后的续保折扣挂钩，给出险少的车主更多鼓励，给多次出险的车主一些警惕，来遏制出险率、降低理赔成本。目的是激励车主主动控制风险、提高全社会安全驾驶水平。也就是说，对于消费者来说，费率改革后，驾驶行为良好、以往赔款次数少或零赔款的车主可以享受更大幅度的保费折扣优惠。而赔款次数多，保费就会随之上浮。帅勇和他的团队看到了机会。

通过驾驶数据"科学"定价，对于车主、保险公司和第三方互联网公司而言，意义重大。车险费改主张保险公司自主定价，鼓励"多样化、差异化、个性化"的车险，对于车主来说，会面临在哪家保险公司买车险的问题。对于保险公司来说，不仅仅是拼价格那么简单，产品和服务将是"双刃剑"。对于诸多第三方互联网车险公司而言，如果不深耕定位车险某个环节，将很难逃脱被淘汰出局的厄运。

业内人士表示，大数据、云计算将更多地应用到车险的经营管理中，而车联网是汽车、通信、保险行业共同重点关注的新兴技术。未来保险行业或将越来越多的利用新兴技术，提供给投保人更好、更优质的服务。"通过鼓励主动安全驾驶，不仅可以降低保险公司的赔付率，还能降低事故率，促进关注生命，关注公共交通安全，这也是车险业最大的社会价值所在。"帅勇说。

手机 UBI 如何增加用户黏性

互联网车险的核心是什么？"链接！具体是三方面：第一，把车主链接起来，最大程度减少中间渠道成本；把车主识别起来，哪些是驾驶习惯好的车主，哪些是驾驶习惯不好的车主；把车主互动起来，从车险到延保再到救援，可以玩的地方太多了。"帅勇认为。

作为一家移动互联网驾驶数据公司，手机车宝目前已完成两轮融资：分别是真格基金数百万元的天使轮融资和上市公司通鼎互联数千万级 A 轮融资。帅勇和他的团队决心致力于如何通过移动互联网技术，帮助保险公司实现驾驶风险识别，帮助车主更好地倡导主动安全驾驶意识。通过移动互联网产品、数据与风险识别技术，手机 UBI 更易被用户接受和认可，有效降低了数据成本；通过可视化的驾驶数据，保险公司可以实现科学定价，为车主量身定做适合的保险产品，降低了保险公司的成本。

帅勇认为，未来保险公司还得回归车主的理性识别和风险分析。即根据不同的车主风险，结合自身数据积累的实际情况，做出差异化和个性化的定价。在他看来，从某种程度上说，未来谁拥有好车主，谁就拥有可以预见的赢利，对"好车主"的争夺战才刚刚开始。

对于费改后，保险公司如何与做 UBI 的公司合作？帅勇用了一个非常形象的比喻："跟你谈数据分析的，跟你谈车主质量的，是真爱，可能会和你结婚；其他都是谈恋爱，边谈边看的。对于 UBI 公司，只需观察两个指标：能不能带来用户；能不能有数据模型识别分类用户，并且证明是有效和可靠的。"

"作为一家移动互联网驾驶数据公司，保险对我们来说只是一个出口，未来，公司将深耕加油和保险两个领域，可能还会涉及汽车的其他延伸服务，比如快修二手车定价等，希望为车主创造价值的同时，也为公司未来提供更多的发展可能。"谈及未来，帅勇满怀憧憬。

二、公司模式

打破常规始于产品

——专访弘康人寿总裁张科

互联网是一个工具，在互联网上买保险就像是在淘宝上买衣服一样，互联网提供了便捷，给行业带来的不是颠覆，而是更好地服务客户。我们可以借互联网这一工具更好地服务客户，从大数据中分析消费者的需求，更多地了解市场多元化的保险需求，从而开发出真正符合客户需求的产品，让保险产品回归到最初的保障中去。

"拍一拍，点一点"，完善个人信息，上传自拍照完成最后的验证，就可随时查看名下的保单与收益、修改基础信息、进行咨询投诉或保障型产品退保。弘康人寿在业内率先将"人脸识别"技术引入保全办理，2016年弘康人寿更是将这一技术配合地址定位功能引入投保流程。"不见面，只刷脸，立案赔"是弘康人寿2016年互联网保险新标准。

没有个险渠道，以互联网为核心战略的企业模式是弘康人寿区别于其他传统保险公司的一大特点。与其说弘康人寿是传统保险公司，不如说其更像是互联网保险公司。依托现代化的技术，弘康人寿脚踏实地从客户需求、体验及感受出发，提升传统保全、优化理赔服务，做到了简单而又接地气的未来保险服务。究竟未来保险长啥样？《中国保险报》记者专访了弘康人寿总裁张科。

"在互联网上买保险就像在淘宝买衣服"

《中国保险报》：在互联网金融的大背景下，给保险公司提供了更大的发展空间，互联网能给保险行业带来哪些改变？

张科：中国保险协会发布的《2015 年度保险市场运行情况分析报告》分析称，2015 年互联网保险保费收入 2234 亿元，比 2011 年增长近 69 倍。互联网是一个工具，在互联网上买保险就像是在淘宝上买衣服一样，互联网提供了便捷，给行业带来的不是颠覆，而是更好地服务客户。因为颠覆不是来自于外力，而是来自于内力。我们可以借互联网这一工具更好地服务客户，从大数据中分析消费者的需求，更多地了解市场多元化的保险需求，了解客户迫切希望解决的问题，从而开发出真正符合客户需求的产品，让保险产品回归到最初的保障中去。

"'互联网＋保险'需要复合型人才"

《中国保险报》：弘康人寿如何借助互联网重构企业的商业模式？弘康人寿在保险行业上半年互联网人身保险规模较高，背后是怎样一个团队在提供支持与服务？

张科：2012 年，筹备期的弘康人寿开始了模式探索。当时公司组织全员辩论赛，讨论客户究竟需要怎样的寿险公司，如何走出一条发展之路。同年，互联网变革气息迎面而来，"双十一"互联网平台投保过亿的新闻在业内发酵，坚定了我们建立一个没有个险渠道，以互联网为核心战略的企业模式的决心。

不做个险渠道，是"弘康模式"的重要一笔。互联网时代需要组织扁平、小而精的企业架构。广设机构、招兵增员的粗放式发展已经不适应创业期的保险公司。"天下武功，唯快不破"，轻型、简单的模式节约了成本，提升了企业运行效率。弘康人寿以"最小"的寿险公司架构，获得了价值增长。

2014 年，弘康人寿人均服务保费收入为同期开业中第一名，每个二级机构保费收入为 70 多家寿险公司中第五名，互联网渠道保费规模位列寿险公司前十强。2016 年上半年，弘康人寿总保费收入为 281 亿元，互联网平台合作伙伴覆盖京东、小米等；银行合作伙伴覆盖工行、农行、建行、交行、邮储银行及农商行等；经代合作渠道除了与明亚、大童、华康等数十家传统保险专业中介机构合作外，还顺应经代业务电商化趋势，与慧择网、聚米网、华康、快保等线上保险业务平台开展多样化合作。

关于团队发展，我认为人才是企业的核心竞争力之一。"互联网＋保险"需要复合型人才。互联网保险的快速发展和迭代，提升了保险公司和互联网公司对互联网保险理论和实践的关注热度、学习热度，正是在这一浪潮的影响下，互联网保险复合型人才在快速崛起，特有的工作经历和知识结构，让他们具备了强大的创造力和行动力。弘康人寿有诸多复合型人才，我们以"创客"自称，从"前台"到"后台"，无论是销售、承保、理赔、技术或是后援，任何一个环节，我们始终将创新思维对传统保险业的改革深入脑海，贯彻到底。

"保障与理财功能分离"

《中国保险报》：普惠金融的大背景下，公司在产品创新方面做了哪些努力？

张科：弘康人寿在产品设计上一直坚持以创新为核心竞争力，区别于其他寿险公司，我们将保障与理财功能分离设计。其中，保障类产品涵盖寿险、重疾险、意外险等险种，费率低、平均保额却达到业内类似产品保额的3~5倍，"弘康小白重大疾病保险""弘康健康人生重大疾病保险C款"等产品均称为业内口碑产品。未来，弘康人寿还将继续加强保障类保险产品的研发与设计，开发符合客户实际需求的产品，推进"保险姓保"。理财类产品则以灵活、稳健、高收益为特色，覆盖万能险、投连险等险种，所有在售产品历史结算利率及历史投资回报率均达成预期。

保险不同于其他商品的地方在于，保险是量需而为，而不是量力而为。相对有钱人，保险更应该关注和服务中低收入人群，因为他们的经济承受能力相对较弱。

"简单而又接地气的未来保险服务"

《中国保险报》：与传统保险公司相比，弘康人寿如何创新技术？并将新技术应用于保险投保的各个环节？

张科：第一，打破常规始于产品。产品是保险公司的生存命脉，我们执著于极致的产品，将居民保障的"痛点"作为经营策略引导，将产品化繁为简，在产品定价和产品形态上突破常规，以客户利益为导向，使保险产品实现简单化、低价化、透明化。

低价产品势必会引发市场的质疑声，但我们坚持"低管理成本"路线，最大化客户保障利益，降低业务及管理成本，在同样保额的情况下，力求保费低于行业平均水平，真正做到"让利于客户"。比如，"弘康小白重大疾病保险"是业内低费率消费型重疾，它的面世令市场眼前一亮。这款产品是10万元保额只需百元左右的保费，相比同样获得10万元保额，付出的保费可能减少了一个数量级。

第二，人脸识别开启"互联网＋服务"。"不见面，只刷脸，立案赔"是弘康人寿2016年互联网保险新标准。依托现代化的技术，弘康人寿脚踏实地的从客户需求、体验及感受出发，做客户的"大管家"，改良契约服务（白名单）、创新咨询回访、颠覆传统保全、优化理赔服务，做到了简单而又接地气的未来保险服务。

弘康人寿在业内率先将"人脸识别"技术引入投保和保全办理，客户足不出户就可安全、便捷地体验全流程保险服务。"人脸识别"创新性地为客户免去了自助服务时，烦琐的手工输入和冗长的号码记忆。客户只须关注"弘康人寿"服务号，按提示"拍一拍，点一点"，完善个人信息，上传自拍照完成最后的验证，就可随时查看名下的保单与收益、修改基础信息或银行卡等敏感信息、进行咨询投诉或保障型产品退保。弘康人寿的验证后台与公安部查询系统——全国公民身份证号码查询服务中心相连，其安全性与权威性有保障。

未来，弘康人寿还将依托"互联网＋"思维，在已有良好的行业口碑基础上，立足客户，创新服务，对接市场多元化的保险服务需求。

互联网保险赛道成型，产品定制将成趋势

——专访小雨伞保险董事长徐瀚

互联网浪潮下，越来越多的场景应运而生，谁能捕捉到直达用户心理的场景，谁就能精准获客，从而提高互联网流量，产品大卖也就自然水到渠成。由于传统保险公司无法直接接触一线用户，因此很难精准定制出符合用户心理的产品，基于此，一些第三方互联网保险平台涌现，本着合作共赢的态度，与保险公司联手定制更多场景化的产品，解决用户各种痛点。然而随着越来越多定制产品的出现，对于用户来说该如何选择？相较于传统保险公司，第三方互联网保险平台的竞争力在哪儿？小雨伞保险董事长徐瀚向《中国保险报》记者分享了他的观点。

互联网保险不等于"保险＋互联网"

对于目前互联网保险产品，徐瀚认为，现在很多人在做互联网保险，有些只是把保险产品简单地搬到线上的一个平台，那只是"保险＋互联网"，而并不是真正意义上的互联网保险。在他看来，根据用户需求定制出来的产品才称得上是真正意义的互联网保险。"我们所有的保险产品是经过定制化了以后搬到平台上进行销售的，现在我们的平台大概有 200 多款产品，每一款产品都是我们的精算师自己精算过的。"对于产品创作的过程，徐瀚表示，"首先我们根据大量的市场调研，调研后我们有大量的报告给了保险公司，比如什么样的人群会在我们这个平台上购买保险，然后根据我们做互联网的经验，把我们这个平台的用户画像做出来。"

"互联网保险的本质一定是保险，保险就一定要注重保障这个功能，在呈现的形式上可以是互联网。通过互联网购买保险，一是可以提高用户的购买欲望，二是可以提高保险的口碑。因为目前来看，大家主动买保险的意识

比较薄弱，要通过一些互联网'打法'提高用户主动购买保险的意识。"徐瀚举了个例子，比如小雨伞保险最近开发了一款游戏，就是大家边玩游戏边跑步，然后这个步数就会统计出来，通过游戏的方式让用户玩起来，然后把保险意识引入进来。"我们的做法还是坚守保险保障功能，我们只做纯保障型产品，理财型产品我们不会涉及，这个理念我们不能放弃，我们在产品上把握得很严。"

目前，面对众多第三方互联网保险平台，对于用户来说，如何选择？"每个公司都有每个公司的特色。互联网保险的链条太长了，市场也足够大，每个公司的切入点不同就会创造出不同的方向。比如有的从理赔切入是一个互联网保险的创业方向，从车险切入又是一个互联网的创业方向，这个里面可能产生100~200家互联网公司都不为多。我觉得这是一个好事，因为市场太大了，我觉得这种百花齐放、百家争鸣的方向是好的。"徐瀚说道。

基于场景化的产品定制是趋势

现在很多产品都打着"定制"的旗号，究竟何为定制？"保险公司目前在销售的保险产品，都是一款已经做好的保险产品，比如如果你花钱买保险我赔多少，这是一个标化的产品，不是定制的。定制就是可以保险的价钱由精算师做出来，或者将产品理念设计出来，然后交给保险公司由精算师团队讨论再设计出来。"徐瀚表示。比如我们想设计一款99块钱的少儿重疾险，这款保险产品在市面上是没有的，就已有的产品来说，第一，价钱没有这么合适，第二，理赔种类也未必有那么全，第三，条款也未必有那么详细，设计出来以后交给保险公司，这就是定制的过程，简单地说，定制过程就是自己设计出来的保险产品交给用户。

对于这种定制产品跟保险公司的一些产品会不会有直接的竞争，徐瀚认为，传统保险公司和互联网保险公司，竞争关系可能有，但是最大的意义还是在于互联网保险创造了一些新的需求，比如广为人知的淘宝退货运费险，这种短期的小额的碎片化的保险，传统保险公司是做不了的，因为一块钱的保险没有人去做。由此看来，传统保险公司和互联网保险公司不是竞争关系，而应该是共同把保险这个蛋糕做大了。比如，小雨伞保险在"敢保险"平台上发布的几款产品，对于一些极限运动在救援服务上有创新，传统的保险公司就没有这个服务。

据了解，目前类似定制产品的第三方平台还很多，比如海绵保是针对企业场景定制符合企业需求的产品，悟空保会根据各个领域的痛点定制合适的产品。可见，产品定制已经成为互联网保险行业的发展趋势。

产销分离

时代的发展，科技的发展，会衍生出不同的保险新需求，而这个需求和传统保险完全没有关系，这个场景丰富到你想不到。各种新鲜的科技手段出现了，新的风险就来了，可能风险的种类就在不断变化，"谁能在千变万化中抓住这个瞬间，这个才是真正的互联网保险。对于互联网保险来说，你要抓住一个好的场景，利用科技手段创造新的险种，同时推到市场，抓住它的高频性就可以快速地进行商业模式的复制。"徐瀚表示。

越来越多的电商进入保险业，也是看好互联网保险市场未来的发展潜力，"从 2015 年开始，融资潮一波接一波，截至目前，可以说互联网保险赛道已成型，格局已定。"像 BAT，还有中国移动，他们都属于产端，而第三方互联网保险平台是聚在销端，"产端越来越多，对于第三方平台来说可选择的东西越来越多。对于产端来说，它们需要一个销端，进入产端的公司越多，对销端公司越有利。"徐瀚表示。

"对于保险公司来说，一家通吃是不可能的，因为每一家保险公司都有自己的特色，这就给第三方平台一个空间，他可以帮我优选，定制出更具优势的产品。就像订酒店一样，你不需要逐个酒店去订了，你就可以在这一平台上把你要的东西都找到了。"

互联网保险兴起，团险也能定制

——专访同一（北京）科技有限公司创始人于鹏飞

据相关调查显示，在经济条件允许的情况下，接近 60% 的消费者愿意购买商业保险，但是已购商业保险占比仅为 33%。保费支出在家庭总收入中占比 10% 以下的为 76.83%。而商业保险，尤其是企业团险，作为生活强有力的保障，其价值却远被低估。

如今，在"互联网＋"思维的推动下，借着政策利好的东风，保险行业也踏上了快车道。互联网保险的普及正在改变人们对传统保险的认识。更加透明、高效和丰富的产品选择，也吸引越来越多的人关注。

团体保险悄然走俏

社会保险是国家的基础福利制度，具有"低水平、广覆盖"的特点，而且医保的保障非常有限，其对身故的人是没有补偿的，对因伤残及重疾无法正常工作的人收入减少等，社会保险依然是无能为力的。我们平时说的医疗保险，其报销也有数额和范围限制，重大疾病按比例报销、有起付线、有封顶线等。遇到慢性病或者重疾时，需要花费大量的医药费等，个人负担仍然非常重。因此，需要商业保险来做补充。

商业保险种类繁多，几乎涵盖生活中人身、财产等各方面的风险，具有很强的针对性和灵活性。以意外险为例，保障解决生活中的磕磕碰碰、外来、突发、非人为故意、非疾病原因导致的人身伤害，大到意外身故、伤残、烧伤等，都可以通过商业保险中的意外险解决，保额几万元甚至上百万元不等。

为何消费者对商业保险的认识还是非常有限、购买率低呢？"首先商业保险高昂的费率也让很多人对商业保险望而却步，与投资挂钩的险种收益率甚至还没有定期存款的收益率高。许多用户被不负责任的保险代理人欺骗，并且认为商业保险没用……传统保险的服务不足，理赔难饱受诟病，投保人被处处刁难。种种原因，让人'谈保险色变'。"同一（北京）科技有限公司创始人于鹏飞介绍。

随着互联网保险的迅速兴起，使得以企业为单位的团体保险悄然走俏，因其价格相对个人购买低廉、保障额度高，而且解决了小微企业的员工保障问题，因此受到企业主和员工的青睐。

团体保险（以下简称团险），是企业为员工在保险公司签署的一份整体保险合同，当员工因疾病、伤残、死亡时，保险公司提供补助医疗费用、给付抚恤金和养老保障计划的保险。其因保费低廉、针对性强和操作灵活等特点广受企业和员工的欢迎。

团险不是你想买就能买

然而团险虽好，但不等价于保险的团购，只有满足要求的企业才能购买，个人和普通群体是无法购买的。而且要求购买企业出具营业执照等资质证明材料，对企业参保人数和参保率也有一定的要求。在人数较少的情况下，定制保费会增高，这也提高了企业的采购成本。

另外，考虑到小微企业在有限的资金成本下，既要承担员工正常的社保、工资支出，也要承担社会责任所要求的各种税收，这样的话小微企业为员工购买额外的福利保障的意愿可能就会降低。

"我们建设了面向企业员工的 SAAS 福利平台，只要企业与平台签约，就可以让员工在平台上自行缴纳费用并购买自己需要的保障内容，不仅个人能享受团险的价格，同时还可以定制个性化的员工保障，而且打破了传统团险业务千人一面的保障形式。"于鹏飞说道。

据了解，目前，市场上有一些做团险业务的互联网保险平台，如保险极客、海绵保、豆包网、慧择网的保运通等，这些平台模式大多从企业端切入，直接与企业接触，到最后还是落在个体，走的是 B2B2C 路线。不同于其他企业团险模式，同一（北京）科技有限公司联合保险公司推出面向小微企业和自由职业者的保险 SAAS 平台"一同保"，主要为企业提供团险服务、定制保险、社保服务等，采用"社保＋商保＋定制"的模式覆盖不同互联网社群的保障需求，让企业员工和自由职业者拥有更加全面的保障。

小微企业有了"福音"

从事多年茶叶生意的张先生注册了自己的公司，这几年生意开展得如火如荼。随着生意的扩大，张先生也开始"增员"，但是，这几年员工流失特别快，其中缘由就是员工没有"安全感"，没有保障心里不踏实。张先生非常苦恼，如何留住员工？一个偶然的机会，张先生看到新闻说可以为员工买团体保险，作为企业对员工的福利。

其实，不少小微企业主都有着和张先生一样的困惑，想留住员工，却不知道如何留。尤其是小微企业，员工保障的需求量非常大。当下，随着互联网保险的快速发展，这些问题就可以迎刃而解。可以说，一份针对企业定制的团险为小微企业带来了"福音"。

"针对不同社交属性的社群组织中成员的不同保障需求，提供 C2B 反向定制模式的保险服务。我们平台的社群组织既包括传统的企事业单位组织，也包括按照用户地域、职业、兴趣等维度建立的社群组织。但不包括按照同一保障需求所建立的社群，从而避免同质风险用户的统一投保造成的理赔风险。"于鹏飞表示，作为一个团险服务平台，企业既可以选择商旅意外、门诊、急诊、大病等不同保障内容的组合，也可以自定义保障人员范围。另外，针对一些特殊的行业人群，也根据自己对于行业的理解，提出了有竞争力的专项保障方案，从而为从业人员提供更完善的保障服务。

深耕垂直领域，实现企业保险定制

——专访保准牛 CEO 晁晓娟

企业主还在担心留不住员工？企业业务风险是否有所保障？员工发生意外，企业主是否有足够强大的经济承受能力？……随着企业的不断发展壮大，随之而来的风险也会一一暴露在外，而作为企业主，这些风险是否都能HOLD 住呢？2016 年 8 月拿到 3000 万元 A 轮融资的企业场景保险定制化互联网平台保准牛的创始人晁晓娟向记者讲述了企业保险定制之道。

"保险精算 + 技术大牛 + 互联网人"

据记者了解，目前企业的风险场景多样化和碎片化，保险行业内针对企业场景风险的保险产品少之又少，于是出现企业有需求、市场跟不上的现象。这为互联网保险发展创造了机会。

2016 年 11 月 22 日，保准牛宣布已于今年 8 月完成了由经纬中国领投、新毅资本跟投的 3000 万元 A 轮融资。拿到融资后最想做的是什么？"扩展团队、加大保险产品研发与技术实力。"保准牛 CEO 晁晓娟说道。"相比传统保险公司，我们更加深入企业，分析每个刚性场景中的具体需求，并设计制定出适合企业需求的保险产品。"

据悉，保准牛上线至今已经定制了近十个行业中的上百个场景，服务过2000 多个企业客户。深耕垂直领域，将风险细分，利用互联网技术与多年的保险经验，更加快速地为企业匹配相应的保险产品与提供个性化服务，这是保准牛相对于其他第三方平台的优势。

保准牛一年获得两次融资，为何获得资本青睐？投资人看中的是人还是模式？

了解企业的商业模式，还得从领头人说起。要说互联网保险创业者，不外乎来自互联网领域或保险领域，而保准牛 CEO 晁晓娟的优势就在于拥有这两个领域的经验。晁晓娟曾任职于汽车之家、阳光保险、新华保险等企业。她曾参与筹备并管理过多家保险电商公司，有传统行业向互联网转型、保险场景平台的经验。

"我们的团队拥有多年的'互联网＋保险'经验，是一个能够将互联网与保险融合的团队，这使得我们既开放创新，又关注风控合规，让我们能够快速感知互联网环境的变化，了解互联网企业场景风险需求，同时站在专业合规的保险角度上，为其定制更加合适的保险产品与服务。"晁晓娟表示。

为什么要做企业保险场景定制

据悉，保准牛的保险产品已经覆盖了 O2O、商标注册、汽车、企业服务、餐饮、健身、教育、共享经济、数据安全等多个领域，提供包括单车骑行保、运动保、汽车保、商标履约保、骑士保、员工保等不同类型的定制化企业保险产品。

为何选择走这种创业路线，晁晓娟表示，"近年来创业企业数量达到一个峰值，在创业公司发展快速、多样化的特点背后，同样存在很多风险，而传统保险公司在很多方面不能满足他们的需求。比如，产品与需求不能良好匹配、产品少、对接难、投保流程繁冗，导致企业在理赔时出现赔付难等问题。"

"我们希望通过将积累多年的'互联网＋保险'经验与技术经验，帮助企业解决传统保险公司不能解决的问题，让更多有创造力的企业，在创业的路上，规避企业风险。"谈及创业模式，晁晓娟信心满满。

"定制快速＋风控管理＋技术对接"

作为第三方互联网服务平台，保准牛能为企业解决哪些痛点？

"我们拥有快速的产品定制能力与快速响应的服务机制，可以在极短的时间内，定制出企业需求产品。之前我们为 ofo 定制'单车骑行保'时，仅用 30 分钟便确定了相关保险定制产品，一周时间便联合保险公司将这款产品上线。之所以产品定制流程快速，离不开我们专业的团队，对各个保险公司承保特点的深入了解。"晁晓娟说道。

另外一个与众不同之处在于，"我们不仅仅是帮助企业实现保险定制，更希望帮助企业规避风险。我们通过和保险公司及客户一起对行业内企业投保、报案、理赔整个业务流程相关的数据分析，找到企业业务环节风险频发、风控薄弱的地方，帮助企业建立风控管理方案，使其更有针对性的管理员工、管理业务风险，降低企业风险发生率。"晁晓娟举例说道，"我们的客户百度外卖，我们不仅为配送小哥在每一单的配送过程中保障配送安全，而且做了完整的风险运营管理，通过'安全骑士'评选、定期安全培训等提高骑士安全意识，降低风险发生率。"

据了解，保准牛的保险开放平台已经上线。在开放平台中，保准牛把兼顾风险合规与用户体验的技术经验对外开放，帮助各种场景下的企业客户快速"连接"场景保险服务，实现场景保险需求与合作快速落地。

"创业是一个和时间赛跑的过程，我们要做的，是将场景保险产品定制与服务效率最大化，让企业在快速发展中无忧，在全面保障中更安心，真正体现保险的价值。"晁晓娟表示。

第三部分　人物篇

一、互联网保险公司

众安的互联网探"险"之路

——专访众安保险 CEO 陈劲

目前开通互联网保险业务的公司已超过 100 家，然而在众多的从事互联网保险业务的公司中，具备互联网保险牌照的公司只有 4 家，分别是众安在线财产保险股份有限公司、泰康在线财产保险股份有限公司、安心财产保险有限责任公司、易安财产保险股份有限公司。这 4 家互联网保险公司布局互联网的野心是什么？各自走着怎样的路线？下一步如何布局？

众安保险 CEO 陈劲是一个特别的人。

他极度勤奋，热爱读书，精神食粮吃得多，但午饭却吃得很少。他说，伟大的成功总是与人性的弱点背道而驰。最近，他不小心摔了一跤。对着同事，他自嘲道，"互联网的坑好大好深。"

陈劲"掉进互联网的坑里"是在 2014 年 6 月，他从招商银行信用卡中心离职，出任众安保险 CEO。彼时，众安保险刚起步，互联网保险还是一片"无人区"。

从金融机构到互联网保险公司，陈劲和一群选择创业、选择重新出发的小伙伴一起，反复探求，互联网保险要怎么玩？如何通过科技让金融融入生活？而业内出现一些质疑的声音时，这个问题又变成，众安保险应该如何坚持自己的探"险"之路？很快，就像打怪升级，陈劲的思维深度和广度不断延展。

"有人说，至少从目前来看，高频、小额的互联网保险很难赚钱，也无法成为行业主流。但换个角度，正是这些看起来很难赚钱的碎片化保险，逐渐渗透进入'80后''90后'的生活，逐渐改变人们对保险的认知，继而改变对行业的看法。"2016年，深陷"互联网"的陈劲接受了《中国保险报》的采访，谈及创业的"苟且"，以及金融科技的"诗和远方"。

创新就是打破套路

《中国保险报》：据我所知，您此前曾任职于招商银行、中信银行信用卡中心等机构，是什么原因促使您转而投身互联网金融行业？

陈劲：彼时，我接触到的金融产品中，信用卡最具网络的特征。但同时，VISA是一个基于会员组织的封闭网络。以这样的封闭网络为基础设施，虽然实现了跨越时间的经营活动，但相较于互联网来说，仍然存在很大的局限性。众安保险作为第一家持牌的互联网保险公司，可以尝试将互联网和金融的基因结合起来进行深度创新和创造。这是我决定重新出发的主要原因之一。

《中国保险报》：在众安保险两年多，您遇到的最大困难是什么？

陈劲：创业是一件"劳其筋骨、饿其体肤"的事，尤其要在"无人区"走出一条没有"套路"的路。以众安保险消费金融事业部做的信用保证保险为例，从在场景中做产品，到今天建平台，我们主动选择了一条不同的道路。只有扎根于服务互联网生态，用信用保证保险连接信用与服务，才有不一样的未来。我们不想做过去的复制品。

《中国保险报》：除了工作，我知道您热爱阅读，您最近看的是哪些书？您从中有哪些收获？

陈劲：对我而言，读书就像一日三餐，是一种很简单的需要。我书读得特别杂。我最近看的书比较小众，讲的是怎么找到A类人。世界级优秀企业的参考，过去是GE（通用电气），今天是谷歌。而谷歌成功的核心是什么？是聚拢了一批最优秀的人。而这本书会告诉你一些靠谱的办法，比如，应聘者需要填写过去的工作单位和直属领导，再通过挨个打电话等方法，把选拔A类人的成功率从五成提升至七八成。这是其一；其二，通过与书的交流，与人的交流，理解自己所做之事的商业本质。

《中国保险报》：如您所说，创业的最难之处是找到实践的路径，那么，作为国内首家互联网保险公司，众安保险目前找到这条实践路径了吗？

陈劲：众安保险最初从场景化起步，为场景方及场景中的用户提供定制化的产品。而与越来越多的场景实现跨界共创后，众安开始跨出场景，做生态的保险、生活的保险。

目前，众安保险已累计服务近3亿人的"80后""90后"用户，为大量新生代保民提供了人生的第一张保单，让他们体验并逐渐接受新型的互联网保险。

过去，这种新型保险很难实现。但随着大数据、云计算、人工智能、区块链等技术的发展，如今，保险可以进入很多以往保险无法发挥作用的生活场景，以金融的方式为用户提供更广泛、更智能的保障，既跳出保险做保险，又让保险回归保障。

比如，2015年底，我们做了一个名叫"怕怕"的APP。用户出门后如果遇到紧急情况，通过特殊按键设置或自动发送紧急求助信息，这个APP可以将信息迅速告知公安机关或家人。

最初，大家都觉得奇怪，一家互联网保险公司需要做这个吗？但和颐酒店事件之后，这个APP的下载量增长很快，至今，每天的下载量都很大。这个例子可以说明，其实，我们要做的不只是保险产品，而是回到保险的本源，让更多生活场景中的风险得到控制。

目前，互联网结合金融的创新正进入深水区，我们在创业过程中必须要深刻地理解金融风险的含义，很好地把握创新与风险的关系。

科技的魅力在于让保险更懂生活

《中国保险报》：此前，有业内人士曾质疑，场景化、碎片化及高频化的互联网保险并不能体现保险的真正价值，无法成为主流。对此，您怎么看？

陈劲：我们做了一系列"空白领域"的保险，也就是传统保险用原有方法很难定价、很难销售的产品。这些产品，即便最终业务量不大，但只要我们有一种好的业务模式，同时有好的算法和服务方式，即便边缘化，也有其独特的生命力。

一直以来，在所有金融产品中，保险与人的距离最远。平常，我们使用最多的金融工具是支付，其次可能是理财，最后才会想到保险。而碎片化的保险可以改变人们对保险的认知，改变对行业的看法，进而奠定我们重新创造产品的基础。

此前，行业内部有过争论，认为碎片化、高频的互联网保险其实很难产生规模效应。在某种程度上，这个观点是对的。但不容忽视的是，我们可以通过这样的产品找到一种更好地理解用户与用户交流的方法，从而重新思考车险、信用保证保险、健康险、投资型保险等传统保险的核心理念。这其实就是大家如今耳熟能详的"互联网+"：通过互联网的方法重新审视这些传统领域。

至于未来的终局，不管新进入的互联网保险公司，还是现有保险公司，殊途同归，共同提高整个保险业的信息化水平后，才能做好新的市场。

《中国保险报》：最近，众安保险在原来的"做有温度的保险"的基础上提出了"连接一切，做有温度的保险"。如何理解"连接一切"和"有温度的保险"？

陈劲：真正的保险是很难在风口上的。因为，人们对它没有太多的高频需求。而这背后的原因又是因为：第一，保险的门槛高；第二，保险本身太复杂。两者最终导致保险产品的可获得性差。所以，我们试图通过一些与生活休戚相关的产品，让大家重新认识保险：这不是一个当你出现问题了才会来到你身边的东西，而是一份在风险发生之前就能发挥作用的保障。这是"有温度的保险"的应有之意。

所以，我认为互联网保险最核心的关键词就是：稳定和连接。连接是互联网的基因，稳定是保险的本质。当前，大数据、移动互联网等数字化技术的发展使得很多过去隐匿的风险可被识别，同时，互联网也带来了新的风险，而保险是一门关于风险识别、评估、管理的学科。所以，保险必须学会运用新技术，识别新风险、识别过去无法识别的风险，成为互联网金融风险的稳定器。

最终，我们希望，以保险为工具，以技术为基础，构建一张价值网络。这个网络可以把信用保证保险的能力输送到健康险，把资产证券化的能力对整个消费金融行业输出。这张网络将使用户获得更好的体验，场景方获得更多的价值点，生活场景中的整体风险更加可控。

新技术正在倒逼传统金融转型

——专访众安保险副总经理吴逖

保险是一个金融工具，而金融科技是将金融工具和市场及用户用技术手段结合起来，互联网是技术的一种，科技包括但不限于互联网。如何利用包括互联网在内的技术提升整个金融行业对市场的影响力，以及对客户的服务能力？众安保险副总经理吴逖表达了他的看法。

新技术倒逼传统金融转型

"我们希望鼓励用新技术手段解决传统金融工具不能很好解决的问题，或者是让保险这个金融工具可以解决更多的问题。就像现在传统公司的精算师在定价时，对大部分产品只能做部分定价，因为很多碎片化业务用的模型不是传统精算师的定价模式。比如退票险、退货险、航延险，仅仅用传统的保险精算方法是不够的，还要增加其他的一些数据算法，才能进一步完善他的风险模型。"在众安保险副总经理吴逖看来，新技术正在倒逼传统金融转型。

首先，你给了一个用户权利，他可以去行使权利，其实这个权利可能是一个对赌，风险管理逻辑更接近于期权，数据技术和数据管理技术本身是需要不断变化和进步的。

其次，是要"活数据"才行。这个数据静态地看意义不大，必须要不断地进行小步快跑，对数据做更新，同时要让数据之间产生关联。这些关联会让你看到用户动态的情况，特别涉及与人的行为有关的业务时，会发现这种数据的"活"是非常重要的。尤其在反欺诈方面，活数据以及关联数据会非常重要。

最后，金融需求场景化。保险其实是一个万能的工具，保险可以解决很多问题，只是以前我们把它想"窄"了。比如，我们在蘑菇街做的产品，用户买东西的时候不用付钱，众安保险出一张保单给他，就这一笔交易承保。然后用户一个月之后还钱，保费由商户来交，其实是一个白条业务。大家可能会觉得奇怪，金融工具是不是保险？大家会疑惑这为什么是保险？其实这就是一个保险。只是以前贸易信用险是对两个商户之间的大交易承保，今天对一个个人客户和电商的小商户之间的交易承保，这个业务每笔交易的保额平均只有几十元至一百元不等，但每天的交易量很大。场景化不是仅仅停留在这个场景下用户需要一份保险，而是应该走得再远一点，要看一下在这个场景中用户真正需要的是什么功能，这个功能如何用保险工具去完成和解决。

将场景相关联

如何通过金融工具加速互联网创新？在吴逖看来，需要从以下几方面来助力：

第一，需要技术。不管是系统开发能力、对接能力还是数据处理能力，既包括高频的、低频的、复杂的、不复杂的，也包括区块链等一系列的东西，这是作为一家金融科技公司最核心的东西。

第二，场景化能力。举一个天气险的例子来说，2015年众安保险也做过高温险，后来大家觉得有点不合保险原理，没有明显的保险利益，所以后来我们也重新思考调整了这个业务，2016年新推出来的天气险都在场景中生成。推出的天气险场景在哪儿呢？比如我们正在推进的主要粮食种植产区水灾指数保险，再比如最早做大疆无人机损失险，现在做消费分期和配套的农业灾害天气险，很多东西做了之后，我们发现场景的东西就自然串在一起了。

第三，金融能力。众安保险的很多产品，不光是简单地运用保险工具的事后补偿功能，我们同样把保险金融工具中衍生出来的能够产生更多金融价值的业务再输出，或者是把它运用到场景中去。

第四，账户价值。目前，有的保险公司在网上卖所谓高固定收益、高现价产品，也有的做的是T+1类货币基金，产品的主要功能并不是简单地获得投资收益，其实是将账户功能进一步强化，对于那些没有金融账户体系，又想提高账户使用收益和现金管理价值的用户，保险公司可以为他们提供整个后台的账户管理和资金管理。

第五，组织能力。众安保险采用事业部制，整个公司由一个一个事业部组成，我们倡导的是蜂窝状的组织，按照功能单元组成不同的团队。每个事业部中是一个一个的小型蜂巢，除了基础服务以外，每个事业部都按照业务群、业务线或场景组建起来的小型团队，麻雀虽小五脏俱全。这与传统金融机构有很大的不同，传统金融企业是一层一层的，纵向要打通一件事可能要很多层级，一个业务两头要分离，风险和业务要分离，因为之间可能会相互制衡。

以客户为中心打造强黏性的健康服务

——专访泰康在线总裁兼 CEO 王道南

2015 年 11 月 18 日泰康在线挂牌成立，而早在 2000 年 9 月，泰康人寿就开始探索建立官网销售保险。泰康在线历经 16 年发展，从传统保险网销渠道发展为互联网保险公司，经历了"互联网＋保险"的发展历程。从 2016 年 6 月开始，泰康在线保费开始高速增长，继 6 月中旬财险保费收入突破 1 亿元，8 月 8 日突破 2 亿元，又于 9 月 6 日突破 3 亿元。

与其他三家互联网保险公司不同的是，泰康在线开展互联网保险有着天然的优势，那就是背靠泰康保险集团。未来，泰康在线如何玩转互联网保险市场？又将有哪些布局？《中国保险报》记者独家专访了泰康在线总裁兼 CEO 王道南。

客户体验为王

《中国保险报》：据悉，您是 2002 年加入泰康人寿，可以说见证了泰康在线在渠道和产品上的发展和变化。而与泰康在线发展相对应的，是其产品互联网化的三个阶段：2002—2007 年，旅行险、交通意外险和综合意外险等短意险占绝对主导；2007—2009 年，短意险为主，兼具投资理财险和长期寿险；2010 年至今，形成短期意外险、长期寿险和理财投资产品三大产品体系。从泰康人寿到泰康在线，一路走来，您最大的感触是什么？

王道南：我感触比较深的有两点：一是泰康对 IT 的重视。泰康早在 2001 年就开始走大集中的路线（把数据进行集中管理），大集中以后，可以做很多数据管理和分析。二是对我个人的挑战。保险公司数量那么多，泰康的一路成长，实际上就是与时俱进的过程，我们抓住了机遇，没有走弯路。

一个战略的实现要经过很多年的积累，比如泰康现在发展的医养战略，实际上七八年前就开始在探索了，我们去全世界学习考察，然后结合自身特点，走出我们现在独特的医养结合的道路。

《中国保险报》：身为泰康在线的总经理，您认为做互联网保险，对于传统保险公司面临的最大挑战是什么？互联网保险公司和传统保险公司的关系是怎样的？

王道南：互联网对传统保险公司最大的改变就是把客户体验提到更高的程度，把客户体验拿到决胜的地位。如果哪一家传统保险公司能够把客户体验做得像互联网公司那么极致，可能是所向无敌了。当然对于传统保险公司来说也是个机遇。这里说的客户体验，不仅只是投保体验，还包括产品和服务。纵观目前互联网保险做得好的，都是在这上面下了很大功夫的。

保险是一个冷产品，它跟客户的互动太少了，所以应该有一些热的服务来跟客户更多互动，提高与客户的互动频率。

另外，对传统保险的挑战，就是以客户为中心这个概念。互联网是直接面对消费者的，你的流程不好，消费者就不买账。你在操作上面很难，消费者就不选你。所以，互联网保险对传统保险最大的影响，就是以客户为中心的真正落地。

"互联网＋大健康"布局

《中国保险报》：目前，泰康在线的战略核心是"互联网＋大健康"，泰康在线与阿里、腾讯、携程等互联网公司保持密切合作以开拓更多的保险场景。泰康在线看好健康市场的原因是什么？下一步是否重点在健康医疗领域布局？

王道南：现在健康是大家的痛点。举例来说，我们曾在"泰康在线"微信公众号推出了一个中医体质测试，一共有60道题，做完这些题目就能准确的告诉你属于什么体质。据统计，有超过40%的人都填写信息完成了测试，因为人们都很关心自己的健康，所以他渴望了解自己的体质检测结果。这个体质一旦被确认以后，我们就会有针对性的定期推送跟该体质相关的健康、养生资讯，用精准、个性的健康服务方式提升用户黏性。

我们为什么要做大健康？第一，从大健康的角度切入客户的痛点，客户认知你，或者接受过你的服务，就会认同你，也许未来会有保险的需求，他就会找你。我们是用这样的理念在经营互联网保险。第二，我们有自己的阵地，就是泰康在线官网平台，包括PC官网、移动官网、APP，我们获客后必须要有黏性才能留住客户，这个黏性要靠什么？那就是大健康领域。我们现在做得更多的是健康管理服务和单一病种的保障。比如我们的"粉红卫士"——乳腺癌患者经济保障计划，确诊罹患乳腺癌以后，我们可以报销后续治疗的用药费用，这个保险很有针对性，整合了健康管理、医疗服务、药品服务，并体现出保险的支付功用。

健康的时候，买一份保险防患未然；患病的时候，可以再买另外一种患者保险，我们是把健康保险从病前延伸到病后，从摇篮到天堂，泰康的服务真正贯穿人生中生老病死的全过程。"活力养老、高端医疗、卓越理财、终极关怀"，是泰康保险集团"四位一体"的创新商业模式，集团强大的资源支持，是泰康在线保持竞争优势的有力武器。

《中国保险报》：目前，泰康在线的互联网保险产品有健康险、意外险、家财险、货运险等。可以看出，泰康在线侧重于跨界营销，以健康为主，渗透多个领域。未来，泰康在线会渗透到哪些场景？

王道南：近年来，泰康在线于互联网保险方面的创新非常多，例如"乐业保""微互助""AI情预报"，这些都有特定的场景。此外，因为泰康人寿的线下机构和网点非常多，在后期理赔等服务上能提供很大支持，这也是泰康在线的一大优势。

我们过去是根据场景提供产品，但是对合作渠道的依赖程度过高，产品的竞争门槛又太低，现在泰康在线的主要方向是为不同领域提供相应的一揽子风险管理解决方案，如商旅、电商、金融、物流、医疗等各领域。

科技创新的试验田

《中国保险报》：互联网的高速发展依赖于科技手段，泰康在线借助了哪些科技手段实现公司发展？

王道南：泰康在线是互联网保险公司，更像是泰康保险集团科技创新的一个试验田。第一，大数据的应用必不可少。应用大数据做客户画像，更精准、更全面，很多公司的大数据应用都是由此起步。泰康在线2016年推出了不一样的大数据应用产品，即"泰健康"会员评分体系，从身心健康度、人际健康度、健康活跃度、健康保障度等五个维度，对会员的健康状况进行评分，该评分将成为后续个性定价、核保、核赔的依据。第二，人工智能。泰康在线刚刚推出了国内首款保险智能机器人Tker，它拥有语音交互、人脸识别等强大的保险智能服务功能，可以处理自助投保、保单查询、保全服务、人机协同等多种业务。第三，云计算。泰康集团早在2014年就正式启用了云计算中心，不仅仅将信息技术作为对保险业务的后台支持，更是直面互联网浪潮，让信息技术无缝对接市场需求，直接推动产品创新。

痛点即机会

——专访安心保险总裁钟诚

车险一直都是"兵家必争之地",另外,围绕车险有关的"痛点"比较多:第一,费用高。比如车险定价高、成本高,而这也恰恰是机会;第二,理赔难。理赔纠纷在车险领域最多,这也是机会之一;第三,汽车后市场空间广阔。下一步,安心保险要做的是,让消费者用一部智能手机就能把车险99%的任务都完成。

安心保险于2016年1月18日上线,是继众安保险、泰康在线之后第三家获批的互联网保险公司,也是国内首家全业务系统建立在云上的保险公司。在技术方面,安心保险依托腾讯云,运用云计算、大数据和移动互联网技术,实现从产品设计、投保、核保、理赔的全业务链条的互联网化。在产品方面,安心保险以生活场景切入,将保险服务融入消费者生活的"衣、食、住、行、玩"各个方面。如"恋爱保险""泡车不哭险"等产品在市场上受到好评。日前,安心保险互联网车险经营牌照获批,开启了其在财险市场的"扩张"。《中国保险报》记者独家专访了安心保险总裁钟诚,对于互联网车险"玩法",他坦言:车险其实很简单,也很"好玩"。

利用互联网技术改变传统保险痼疾

《中国保险报》:您在投身互联网创业潮之前曾在人保财险任职,做过业务、管理等岗位20余年,是地地道道的传统保险人,什么原因促使您走出传统保险公司成立互联网保险公司?您认为互联网公司和传统保险有何不同?

钟诚:对于保险人来说,不用做业务就是最好的时代。在保险公司工作20余年,经历了保险的几大变革,让我深刻体会到保险业存在的两大痼疾:

第一，销售误导；第二，理赔难。随着互联网的发展，我们更多地利用先进技术改变传统保险理赔流程。这也是我走出传统保险公司成立安心保险的初衷。当然，也是梦想使然，更多的还是拥有一份创业的"小情怀"。

对于互联网保险公司和传统保险的差异，我认为，第一，很多人把互联网保险"神化"了，其实，互联网保险的本质还是保险，只不过通过大数据、人工智能等技术手段使业务更有效率，客户感知度更好。第二，把互联网保险公司看小了。未来互联网保险的发展谁也无法预料，未来的客户很可能是拿着手机就能完成从投保、客服、理赔等所有保险流程。由此来看，传统保险公司和互联网保险公司之间更多的是融合，联手共同聚焦客户需求，利用技术提升自身地位。

《中国保险报》：创业不易，风险自担，创业过程中遇到的最大的难题是什么？如何自我突破？对于目前广大互联网创业者来说，有何经验与他们分享？

钟诚：对于创业者来说，要考虑很多因素，比如组织、人员、管理、执行等，需要的是一个全能型人才。当然，光有理想和情怀还不够，宏观微观也要做。作为众多创业者中的一员，我认为遇到的最困难的事情是坚持所做的选择。比如你的商业模式价值、组织构架等。对于广大互联网创业者，我希望告诉他们：遇到困难时要给自己信心，成功时要保持清醒。

"场景＋定制"是未来发展趋势

《中国保险报》：安心保险自成立以来，一直都比较低调，在产品推广方面也是比较谨慎，频率也没那么高，这是出于怎样的考虑？据悉，安心保险比较倾向于场景类保险。比如之前推出的"恋爱保险"，虽然市面上同类产品不少，但是安心保险似乎更侧重于附加服务，更贴近用户。下一步，安心保险将重点切入哪些场景？

钟诚：因为来自传统保险公司，对于风险保持一种"敬畏"态度，随着公司发展，还要不断改变传统思维习惯，同时理念上还需要时间的磨合。安心保险自成立以来，一直都比较低调，我们也不希望和其他公司进行攀比，这其实是和公司发展战略相关。

首先，经营战略方面，安心保险走的是定制化路线。产品设计方面我们有四点自我要求：第一要依法合规；第二要符合道德规范；第三要符合偿付能力监管的要求。

其次，产品方面，安心保险遵循损失补偿原则。比如"恋爱险"，一旦单身人士求婚成功，符合我们条件的就能获得一笔恋爱金。这些其实是在鼓励大家做积极向上的事情，是在传播正能量。我们能做的是让保险行业更好，让保险产品更接地气。

最后，技术方面，安心保险采用云计算等技术手段助力公司发展。车险牌照获批后，我们测试了自己的车险系统，未来技术也会成为我们重点关注的方向。

我认为，基于"场景＋定制"会成为未来行业发展的趋势。目前来看，基于行业场景定制有以下三种模式：第一，传统业务的互联网化。比如车险。未来车险市场发展空间巨大，也成为资本融资项目中最为抢手和看好的领域。第二，场景化、碎片化、长尾化。这类模式以众安保险为代表和典型，未来也会是一个趋势。第三，跟人相关的，比如信用保险、健康医疗保险等，这也是痛点比较多的领域。

车险可以"简单保、简单赔"

《中国保险报》：日前，安心保险获批车险牌照，互联网车险也是安心保险重点切入的方向，您看好互联网车险的原因是什么？下一步，安心保险将如何在互联网车险领域发力？

钟诚：车险一直都是"兵家必争之地"，另外，围绕车险有关的"痛点"比较多：第一，费用高。比如车险定价高、成本高，而这也恰恰是机会；第二，理赔难。理赔纠纷车险领域最多，这也是机会之一；第三，汽车后市场空间广阔。

下一步，安心保险要做的是，让消费者用一部智能手机就能把车险99%

的任务都完成。其实车险并没有大家想象中那么复杂，理赔也没那么多麻烦，所以我们的宗旨是"简单保、简单赔。"消费者可以通过下载我们的 APP，或者关注我们的微信公众号进行投保。通过移动互联技术、大数据、人工智能我们可以实现让客户在手机上操作，随时加保、随时退保，就如同保险公司的柜台就在身边，整个投保过程更加人性化，也在一定程度上推动了保险由低频向高频转化。

我们利用移动互联网技术，通过大数据、人工智能、云计算等方式进行理赔、承保等环节的应用，未来保险行业将是一个共享行业，大家彼此是合作共赢关系。

《中国保险报》：据悉，车险除了线上布局，安心保险还会有选择性地建立线下分支机构，解决客户在线上解决不了、需要在线下完成的问题。对于线下布局是否会增加公司成本？

钟诚：我们是要打造一个线上线下结合的车险服务生态圈。车险服务要求高，线下服务中心就必不可少。"空军也要落地。"线下确实会加重公司成本，所以我们会选择与一些第三方公司合作，帮助我们做好线下服务工作。一句话，从现实出发，不好高骛远。

人工智能将代替人类标准化行为

《中国保险报》：互联网的高速发展依赖于科技手段，据悉，安心保险正在打造"云上的保险公司"，目前，区块链、人工智能等科技金融词汇非常热，未来，您比较看好哪些科技手段？

钟诚：我们运用了云技术是基于云效率高，可以节省资源，从而使得社会资源可以得到充分利用。这对我们企业来说，成本更低，效率更高。通过云，我们可以与第三方平台场景对接，从而轻松实现业务往来，安全而又高效。

未来，我比较看好人工智能。人工智能将代替人类标准化的行为，也就是说，一些标准化的行为完全可以由机器来执行，但它不会替代人工，而是使得更多人力集中在相对复杂的领域和机器无法完成的事情上面。

鱼和熊掌——兼顾创新和发展

——专访易安保险CEO曹海菁

易安保险于2016年2月16日获批成立，目前已有多款保险产品产生保费，覆盖医疗、食品、居住、出行、购物、旅游、生活等生活场景。不同于其他三家互联网保险公司，易安保险走的是"轻资产＋模式创新"的经营模式，并建立了蜂巢组织结构下的产品经理制，将"简单、趣味、服务"作为驱动创新的"三驾马车"。下一步，易安保险将重点布局互联网时代新车险以及综合性健康保障管理产品这两大领域，不断推进公司产品的创新迭代发展。

互联网改变了商业格局，改变了社会生产效率和连接形态，同时给保险带来新的思维和视角。对于互联网保险公司来说，如何将保险理念和互联网思维有效融合，在生存和创新两者之间"抉择"？易安保险CEO曹海菁向《中国保险报》记者阐述了易安保险在互联网保险领域的探索，在"生存""创新"两者之间，易安保险将两者有效融合，探索出一条专业化经营特色之路。

寻找互联网与保险的契合点

《中国保险报》：据了解，您之前有着十年财经媒体经验、十年保险监管经验，不同于互联网人，也不同于传统保险经营者，由行业观察者到行业监管者，再至市场主体经营者，这样的差异变化给您的职业生涯带来哪些影响？为何选择互联网保险的创业之路？

曹海菁：职业生涯中每一段经历都是历练，每一程风雨都是收获。用两个词来概括两个"十年"，那就是发散和聚焦。十年财经媒体的工作经验，拓宽了我的视野，发散了我的思维，使我对国内金融各领域的发展状况有了较为宽泛的把握，同时让我意识到未来国内金融领域必将有蓬勃的发展，这十年可以说是对我知识储备宽度的积累。而进入保险监管机构工作，让我得以聚焦保险这一具体金融领域，以监管的角色参与到我国保险业的发展当中，并使我对国内保险业发展的脉络有了全面而又深入的认识。这一段的经历则是我知识储备深度的提高。

一方面，互联网改变了商业习惯、商业逻辑和商业现象，并改变了社会生产效率和连接形态，给保险带来新的思维和视角。"互联网+"，始于信息透明，成于效率匹配，而最终爆发于新模式的创生，20年的工作经验告诉我，互联网保险一定是未来的发展趋势。

另一方面，传统保险尚存在诸多痛点。从本质上讲，信息不对称导致了传统的保险供给与社会保险需求的结构性不匹配，消费者需要的是私人订制、费率公平、服务便捷的保险产品，传统保险提供的是同质化高、渠道成本高、理赔烦琐的保险产品。因此，造成了消费者在体验时会面临选择单一、价格虚高服务、理赔障碍等痛点。因此，我选择从行业监管者转变为市场主体经营者，于2016年3月正式加入易安保险，立志于在尊重互联网思维、保险本质、商业规律的前提下，找到契合点，有效地解决传统保险的痛点。

聚焦新车险和健康险两大领域

《中国保险报》：易安保险自成立以来一直比较低调，产品推出的频率没有那么高，相对市场的关注度就不是很高。身为易安保险CEO，对于易安保险在互联网保险市场的布局是如何规划的？

曹海菁：看似"低调"，实质上易安专注于互联网保险领域持续深耕，厚积薄发。事实上，在适当的时机，易安保险总会发出自己的声音，与行业分享我们的发展经验，推动中国互联网保险的发展。

目前，易安保险已有多款保险产品产生保费，覆盖医疗、食品、居住、出行、购物、旅游等生活场景，这些产品的开发无一不体现易安"轻内核、强渗透、快响应、广传播"的产品理念，以及"实时、高效、定制、透明"的设计思路。同时，对互联网保险发展的探索，易安保险从来都不是独自前行。自开业以来，易安一直秉承"开放、互利、共赢"的合作态度，与多家行业领先企业建立良好的合作关系，共同探索"互联网+"时代下保险发展的新模式。

当前的保险市场仍然是一个寡头垄断的市场，传统大公司自身搭建的销售平台也基本成型，具备了一定的竞争优势。但是，大公司庞大的分支机构体系和构架，决定了其开展互联网保险业务困难重重，这就为互联网保险公司发展提供了先天优势。易安保险作为"互联网+"而生的4家专业的互联网保险公司之一，成立伊始就明确了走"轻资产+模式创新"的发展战略。我们将充分发挥共享经济优势，在流量入口的前端和在服务资源接入的后端，采用"双边平台化"战略，探索互联网保险发展模式。

当前，非寿险互联网业务95%以上来自于车险，以UBI为代表的一系列新型车险的兴起，驾驶行为、道路状况、信用评分等一系列新的变量引入了车险，以更灵活和个性化的方式进行客户画像、需求挖掘，更全面的服务消费者，提升了客户体验。应行业之大潮，易安将车险作为未来的主战场，勇于创新，将促进传统车险模式迭代升级。

另外，随着我国中产阶级的崛起和消费需求的升级，在健康管理方面的需求与日俱增。穿戴式设备、O2O上门服务、健康管家等一系列互联网化的健康产业蓬勃发展，互联网健康保险大有可为。易安将积极布局综合性健康管理产品，连接用户和健康服务资源，打通各个环节，构建一站式健康管理社区，以更加便捷、实惠、智能和人文关怀的方式，让国民生活更有尊严，更好地发挥保险的社会管理功能。

综上所述，未来易安保险将重点布局互联网时代新车险以及综合性健康保障管理产品这两大领域，在聚焦这两大创新主阵地的同时，鼓励多样化创新，继续推进公司产品的创新迭代发展。

驱动创新的"三驾马车"

《中国保险报》：据悉，2016年，易安保险创立的元年，初步建立了蜂巢组织结构下的产品经理制，并定下"轻资产+模式创新"的经营模式。在创新路径上，将"简单、趣味、服务"作为驱动创新的"三驾马车"，如何理解这种经营模式和创新理念？

曹海菁：2015 年 7 月，中国保监会印发了《互联网保险业务监管暂行办法》（保监发〔2015〕69 号），其中第七条详细阐述了互联网保险在经营条件和经营区域上与传统公司的一个显著优势：允许在没有开设机构的区域从事规定类别的互联网保险业务。突破了传统公司保险业务经营地域限制，同时在险种结构上突破了传统保险公司经营范围分级的监管规定，为互联网保险运行"轻资产"模式创造了基础条件。

当前，互联网保险并没有一个既定的成熟模式，行业需要锐意进取的改革者和开拓者。不同于传统保险公司，股东对易安保险并没有硬性的指标约束，因此易安保险能够以灵活的姿态快速迭代试错，走出一种成熟的互联网保险模式。而为了支撑这样战略的实现，易安保险需要在各个方向做创新性的尝试，而支撑这样的形态多样、快速迭代的尝试，需要可拓展的信息系统、顶级的产品设计团队、优秀的产品运维和后援团队，同时，需要在物联网、区块链等领域作出积极探索，以实现商业模式的转型升级。

在创新路径上，易安保险将"简单、趣味、服务"作为驱动创新的"三驾马车"，具有现实的意义。

简单是指做"人人能看懂"的标准化产品。易安保险产品中，无论是基于质量保证保险的汽车配件保险，基于 30 年天气数据的上下班降雨保险，还是基于 GIS 卫星通信数据的出行拥堵保险，这都是公司对于"做人人能看懂"的简单保险的一个实践，持续将传统产品化繁为简。

趣味是指做"玩着买保险"的互动产品。比如在共享经济和社群经济时代，得粉丝者得天下，易安保险开发了观影保险，通过自建保险平台和观影生态，让观众在休闲娱乐中参与到这项趣味保险中。

服务是指做"与服务一起销售"的服务保险。公司将免费的就医咨询和导诊服务与收费的绿色通道挂号服务结合起来，开发出"挂号服务费用补偿保险"。"挂号保险"更是一种"服务保险"，通过对传统健康保险产品的保险责任的碎片化，产品运营的场景化和业务流程的便捷化，将医疗服务最前端的挂号场景单独碎片化，解决客户"挂号难"的问题。

"少而精" 的服务

《中国保险报》：在市场定位方面，易安保险走的是差异化发展路径，力求提供"少而精"的服务。比如在人群上，可以设计专门针对女性保健的产品；在车险领域，可以设计停驶险，如果车辆因为限行等原因无法行驶，可以将相应保费退回至用户。在产品上，目前有"易安居家庭财产保障险""理财保""个人账户资金安全险""挂号服务保障险"等产品，这些产品是否都是易安保险开展创新型保险服务的有效实践？

曹海菁：推出"易安居家庭财产保障险""理财保""个人账户资金安全险""挂号服务保障险"等产品，是易安保险秉持成立初心、坚持"让您的生活随易而安"这一理念的最好诠释。易安保险坚持"以客户为核心"，围绕用户生活中切身遇到的各种场景情况，对传统产品形态和产品运营流程进行再造，采用场景化、碎片化、细分策略、服务整合的技术路径，创新地设计开发了一系列的综合性健康保障、个人财产等保险产品，这也是易安保险在探索互联网保险发展模式道路上尤为重要的开端。

易安保险在健康保障管理保险产品不断优化发展升级的过程中，另一只手也在积极开拓互联网时代新车险领域，将两者作为公司主要的创新阵地。

公司目前正在申请车险牌照，也在积极为探索互联网时代新车险做好各项准备工作，具体"玩法"：一是基于大数据的差异化车险，全面提高经营准确性和信息对称性；二是共享经济下的碎片化车险，场景营销和碎片化运营将是主要的解决视角和实现方式；三是经济新常态下的绿色车险，基于车辆风险的变化和人们需求的变化开发产品。

科技助推保险经营模式变化

《中国保险报》：互联网的高速发展依赖于科技手段，易安保险借助了哪些科技手段实现公司发展？目前，大数据、区块链、人工智能等先进技术备受关注，未来，您比较看好哪些科技手段？

曹海菁：首先，易安保险建立了统一的业务及客户数据管理交互中心，作为公司客户的流量入口，依托"大数据"，促进传统保险模式迭代升级，以更加便捷、实惠、智能的方式，全面服务消费者。基于互联网的大数据有助于促进公司与消费者之间的信息对称，公司通过对数据的深层挖掘可以使保险产品依据年龄、消费偏好等更加细分，消费者的行为、个体特征及由此产生的各类数据均能较为有效地被记录、分析，使得基于大数据开展定制化保险产品设计成为可能，能根据一类人群的各方面的特征，精细化地推出与之相适应的产品，提供更准确的保险定价服务。

其次，易安保险还在北京五道口参与发起成立了"区块链保险实验室"，积极探索区块链技术在保险领域的应用前景，力图借助区块链技术促进公司业务的创新：一是技术融合，针对区块链数据不会泄露丢失等技术特点，将保单信息、客户信息、理赔信息放到区块链进行存储，避免意外事故对数据安全的冲击。二是合作创新，让区块链在保险业务场景化拓展过程中扮演新的角色，推动产品服务创新。

科技手段对保险行业发展发挥了持续的推动作用，以大数据、云计算为代表的智能商业技术正快速应用到保险业的相关领域，在支持引领行业拓宽销售渠道、扩大服务领域、提升服务水平方面发挥着越来越重要的作用，促使保险经营模式发生深刻变化。同时，以互联网、物联网为代表的电子商务与大数据的融合使得保险公司可以更加精准地识别风险，实现动态核保，实时定价，大数据、物联网提供的健康管理动态监控手段，还为慢性病患者投保创造条件。

二、第三方互联网保险中介平台

为了不变的变

——专访慧择网董事长马存军

2016年9月，第三方互联网保险平台慧择网获得了达晨创投B轮追加近亿元融资，这也是十周年最好的生日礼物。十年磨一剑，究竟这是一家怎样的企业？十年来，企业"领军人"如何坚守初心？谈起创业路，慧择网董事长马存军感慨万千。

创业者——从不太喜欢保险到爱上保险

在2016年上半年获得B轮融资后，不少投资人来慧择网（以下简称慧择）参观考察公司发展模式，在他们看来，之所以看好慧择，不是因为企业的模式有多好，更多的是看重了这家企业创始人的决策和创业之路。达晨投资人这样评价，"我们看重的是创始人的坚持和创业故事，所以坚定了投资意向。"

谈起做互联网保险的初衷，马存军表示，"我们创业团队决定来进行互联网保险的时候，当时怀着非常单纯的想法，因为我在平安近十年，在我从业的历程当中，我不太喜欢保险，我曾经一度想离开保险这个行业。但是当我看到互联网的发展以及当一些事件触及到我的时候，我认为保险真是一个好东西。我不敢说我爱互联网，但我深切的爱保险。当我接触到互联网之后，我突然意识到互联网是一个很好的平台，它能够让信息变得更透明，能够节约大量的中间成本，能够让消费者真正了解保险，我觉得这一定是未来的方向。为了这个目标，我们坚守了十年，我们充满了信心，因为我们知道前面的路一定是这样的。与时间做朋友最大的好处是知道未来可能是像什么样子，所以这让我满怀激情，一直向前。"

"没有任何人怀疑这个市场将来的趋势是怎么样的，但在十年前没有人相信在互联网上还能把保险卖好。所以这十年我们做了我们该做的事情，去完成一个又一个的任务，能够在互联网上给用户提供一份值得托付的保单，需要把所有的环节打通。目前，我们有人工客服，我们有300多个客服的坐席，而且有接近1万平方米的互联中心，能够为用户提供一个完整闭环的服务。我们在业绩评分的时候，会考量我们一共给用户提供了多少保额的保障，通过我们的平台能让更多人拥有保障，我觉得这是让我内心充满快乐的一件事情。"一路走来，马存军坚信互联网保险的风口一定会到来，而正是因为他的坚守，成就了今天的慧择。

老板——用心传递保险善意

慧择内部的企业文化是怎样的？马存军倡导怎样的企业价值观？

在企业文化上，马存军坚守"与人为善"的内部精神，而这一切是围绕着"为了不变的变"的信仰。第一个不变，是保险的本质不会改变。这也是多年来马存军一直强调要致力保障型产品，让保险连接人们的真实需求，而不能简单为了数据好看去卖理财型的保险产品，"我们要正确地传递保险的理念和作用，现在市场上有些互联网保险的创业为了创新而创新，搞些噱头，我们要坚守自己的主业方向。当然，市场上也有一些创新产品，能够吸引年轻消费者的注意，是互联网营销的好手段，这点我们一直以来是做得不够的，尤其是前端的市场、营销部门要尽快补上这一课。"第二个不变，是公司的价值观不能变。保险是一个善良的产品，消费者买保险的普遍痛点是缺少可靠的途径、专业的能力和完善的服务，"我们不是一个卖保险的渠道，我们是服务用户的互联网保险平台。我们要做的是，尽可能地去改变中国保险市场的格局，让消费者更有力量，让保险这一善意的产品普惠千万个中国家庭。"

再说说变化。第一个变是用户之变。用户会变化，目前上网买保险的主体是"80后"用户,这一点和以前传统线下代理人服务的群体"60后""70后"不一样。"未来'90后'他们又会有哪些新的特点,我们要去研究。追随认知用户的变化适应用户的变化,这是我们变化的原点。"第二个变是技术之变。技术带来的产业变革是颠覆性的,"在目前的技术条件下,如何利用大数据开发智能化保险客服,如何实现保险平台的C2B定制,以及如何搭建云理赔平台,等等,这个新的时代,保险又会变成什么样?需要大家一起探索。"马存军在慧择十年,写给小伙伴的信中,谈到了"两个不变和两个变"。

革命者——改变国人购买保险的现状

第三方互联网保险平台近年来发展迅速,慧择作为第三方互联网保险平台的领头羊,其模式是从多角度切入,有针对C端用户的慧择网,有针对B端的保运通、开放平台,还有针对代理人的聚米,可以说打通了保险营销的各个渠道。这样布局的原因是什么?马存军认为,"不同的用户对保险的需求是多元化的,通过平台能提供给他们一个完整的保险解决方案。我们致力于通过互联网技术与保险服务的融合,为不同群体的用户提供专业优质的保险信息咨询、风险评估、定制高性价比的保险方案、提供在线垂直交易及与客户利益一致的理赔协助服务,慧择希望能够打造一个互联网保险生态圈,改变国人购买保险的现状。"

保险生态圈是未来趋势,同时,未来科技也会主导保险业的发展。2016年上半年,慧择在合肥成立了后援服务中心,但是随着互联网人工智能技术的发展,未来人工智能很可能会取代在线客服,慧择为什么要下这一步棋?"线上保险销售其实是一个信任和托付,加上保险产品自身的复杂性,这不仅要求服务快速全面,更重要的是专业化。在互联网讲究轻和快的风潮下,慧择反行其道,使出的'杀手锏'是做好顾问式服务这一件事情,并且做到专一和极致"马存军表示。

对于下一步互联网保险发展趋势,马存军认为,第一,国家一系列利好政策的颁布,让中介机构有了更好发展的土壤,将进一步推动保险行业互联网化进程。互联网保险从被动销售的产品转化为主动需求金融品类,已成大势所趋。第二,技术的革新将带来行业的飞跃。互联网保险从业机构通过对互联网海量大数据技术的开发利用，能够根据用户互联网行为轨迹推算出用户的消费、信用、兴趣等，为开展保险业务提供参考方案，使互联网保险更加贴近用户需求，精准动态发展。第三，在互联网保险各方力量蓬勃发展、相互博弈的过程中，可以预见专业第三方互联网保险机构前景更被看好。一方面，它利用平台的聚合效应，实现保险资源的共享与合理利用，保险行业生态得到重塑；另一方面，第三方互联网平台改变保险公司营销驱动发展的弊病、帮助独立代理人以多产品资源服务用户、最终消费者得到优质的产品与服务，行业里每一个角色都得到更好的回归。

三、第三方互联网保险科技公司

"80后"创业者自白：
从"保险小白"到"创业达人"

——专访保掌柜 CEO 任海波

夏日的南京燥热难当，南京软件园创业基地，写字楼林立，楼宇设计个性、精致，这里汇集了阿里、三星等互联网以及软件企业，这里的员工大多是"80后""90后"，相对于传统企业办公环境，创业公司办公环境轻松自由许多，工作室有自行车、慵懒舒适的沙发、电玩游戏，为枯燥的工作平添了不少乐趣。在一家咖啡厅，记者与第三方互联网科技公司——保掌柜创始人任海波开始了愉快的交谈。这位"80后"创业者，举止间散发着年轻人的朝气和活力。

创业初衷

为何选择创业？在华为工作了8年的任海波，谈起自己的创业经历，感慨万千。

"我在华为总部待了一段时间，后来来了南京，也在华为，8年时间，我几乎在华为的所有部门都做过，所以我非常清楚一个公司的运作流程。"谈起创业初衷，任海波信心十足，"创业是我的梦想，在华为的时候我就想过自己创业，现在时机到了。2015年底开始，我辞去了华为的工作，开始寻找创业项目，在研究了各个行业发展潜力以后，我发现保险是目前最热门、最具发展潜力的行业，在研究对比了几百家互联网保险创业公司之后，我发现，针对小微企业的保险很少，但是对于他们来说其实有着强烈的保险需求，他们也希望能有人帮助他们完成风险评估和提供风险解决方案，而传统保险公司很难做到与企业有效对接，一是时间精力等成本较高，保费却不高；二是承保环节较为烦琐，一单下来可能要来回跑好几趟才能签单。所以，保险公司不愿意揽这个出力不讨好的活儿。"

组建团队

从华为出来以后，在决定了创业项目以后，任海波每天的事情就是上网收集一些关于互联网保险平台的模式，"几百家公司我都看过了，不明白的我就打电话咨询。"大概一个月时间，任海波就摸索出了创业方向，接下来就是开始组建自己的团队。华为的背景让任海波驾轻就熟，技术层面有先天优势，于是他开始从全国各地找人才、参加项目路演……在奔波了一段时间之后，团队成员基本到位，合伙人、产品经理、技术、市场运营等。

进过一番悉心调研之后，2016年2月，公司开始正式运营。而在任海波看来，这一切都非常顺利，从开始找项目到公司成立也不过2个月的时间。目前，公司已经获得了天使轮融资。

产品定制

在任海波看来，互联网保险发展半年多时间，目前以及未来发展有三个方向：第一，场景化定制保险；第二，互助平台；第三，第三方互联网保险服务平台。

众安保险可以说是场景化保险的代表，众安保险的"退运险"红极一时，当时创下了14.5亿元的业绩，完成了60%的营业额。自此，"退运险"就成了市场上的"网红"产品。目前市场上互联网保险的发展有两种模式：一种是针对企业定制的保险，一种是针对个人定制的保险。任海波认为，"退运险"其实就是从企业端切入，服务于业主。

像悟空保、海绵保走的是企业定制路线，其有三个方面的优势：第一，有自己的主营业务，也就是说，业务模式较为突出；第二，增加用户黏性，一般以企业为承保对象，相对人员较为固定；第三，变现相对更快，保费数额较大。但是，对于企业端业务来说，门槛相对较高，对专业要求也较高。

像小雨伞、大特保这些平台走的是个人定制路线，用流量吸引用户，相对企业端来说门槛较低。任海波认为，这类平台在与保险机构合作的时候，要特别小心被他们"复制"，还是要考虑未来长远发展。

任海波认为，目前互联网保险公司都处于摸索阶段，不管是对企业还是对个人，都有各自的打法和优势，没有谁好或谁不好之说，市场百花齐放、百家争鸣是好事。

不走寻常路

在任海波看来，目前，不管是企业定制还是个人定制，其实最后还是B2B2C 的模式，"我要另辟蹊径，走不寻常路，那就是只做 B 端业务。"据任海波了解，目前 95% 的小微企业都有保险需求，他们也在苦恼没有与之匹配的保险，而市场上现有产品不是价格高、不符合需求，就是理赔难，而任海波要做的就是解决这部分企业的痛点，为他们服务，这也是保掌柜成立的初衷，任海波将这种模式归结为：B2B2B，就是完全针对 B 端。这种模式的好处是：第一，效率提升，跟企业打交道相对容易，保险需求在那里，相对来说更能接受；第二，成本降低，包括时间和各种费用，只需面对企业一个方面，相对更加简单。

举个例子，比如某个企业需要注册一个商标，一般从申请商标名到正式下来大概需要半年时间，在此期间还不能有人跟你重名，若是申请下来告诉你重名，前期所交的费用是不能退的。而若在注册商标时购买一份注册商标保险，若申请后告知重名将赔付所交费用。这样企业在注册时心里就会踏实很多，这跟淘宝的"退运险"异曲同工。

保险促进消费，消费需要保险。"如今，我们正在帮助企业定制各种保险方案，可以说嵌入了 B 端场景的各个方面，包括法律、诉讼、市场、销售、服务等。"任海波表示。

未来发展

对于保掌柜打造的 B2B2B 未来发展前景，任海波表示，"我们是连接保险公司和企业的纽带，通过我们可以为企业定制适合企业各类风险的保险产品，然后交给保险公司设计。""未来，我将聚焦和深挖各个行业的企业风险，比如母婴、汽车，然后实现同类平台复制，因为模式都是一样的，这样就会降低成本、节省时间和精力，从而实现保费的稳定攀升。"

"我的平台无法复制，因为我们的团队无法复制，而且针对 B 端的业务也不是谁都能做的，必须要深挖行业和企业，从而创作出符合企业发展的保险产品，为企业提供切实可行的风险解决方案。"

从保险小白到创业达人，任海波表示，"创业之路虽然辛苦，但是梦想一直都在，我有试错的机会，大不了从头再来。人生就是要搏一把才有意义，不拼你永远不知道前方的风景有多美！"

Insurtech：保险业的下一个风口

——专访车车车险 CEO 张磊

Insurtech 有可能像互联网金融一样产生一个爆发的市场，Insurtech 将成为保险业的下一个风口。

相对于 Fintech，Insurtech 可以说是目前互联网保险领域最火的词了。在美国硅谷，并没有互联网保险这个词，创业者和投资人将利用互联网技术升级创新保险行业的项目统称为 Insurtech，我们可以理解为保险科技公司。在中国，专注于该领域的创业公司不多，但它们却在潜移默化中改变着传统保险业的结构。监管方面，近年来也是鼓励利用互联网科技为保险研发、生产、运行全环节和科技创新全过程提供风险保障，有效激发全社会创新活力。那么，Insurtech 如何切入保险所在的各个场景，从而让保险更加接地气，用户体验更好？《中国保险报》记者独家专访了车车车险 CEO 张磊，对于 Insurtech，他有着自己独到的见解。

做轻资产的互联网公司

《中国保险报》：公司自 2014 年成立到目前，获得了三轮融资，从融资数额来看，近 2 亿元，相较于行业同类公司而言，您认为最吸引投资人的是什么？

张磊：车车的定位是互联网保险科技公司，而不是互联网保险公司，我们给保险公司、消费者甚至是保险中介机构提供互联网解决方案。从成立到目前为止，我们获得了来自宽带资本、顺为资本、中金汇财等机构的风险投资。目前公司拥有 200 余名互联网产品、技术与运营团队以及 100 多名客服与售后服务团队，与 50 多家保险公司开展业务合作，为用户提供涵盖车险、健康险、意外险等 1000 多款保险产品，覆盖全国 30 多个省市自治区，服务人群超过 3000 万人。

一连串数字背后，投资人主要是看重了以下三点：第一，大数据能力。我们是百度地图、汽车之家、小米金融、途虎养车、乐视、保险师等互联网公司的保险服务提供商，服务近 2 亿人的潜在客户，我们可以利用大数据为用户画像，从而匹配相应的产品。第二，云服务能力。任何一家互联网公司都可以一站式接入车车的互联网保险开放平台，抛开烦琐的流程，轻松在自己的产品上开通保险业务频道，实现数百款保险产品的报价、核保、支付、出单全流程。第三，交易结算能力。几秒钟之内实现在线支付成交，覆盖全国，动态实现出单和佣金结算，传统保险中介的人工后援销售模式望尘莫及。

在过去的几年中，我们有幸与各大保险公司的高管们一起探讨互联网对保险行业的影响，了解大家对保险业互联网发展趋势和问题的看法。我们清晰地洞察到保险公司不仅仅着眼于对原有业务服务的建设与升级，其关注焦点正聚焦于移动互联网给整个行业带来的冲击。车车的出发点就是利用技术的革新，为整个保险行业带来新的生机与活力，及时高效、便捷直观及随时在线的服务，成为以客户为中心的服务价值体系。我们协助保险公司升级、优化现有的流程和系统，为互联网用户提供更便捷、低价的车险产品，发挥互联网的连接能力，通过保险核心流程再造，再根据用户需求，灵活调整前端服务能力。以用户需求为驱动力，不断的升级迭代。最终，实现用户自主选择、自主报价、自主支付，极大减少人在保险业务流程的大量投入，发挥互联网的边际成本效应。

解决供给侧与需求侧匹配问题

《中国保险报》：我们都知道车主有较强的消费能力，从车车覆盖的产品来看，除了车险，未来是否还会涉及更多产品？现在有些公司也在做科技服务，您是否会担心未来被同业公司超越？

张磊：横向来看，我们从车险切入，主要为保险公司做开发以及产品定制服务，同时还能连接到保险公司的核心业务接口，这也是我们区别于同类公司的一大优势。之后，我们会涉及车上人员的人身险产品，以及延伸到整个家庭的保险方案规划。

纵向来看，我们主要服务于用户，除了保险公司的产品供应端外，我们还有类似百度地图、汽车之家、途虎养车等流量平台，我们可以给这些互联网的流量平台的用户提供一站式的车险服务和风险保障解决方案。到现在为止，我们大概积累了约1000万人的用户，1000万辆的车主信息。我们可以根据潜在用户进行个性化的定制。这也是我们的第二大优势。

简单来看，科技保险其实就是解决了供给侧和需求侧的匹配问题，最重要的是，用户能够真正从中受益。

数据能力是王牌

《中国保险报》：车险费率市场化改革后，允许保险公司自主定价，对于互联网车险创业公司来说，您认为是机会还是冲击？

张磊：我认为费改是件好事，真正是能让用户得到实惠的好事。对于监管来说，可以减少干预，交给市场自由竞争；对于保险公司来说，可能大家最终拼的就是数据能力，各家公司都在打价格战，而只有掌握精准用户数据的公司才能降低赔付率，从而实现盈利；对于市场来说，其实市场本身就是一只无形的手，自由竞争，优胜劣汰。

我觉得费改以后对互联网创业公司来说是机会。比如，我们跟安心保险推出的"按天买车险"产品，用智能手机就可以实现投保，可以根据每个用户的特点选择险种和停复驶时间，背后完全是技术来支撑和实现，这在以前是无法想象的。所以，运用技术的创新空间很大，科技公司在保险行业有无限发展潜力。

Insurtech 重塑保险

《中国保险报》：Insurtech 一词来源于美国，目前在美国发展很快，您认为在中国市场是否有发展空间？您认为保险科技的魅力在哪里？

张磊：在美国，多数互联网保险公司都是以科技公司的身份出现，因为受制于牌照，所以以科技切入来服务保险公司，以此触及保险领域。

2016 年 9 月，我去美国考察学习美国的保险创业方向。在美国硅谷和华尔街人们称互联网保险公司为 Insurtech，硅谷的孵化器单独将 Insurtech 拿出来作为一个最主要的孵化方向。Insurtech 和 Fintech 是并列的。在美国，一年的时间大概有 1000 个 Insurance Technology 的创意和项目。AIG 是美国最大的保险公司，他们的首席经济学家认为，在未来的车险领域，第一，创新方向是像我们现在做的电子分发和渠道。第二，是可依照用户使用量进行保险计费，就是你用多少就付多少的钱，就像手机话费一样，你打 100 分钟的电话就付 100 分钟的钱。我们现在也在做这方面的尝试。

我觉得 Insurtech 解决了保险行业很多很重要的问题。以前的保险是一个传统意义上的，不管是人身险，还是车险，其实老百姓不是很主动的购买，甚至不愿意去买。而通过技术，第一，可以拉近保险产品与用户之间的距离，依据场景按需投保。第二，定价机制的改变。以前的定价机制根据过往或者十年的数据定价，没有让消费者参与到这个过程中，而现在甚至车险的报价都可以根据当时这个用户、这辆车真实的使用量来报价。第三，让用户在场景中参与进来，而不是直接把产品摊派给用户。

所以，Insurance Technology 是对保险行业的重塑：一是用户体验，电子渠道化必定是趋势；二是定价机制发生了变化，依托大数据和互联网进行实时定价；三是产品更多样化，未来可以实现按需保险，为每一个人提供一套保障方案。这三方面就是 Insurance Technology 可以改变当前保险行业的地方以及魅力所在。

车车作为一家保险科技公司，做的是基于技术连接使用场景和保险承保人的服务。我们实际上并不是在颠覆传统保险，而是帮助保险公司利用数字化的方式，连接其现有的以及未来潜在的用户，从而让保险公司的产品更加符合用户的需求，降低获客成本。未来，单一的保险产品可能会消失，取而代之的是综合的风险保障方案，而且很可能人工智能就能解决这些问题，而不需要人来做。

基于我们的实践来判断，Insurtech 有可能像互联网金融一样产生一个爆发的市场，Insurtech 将成为保险业的下一个风口。

四、投资人

互联网保险"爆发"的三个前提

——专访曲速资本创始合伙人杨轩

从 2015 年开始，保险公司内部，或者保险整个价值产业链和保险产品的生态产业链发生了比较大的变化。原来保险公司大部分的点集中在销售层面上，对于内部的利益分配，或者原来包括基本法之类很多事情的突破还是比较难突破。相比之下，互联网公司用了股权激励、员工激励，以及一些比较快速的方法引进了互联网人才，这一块让整个保险生态圈变得比较有意思。另外，从 2015 年底开始，很多传统的保险公司参与到互联网保险来做一些事情。2016 年 8 月 4 日，在华兴资本逐鹿 X 平台举办的互联网保险论坛上，曲速资本创始合伙人杨轩表示，目前互联网保险正处于爆发前夜，同时他对互联网保险下一步的发展做了预测。

互联网保险爆发的三个因素

杨轩认为，不管是提升效率或者是做其他的改进，互联网保险的爆发主要基于三点：第一，模式的创新。一个行业不管是效率提升，还是成本降低，必然会有一些新的模式创新。第二，资本的助力。资本的助力在这个地方稍微夸张一点其实就是泡沫，只有当一个行业存在一定泡沫的时候才有更多的人会进来，更多的公司贡献更多的力量。很多公司肯定会死掉，但是会留下来很多更强的公司。第三，标杆企业的崛起。一个行业中如果有标杆企业把一些模式给跑通，把一些行业中比较好的人才聚集起来，这样可以形成行业中的标杆作用。在他看来，这三个因素的构成，互联网爆发就成立了。

具体来看，模式的创新，我们把原来保险公司的价值链和产业链做了划分，这个可能不是非常严谨，还是存在一些小的问题。但是大面上可以说明很多问题，比如原来保险公司的价值链从产品开发、营销、核保、承保、客服、理赔、再保、投资，到最后增值的整个过程。产业链包括像投保人、渠道入口、投保流程、产品设计与定价，这两块我们觉得核心逻辑还是利用互联网降低成本、提高效率。互联网对于保险行业逻辑也是一样的。这里面像产品开发、营销两个环节，产品开发跟营销两个环节会是比较大的切入点。像核保、理赔的点，我们觉得难度会稍微大一些，如果真的可以把核保、理赔环节的问题给解决掉，对整个产业带来的改变也会是非常巨大的。

互联网保险的主流模式

杨轩介绍，目前互联网保险可以看到几个主流模式，大概分成三个层面，分别是产品层面、营销层面、服务层面。

产品层面包括以下四个方面，第一是创意型保险，大家在报纸、网络上宣传的，像前段时间北京下暴雨，有公司推出了暴雨险。这种就是抓热点或者抓眼球，然后推一些产品，让大家做一些时间点上的营销。第二是相互保险加互助计划。第三是优选、定制、改进保险公司原有产品，这一块是目前比较多的公司在做的一个事情。第四是基于数据的产品定价。

服务层面相当于保单管理和 To B 的服务。这里的 B 可以是大 B，也可以是小 B，大 B 可以是代理公司、经纪公司或者是兼业公司，小 B 是一些代理人或兼业代理人，或者是兼职代理人。

营销层面的切入分为渠道跟代理人，渠道方面像一些第三方平台。第三方销售平台，这里面包括慧择网、中民网、新一站、向日葵网站等。兼业代理平台以渠道为主，像场景兼业的话基本上垄断在流量比较强的几个玩家手里，像携程网、去哪儿网等，航空意外险体量比较大，整个利润空间也比较好，其他人要切入也比较难。流量兼业像淘宝、京东大家做了很多，利用自己的品牌优势、流量优势做了保险的优势，这一些也比较强。像淘宝基本上占到退货运费险比较大的比例。

代理人升级包括培训和工具，代理人愿意为自己的培训或者是一些工具花钱。

互联网车险创业被看好

互联网保险创业项目投资情况基本上有几个特点，比如从 2015 年开始整个融资的情况就一下子多起来了，2016 年的几个月基本上是 2015 年的一半，预计会超过 2015 年。

杨轩比较看好未来互联网车险项目的创业，原因在于，车险的主体比较多，但是垄断度还是比较高，行业竞争也非常激烈。2016 年 3~6 月进行的改革，从几个城市的试点，到现在基本上覆盖了全国，对整个车险的影响还是比较大的。车险的互联网模式也分为大概五个方面，包括销售渠道、用户体验、产品设计、代理人 / 渠道以及理赔。大部分的模式都还在探索，包括像比较新的 UBI、维修 O2O 和协助理赔的创新，在这些方面也在做积极创新。在这么大的单一险种中机会还是多的，原来的效率比较低，能改进的地方会比较多一些。

互联网对保险还是有积极意义的，原来传统意义上理解的保险其实大家对保险的体验或者是接受的服务是比较差的。将来不管是互联网对于 P2P，还是互联网对于其他行业的意义，杨轩认为还是会给保险带来积极的意义，比如给保险正名、更好地满足用户需求、积累数据、降低成本、提高效率等。

资本眼中的互联网医疗

——专访重山资本创始合伙人孙超

随着互联网的迅猛发展，传统医疗遇上了互联网，新的医疗模式——医生集团出现了。随着"医生集团"雨后春笋般的宣布成立，让医疗圈的投资热情显得异常火热。在2016·NETmed "互联网＋医"健康创新论坛上，《中国保险报》记者采访了重山资本创始合伙人孙超，在他看来，医生集团是未来互联网医疗市场的趋势。

后期投资者更看重盈利空间

《中国保险报》：现在很多的移动互联网医疗创业企业存在一个获客的阶段，他们能否持续获得资金流？投资人除了看数据方面外，还会看哪些方面？

孙超：因为现在互联网医疗很多都是走到了B轮和C轮，C轮投资者通常是看报表、模型、数据的。早期的投资者基本上看人、看市场、看模型，但是他没有一定的流量，因为后期的投资者都是PE（私募股权投资），如果说你没有更大的盈利，从资本运作来看，上市公司收购他也没有意义，因为没有利润。互联网医疗的冬天为什么现在有人喊出来，这就是一个原因。如果说要转型，比如曾经是一个流量很大的公司突然进入了垂直领域，可是他发现原来在垂直领域已经有更大的投资，后期的投资人不会从这个观点上判断他的转型会成功，所以目前很多融资都遇到了一些尴尬，比如在线下建立自己的品牌，但是这些品牌的诊所能不能跟原先的一些品牌诊所去PK呢？这个就是越到后期投资人越需要思考的问题。

《中国保险报》：现在互联网医疗方面的投资比较热，现在的泡沫化现象有多高？而且投资人是不是处于理性投资的阶段？

孙超：目前很多一线基金都在做投后管理，包括2016年你会发现一个奇怪的现象，很多一线基金会拿自己投的100多个项目参加会议，帮助他的投资企业进行融资，所以这就是整个互联网医疗市场的情况。当然每一波都有每一波的胜者，每一波都有每一波的淘汰。就像上门洗车、上门按摩、上门送饭等，目前也都遇到了尴尬。原先因为专项的医疗基金在中国比较少，都是互联网人投医疗，所以医疗这块市场现在随着大形势的发展会越来越受到重视。

慢病险市场大有可为

《中国保险报》：现在移动医疗发展得很快，消费者也能够接受互联网医疗这种形式，比如网上挂号、网上选专家等，而医院方面，也愿意和保险公司合作，比如推出一些险种，如挂号险，针对挂不上号的一种心理补偿。你是否看好未来的"互联网＋医疗＋保险"市场？

孙超：这个市场非常好，我们也投资了一家做健康险的公司，现在所有的创业投资（VC）、私募股权投资（PE）也好，都在健康险领域下了单，包括一些看病的众筹平台，实际来说因为中国的患者在住院以后第二次的手术，包括慢病的险种、管理，原先是没有人管的，所以未来的慢病险市场大有可为。但是这些险种需要跟大型的医生集团的专家配合，因为再优秀的精算师没有专业的医师配合，这方面的险种开发也是很难的。

《中国保险报》：现在互联网保险创业公司很多，您是否看好未来互联网保险发展？

孙超：互联网保险公司如果谈一些模式，而没有真正的险种，包括开发的产品、保单都没有，那就没有什么意义。我比较看好定制这种模式，因为可以根据患者的需求定制相应的产品，是能够解决痛点的。另外，我觉得未来医疗预防这块市场有发展潜力，从体检端开始越来越注重预防，而不是你得了病去看。比如有很多脊椎有问题的病人，有一些辅助的康复设备，比较受欢迎。所以，现在中国康复市场是呈上升曲线的，我们2016年也会在康复领域寻找优秀的标的，包括康复机械，康复相关的一些服务。

医生集团是趋势

《中国保险报》：未来医生集团模式比较受市场欢迎，您怎么看？如何筛选医生进来呢？

孙超：未来医生集团一定是趋势。实际来说，中国主流的医生集团医师我们认为应该是在40~50岁，具有高级职称，在这个行业中有一定的影响力的，让相关的医生加入把自己原有的一些多点执业的医院变成线下托管，逐渐建立自己的线下的一些体验店、实体店实现这些医生自己的梦想。

而对于医生集团的受众，是一些中高端的人群，有一定的看病需求，有一定的中高等收入，所以，医生集团一般是由患转医的说法。随着人们财富的增加，生活水平的不断改善，患转医的形式也就是现在你得了一个什么样的病，一定是要找到知名医院的知名专家，这就是医生集团未来走到线下的一个根本。还有一种，就是外地的患者他不需要来到首都或者是大城市，直接就由医生集团派出专业的医生到地方上的医院里直接手术，避免了患者车马劳顿、托人情、找熟人，所以这才是未来国家做分级诊疗的根本。当有一天医生集团崛起的时候，我觉得就是中国医改逐步走向成功的开始。

技术驱动型创业公司更具"魅力"

——专访深圳松禾远望资本管理有限公司合伙人田鸿飞

2016年，严格监管下的中国互联网金融不约而同的改名为Fintech，互联网金融的形象顿时显得高大上。业内人士认为，互联网保险行业就像2013年的互联网金融行业一样，开始走上发展之路。

互联网保险到底热不热

相对于创投行业，互联网方面的创业公司数目和风险投资额都增加很多。但是对于消费者，除了万能险和不断创新的场景方面的保险，消费者似乎并没有感觉到保险行业的热度。消费者更多作为局外人看到保险公司不断利用险资大额收购。

那么，互联网保险的创业机会在哪里？深圳松禾远望资本管理有限公司合伙人田鸿飞认为，国家鼓励保险创新的主要逻辑基础是社保资金不足以及低收入人群保险不足的社会风险，中国人均保单以及保险密度低于同等收入水平的国家，说明市场空间巨大。另外，保险行业存在明显的行业痛点，包括保险条款复杂难以理解，重营销，轻服务等。

他认为，如同Fintech的创业机会主要来自政策变化，保险行业的主要创业机会也是由政策推动的。比如，2016年车险费率改革的全面实行，产生了UBI车险，分时租赁保险的创业机会；独立个人代理人制度的推行，造成了代理人升级的创业机会；利用税收优惠鼓励商业保险的发展，鼓励保险公司承接社保。不过现在税收优惠幅度很小，影响很小。

作为风险投资人，在田鸿飞看来，更希望看到的是更有颠覆性的技术驱动的互联网保险的创新企业。机会主要体现在大数据驱动的保险产品设计，物联网和保险的结合、基于区块链的保险以及人工智能和保险的结合。

关于互联网保险未来几个预测

身为投资人，田鸿飞看好未来互联网保险的发展前景。他认为，未来互联网保险有以下八个趋势：

（1）细化风险定价，降低道德风险。进一步细化风险定价，包括UBI、智能手环等运动设备和智能血糖仪等智能医疗设备，会降低购买保险后的道德风险。难点在于如何消除客户被监视的心理障碍。对于UBI，尽管由于车险费率改革和智能设备的普及迎来了UBI创业的高潮，但是即将到来的无人车的普及给UBI的前景带来了可以看得到的市场空间。

（2）渠道管理、理赔等效率的提高。除了IoT，移动互联网对保险的影响更多体现在渠道管理和理赔等提高效率环节。国内这样的创业公司大多数围绕着车险展业和理赔。

（3）个人和团体健康、慢性病管理为重要竞争领域。个人和团体健康管理以及慢性病管理将会成为传统保险公司和新兴互联网保险经纪公司的重要竞争领域。国外这个领域的创业者增长很快。在中国，由于社保的强势地位，以及医院和消费者长期合作一起骗取社保，间接造成中国的商业健康保险长期亏损，这个领域的创业者从2015年出现一些。

（4）碎片化保险的升级。场景化和碎片化的保险现在作为主要的营销手段，以后效果会不断降低。但是更有革命性的碎片化保险会出现，比如按照行驶里程付费的UBI，或者分时租赁汽车保险。

（5）无人驾驶将颠覆汽车保险。由于无人驾驶的出现，现在占据70%财产险市场的汽车保险市场将会完全消失。汽车行驶风险仍然存在，不过因为作为无人驾驶的操作系统供应商，Google等为数不多的无人车操作系统公司进行自保或分保就可以了。

（6）保险销售环节的机会将主要体现在独立代理人领域。寿险领域将会出现一批面向独立代理人的Saas公司。代理人只要输入客户信息，就可以拿到个性化的保险方案，后续还可以在系统中完成投保，保单管理以及理赔。这不仅提升了代理人的展业效率和专业度，客观上也降低了对代理人专业知识的要求。但由于保险产品的复杂性，客户需求的多样性，这类公司将会面临技术上巨大的挑战。

（7）智能需求分析、导购、保单管理会的兴起。就像 Fintech 中火爆的智能投顾，个性化的智能保险需求分析，导购以及保单管理会兴起。最近一个月在国外出现了一些这方面的创业公司。由于中国人均保单非常少，所以这个领域的创业机会有些早。

（8）区块链的存证应用。相对于借贷关系，保险就是远期风险对冲合约，区块链在保险领域的应用主要体现在存证，相对于区块链在金融领域的应用更多体现在数字资产登记确权和交易，区块链在保险领域的应用更简单直接。但是存证在保险行业是弱需求，所以区块链在这方面的创业机会仍待聪明的创业者发现。

满足新刚需才是创业的正确姿势

——专访华兴资本逐鹿X负责人刘峰

互联网金融正热，内容创业在不断摸索，技术革新似乎也在引领创业新方向，在看似纷杂的众行业中，到底哪些领域值得创业者为之贡献时间和热忱？华兴资本逐鹿X负责人刘峰给出了他的答案。

"互联网＋行业改造"：Saas解决方案将释放洪荒之力

相关数据显示，在美国，企业服务（To B）领军公司Oracle、SAP、Salesforce市值总和约3500亿美元。To B的企业和To C（针对消费者市场）的企业比例接近2：3，市值也相差无几。而在目前的中国，To B企业鲜有做大的案例。数据的对比差异揭示了中国企业服务市场存在的机会。而在这一片蓝海中，刘峰看中的则是行业性的Saas解决方案的发展。

"越来越多的传统行业已经开始进行互联网化的改造，急需一个更加符合相关行业领域从业者使用习惯的支持性使用工具，这就产生了行业性的Saas解决方案。中国目前还有这么多传统行业等待或正在进行互联网化，而在传统模式运作下，人力成本较高，我觉得这可能是一个比较大的风口。"刘峰认为，在众多互联网化的行业中找到一个垂直的领域，把Saas的产品打磨好，满足用户需求，并且使这些用户愿意为其付费，就是一个机遇。

供应链升级：将消费升级从趋势落到现实

消费是利用社会产品来满足人们各种需要的过程，而当人均GDP达到一定程度之后，消费的意义就不仅仅是满足基本使用的需求，更多的是满足心理需求，追求品质变成了一种趋势。而消费行为却不可逆，"你用惯了好的东西，很难go back。"在刘峰看来，消费升级蕴含的机遇不言而喻。

消费升级不是奢侈品，而是大众人群对好生活的追求。"消费升级不仅仅是指设计得好，而是做得好，是品质的体现。日本和德国不讲消费升级，是因为他们本身做得东西已经很好了。"刘峰认为，品质的实现并不是单纯指设计的精美，支撑消费升级的本质是供应链的升级。"就好比苹果手机，没有富士康这种系统化的、机器人作业的工厂，没有这样的规模和技术是不行的。而中国的供应链是稀缺的，原有的、传统的供应链是无法支持高品质的产品的生产制造，因稀缺而创造出价值，或许又是一个新的创业机会。"

人工智能60周年：科技革命创造价值

或许在50年前，人们根本无法想象用面部影像开门、用指纹打开手机、遇到麻烦24小时有"人"帮助解决这类情形，然而从1956年人工智能概念提出发展至今天，已经将其实现，而它自身也从过去的定位机器代替人力、降低成本发展到今天的大数据分析等更深入、更高端的层次。"人工智能由制造业、生产行业提高到研发层面，它的飞跃绝不仅仅是停留代替重复劳动模式上，接下来的发展应该属于决策层面，目前的智能家居、智能汽车、机器人已有所体现，而今后也会越来越多。"

硬件与环保：解决刚需才是硬道理

从大疆无人机引爆消费级无人机市场，到雾霾笼罩中国大都市，看似情形完全不同的两个领域，在刘峰看来却同样代表了机遇。"硬件供应链问题的发展与提升，促成了大疆无人机的诞生，硬件升级和技术革新带来的是存在的颠覆与虚无的实现。从乐观层面看，在硬件发展的领域，有大疆的成功，有载人飞行器的出现，之后也必然能产生更多颠覆性的东西。"

与硬件技术升级已经体现出的正面价值不同，糟糕的气候似乎更像用一种极其迫切、亟待解决的姿态推动着环保领域的发展。"人们不可能一直被动牺牲生活质量，而一旦出现具有意义且颇具可行性的环保项目出现，也必定能够吸引投资人的眼球"。道理很简单：需求在，机遇就在，价值也必会随之而来。

在他看来，一个创业公司或项目能不能吸引投资人，最重要的是看它是否具有核心竞争力，而核心竞争力的体现或是创业者自带成功必要因素（如固有资源、产品等方面），或是技术革新，而绝非没有壁垒的商业模式创新。在资本寒冬，创业者想燃起希望之火，还需磨炼独到眼光，在紧追风口的同时，打造出好产品做基本支撑，才能等到春天。

第四部分　专题篇

一、融资

资本热浪席卷互联网保险

中国互联网保险兴起于 2011 年底，2012—2015 年实现爆发式发展，期间保费规模增长 69 倍。根据曲速资本《2016 中国互联网保险行业研究报告》数据，目前互联网保险创业公司已经超过 100 家。互联网保险，这个万亿市场的投融资状况，究竟如何能够吸引众多创业者和投资人投身到这个行业？

根据行业公开信息，《中国保险报》联手互联网保险垂直门户"互联网保观"整理了近 5 年来互联网保险行业具有代表性的投融资数据，同时对该行业投融资现状作出了分析，得出以下主要结论：第一，2015 年互联网保险井喷，2016 年势头延续；第二，大额融资增多，融资阶段往后期偏移；第三，获投公司集中在北京、上海；第四，创业切入点多样，各机构关注点分散。2012—2016 年互联网保险市场融资情况见表 4-1。

表 4-1　2012—2016 年互联网保险市场融资情况

所属模式	项目名称	融资信息	融资时间	融资金融	投资机构
第三方销售平台	慧择网	A 轮	2015 年 2 月	1000 万美金	赛富基金
		B 轮	2016 年 3 月	2 亿元人民币	万融资本、创东方、考拉基金
		B 轮（追加）	2016 年 8 月	近亿元人民币	达晨创投
	大家保	A 轮	2013 年 9 月	数千万美元	启明创投
		B 轮	2014 年 12 月	未透露	黑马基金
	向日葵保险	天使轮	2012 年 3 月	数百万元人民币	德迅投资

续表

所属模式	项目名称	融资信息	融资时间	融资金融	投资机构
互联网经济衍生新险种	众安保险	A 轮	2015 年 6 月	9.34 亿美元	摩根士丹利、鼎晖投资、赛富基金
	悟空保	天使轮	2015 年 10 月	1500 万元人民币	梅花创投、青山资本、唱吧
		Pre-A	2016 年 5 月	1 亿元人民币	凤凰祥瑞资本、风云资本
	海绵保	A 轮	2016 年 9 月	数千万元人民币	海尔资本
	订单保	天使轮	2014 年 3 月	数百万元人民币	真格基金
第三方比价平台/车险	喂小保	天使轮	2014 年 9 月	数百万元人民币	未透露
		A 轮	2015 年 5 月	1000 万美元	分享投资
		新三板	2015 年 8 月	N/A	N/A
	OK 车险	天使轮	2014 年 10 月	500 万元人民币	IDG 资本、云启创投
		A 轮	2015 年 9 月	数千万元人民币	艾想投资、云启创投
		A 轮	2016 年 7 月	8000 万元人民币	京东、艾想、IDG、云启
	车车车险	A 轮	2015 年 7 月	1 亿元人民币	汇财私人资本
	最惠保	A 轮	2015 年 6 月	数百万美元	未透露
		A+ 轮	2016 年 6 月	8600 万元人民币	亚夏汽车
	易保险	A 轮	2015 年 4 月	5000 万元人民币	新浪
	车爱保	天使轮	2015 年 12 月	数百万元人民币	德沃基金、梅花天使创投、小饭桌
	白鸽宝	天使轮	2016 年 3 月	千万元人民币	未透露
	车险无忧	天使轮	2014 年 4 月	数百万元人民币	真格基金
		A 轮	2015 年 9 月	3000 万元人民币	通鼎互联
定制优化保险产品	大特保	天使轮	2014 年 8 月	数百万元人民币	险峰华兴、德沃基金
		A 轮	2015 年 7 月	1.8 亿元人民币	联创策源、中国平安、复星昆仲
		B 轮	2016 年 3 月	2000 万美元	联创策源、开发金控、复星昆仲

所属模式	项目名称	融资信息	融资时间	融资金融	投资机构
定制优化保险产品	大特保	B+ 轮	2016 年 7 月	数千万美元	中华开发、复星昆仲
	小雨伞保险	天使轮	2015 年 2 月	数百万元人民币	信天创投
		A 轮	2015 年 12 月	数千万元人民币	信天创投、红杉资本
	意时网	天使轮	2014 年 3 月	2400 万元人民币	力鼎资本、国泰君安
		A 轮	2015 年 1 月	5 亿元人民币	力鼎资本、同创伟业
	人人保险	天使轮	2015 年 3 月	数百万元人民币	陶石资本
To B 服务	保险极客	天使轮	2015 年 7 月	数百万元人民币	和才基金
		A 轮	2016 年 3 月	数千万元人民币	复星昆仲、联想之星、博思投资
	豆包网	天使轮	2015 年 9 月	数百万元人民币	汇财私人资本、首业君京投资
	脉保	天使轮	2015 年 12 月	数百万元人民币	PreAngel
	聚保盆	天使轮	2016 年 7 月	数百万元人民币	君联资本
第三方保险服务平台	腾保保险	Pre-A	2016 年 5 月	千万元人民币	盛山资本、治平资本、All in 资本
	众利保	天使轮	2016 年 8 月	千万元人民币	鼎祁资本
保单管理	保险袋袋	天使轮	2015 年 8 月	千万元人民币	曲速资本、阿里十八罗汉
		Pre-A 轮	2016 年 6 月	千万元人民币	界石资本
	行家保险	A 轮	2015 年 1 月	千万元人民币	盛大资本
保险理赔	和金在线	A 轮	2015 年 10 月	600 万美元	红点投资
		A+ 轮	2016 年 2 月	数百万美元	红点投资、晨兴资本
	赔付宝	Pre-A 轮	2015 年 4 月	1000 万元人民币	未透露
代理人工具	超级圆桌	天使轮	2015 年 9 月	千万元人民币	曲速资本

续表

所属模式	项目名称	融资信息	融资时间	融资金融	投资机构
其他	爱齿计划	天使轮	2015 年 8 月	数百万元人民币	德沃基金
	医加壹	大使轮	2015 年 9 月	数百万元人民币	景林投资
		A 轮	2015 年 7 月	6000 万元人民币	德沃基金、险峰华兴

表 4-1 数据根据曲速资本《2016 中国互联网保险行业研究报告》、36 氪、IT 桔子等公开信息整理。由《中国保险报》与互联网保险垂直门户"互联网保观"联合发布（本表中的融资时间以媒体曝光时间为准）。

2015 年互联网保险井喷

根据公开融资数据显示，2012 年至 2016 年 8 月，共发生 51 起融资事件。其中，2015 年增长明显，共有 26 起互联网保险投资事件，相比 2014 年增长了 225%。而截至 2016 年 8 月底，13 家互联网保险创企共发生 15 起融资事件，其中慧择、大特保均完成亿级 B 轮融资。

从融资数量看，2015 年可谓是互联网保险爆发的元年，得益于互联网生态的发展、保险行业的良好前景以及政策的大力支持，资本和创业者纷纷进入，而这种良好的势头也延续到了 2016 年。按照 8 月底的数据推测，2016 年的融资数量有望超越 2015 年。

互联网保险的高速发展，使得各路资本纷纷觊觎这块蛋糕，作为创业者也是铆足了劲，纷纷投身互联网保险创业浪潮中。据公开资料显示，仅 2015 年，就有超过 30 家上市公司发布公告，宣布发起成立互联网保险公司。进入 2016 年，除了上市公司外，互联网巨头也依托自身的场景化和大数据优势纷纷切入互联网保险领域。

保险行业人士认为，互联网保险的发展到了拐点，目前市场模式已经成型，接下来就是经历市场考验的阶段了。大浪淘沙，很可能会淘汰一批人，能活下来并且有持续利润增长的企业将在市场上占有一席之地。

大额融资增多且往后期偏移

数据显示，2014年7起融资案例中（大家保B轮融资金额未透露，不计入）有6起融资均为百万级别；2015年26起案例中（喂小保新三板上市，不计入），千万级融资共14起，还出现了4起亿级融资。从以上数据看，无论是融资数量还是融资金额，2015年互联网保险都实现了爆发。而截至2016年8月底的数据，可以总结出大额融资数量在明显增加，亿级融资数量已和2015年持平。

在融资阶段方面，2015年和2016年有较大差异。2016年互联网保险创企的融资阶段明显朝中后期偏移，早期阶段公司比重开始减少。究其原因，曲速资本研究团队认为：一方面是细分领域的先行公司进行大额融资试图建立壁垒，同时也致使天使轮早期项目融资更加困难；另一方面可以看出互联网保险行业已经成为中后期投资机构的投资标的，每个细分赛道都开始有大机构进入布局，也暗示对于新玩家来说，除非团队具有较强的背景或者选择的赛道足够吸引人，否则将很难获得资本的青睐。

获投公司集中在北上深

根据《2016中国互联网保险行业研究报告》统计，2012—2016年，共有32家互联网保险创企获得投资，其中北京数量最多，13家创企获投，上海11家位居第二，两者合计占比达到76%，深圳3家，占比为9%。由此可见，互联网保险创企区域差异较为明显。

行业人士分析认为，这跟传统保险行业的区域性差异相关。根据中保网的数据显示，在保险密度和保险深度方面，北京均位居第一，而上海则位列第二，两城市保险业的发达程度较高（多数中资、外资保险公司的总部都位于上海、北京），加上两个城市较高的互联网化水平和人才储备，都为互联网保险行业创新创业提供了良好的"土壤"。

为何获投公司主要集中在北京？行业人士分析认为，北京高校林立，创业公司遍布，资本泡沫泛滥，甚至有人夸张地说，如果你拿着电脑去车库咖啡座坐一会儿，就会有投资者来问你要不要投资。从资本、人才角度，北京、上海、深圳资源都比较集中，互联网资本活跃度也比较高。

互联网保险切入模式多样而分散

从获投互联网保险公司模式分布来看，最受资本青睐的是车险比价平台模式，融资数量达到 8 起，位居互联网保险发展模式首位。据公开资料显示，新兴的专业车险比价网站集中诞生于 2014 年前后，与传统的保险中介网络平台相比，这些网站有着更加鲜明的互联网印记。例如，网站背景多为互联网科技公司而非保险中介公司；注重于互联网技术、大数据等新兴技术的应用。目前引起行业一定关注的比价网站主要有 OK 车险与最惠保。

虽说比价网站曾被保险公司指责"唯价格导向"，但在目前车险产品同质化的大背景下，价格成为影响车险消费的最重要因素已是不争的事实。尤其是商车费改后，一方面不同保险公司的产品价格差将逐步拉大，另一方面车险产品将趋向细分和差异化，车险比价符合客户的需求和利益，未来有望形成一种消费模式和习惯。

另外，像互联网经济衍生险种、定制优化保险产品、TOB 服务等互联网保险发展模式也受到资本较高的关注，相对应的创企如悟空保、大特保、小雨伞、保险极客等。

总体来说，互联网保险获投类型较为分散，其他模式获投情况无明显差异，也侧面说明了互联网保险领域的创新切入点、可作为的领域还是比较多的。关注互联网保险行业的曲速资本创始合伙人杨轩表示，"互联网保险行业可改进的地方太多了，用户不满意的地方也太多了，但是反过来说，有机会以及可以创新的事情也太多了。"

57 家机构投资互联网保险

据统计，近 5 年共有 57 家投资机构参与了互联网保险投资，投资笔数较多的有云启创投、德沃基金、复星昆仲、信天创投、曲速资本等。而德沃基金参与投资最多，在 2014 年投了大特保天使轮，2015 年参与投资车爱保、爱齿计划、医加壹；曲速资本近期也特别关注互联网保险领域，2015 年投资了 3 家互联网保险创企，分别是保险袋袋、全民保镖和超级圆桌。

　　2015 年 7 月初，众安保险获得 9.34 亿美元融资，估值将达 80 亿美元，投资方包括摩根士丹利、中国国际金融有限公司、鼎晖投资、凯思博投资和赛富合伙人有限公司，成为互联网保险行业融资金额最高的公司。有机构预测，2017 年众安保险可启动上市计划，预计到 2019 年第一季度市场对于众安保险的估值将达到 2000 亿 ~3350 亿元。

　　2015 年 8 月，杭州灵犀金融在北京敲钟，成为登陆新三板的互联网保险第一股。灵犀金融于 2014 年 9 月完成天使轮融资，2015 年 5 月对外宣称获得由深圳分享领投的千万美元 A 轮融资，公司估值近亿美元。目前灵犀金融仅有两款产品：专注于互联网车险的"喂小保"和专注于互联网保险解决方案的"灵犀电商"。据灵犀金融官方公布的数据显示，2014 年灵犀金融所服务的客户完成保单 10 万份，销售超 6 亿元。

资本品味互联网保险

当下，尽管资本市场遭遇寒冬，但投资人普遍看好保险业的发展潜力和市场空间，这也是资本竞相追逐保险业的根本原因。互联网保险重塑了传统保险业形象，使得保险变得更加亲民、接地气。一大批有抱负的创业者更是纷纷投入互联网保险的创业潮中，一时间，互联网保险成为炙手可热的行业。通过与参与大额投资的投资人交流，进而窥探互联网保险热的缘由。

复星昆仲资本合伙人杨绍东：希望团队同时具备两种基因

个人看好互联网保险的原因：首先，长期看好中国保险市场增长。中国是全球最重要的新兴保险市场，过去几年一直保持高速增长，2015年保费收入突破2.43万亿元，同比增长20.02%；但整个行业目前仍处于发展初期阶段，保险深度和密度等指标还不到世界平均水平，远低于发达国家，未来几年仍将保持快速增长的势头。其次，互联网保险的整体渗透率还不高。虽然过去几年互联网保险的渗透率在迅速上升，但是相较于互联网对零售银行、支付、理财的渗透，互联网保险的渗透占比依然不高。并且从结构上看，真正具备创新性的互联网保险产品的占比非常低，目前绝大多数依然是线上成交的传统保险产品。最后，传统保险市场痛点多、价值链长，存在互联网深度改造的机会。目前互联网保险2000多亿元的市场规模中，绝大多数还只是从渠道转到线上的而已，很多行业痛点并未得到解决，未来的趋势是互联网改造会深入到整个保险价值链，不排除出现价值链细分甚至重新分配的可能。

目前资本圈里谈论的所谓的资本寒冬，其实是去浮躁的一个过程。前两年二级市场好的时候，大量资金涌入，很多非专业化的VC基金成立，市场上钱多了，估值普遍上涨，目前很多热钱退场，投资情绪偏谨慎，估值回调，这是一个行业向更成熟阶段发展的必经之路。

市场的变化是客观存在的，可是再冷的市场也会有项目拿到融资，投资人核心看的还是商业模式和行业前景。一方面，市场回归理性的时候，VC会更关注创业公司是否有明确的变现模式、什么时候现金流能打平，而对于需要持续大量烧钱的项目会变得非常谨慎；另一方面，对于一些新发展起来的行业，自然会得到更多的资本关注，比如互联网保险这个领域，过去的一年发展很快，不少创业公司成立，很多基金也开始关注这个市场。

复星昆仲的投资原则是寻找所关注的产业方向中"第一"或者"唯一"的最优秀创业者。在投互联网保险公司的时候，除了一些常规维度的评估外，我们会更加关注产品竞争力，以及团队的互联网和保险基因。保险行业本身是个高门槛行业，受到的监管也是各类金融机构中最严格的，所以想在这个领域中作出真正有价值的创新是很难的，我们希望投资的创业公司是可以运用互联网手段对整个业务链条做深度改造的，形成真正有竞争力的产品。此外，鉴于保险行业高壁垒和强监管，我们希望投资的团队是跨界的，同时具备非常强的保险基因和互联网基因，而事实上这类的优秀团队是不多的。

互联网保险发展领域，个人比较看好三类：一是健康险。这是真正的保障类产品，存在刚需；起点低，高增长，潜力大；可以与医疗服务打通，产生更大价值。二是车险。这个市场存量大、渠道占比太高、定价不精准、服务差痛点多。三是新的互联网生态保险。互联网内涵丰富，高速发展也带来很多新的风险，这些风险很多都可以与保险结合来解决，更好地提升用户体验，未来存在比较大的发展潜力。互联网保险发展具体模式方面，比较看好基于互联网和大数据深入改造到保险的各个业务环节，在一定程度上可以重塑保险价值链的公司。

对于下一步互联网保险未来发展趋势，我认为有以下几个方向：第一，从阶段上，互联网保险刚刚起步，未来发展空间非常巨大，还会有更多的创业公司进入，长期看好。第二，从深度上，互联网和保险两者结合度总体还比较浅，尚未真正发生化学变化，未来结合度会逐步上升，真正发挥互联网及数据对保险价值提升。

曲速资本创始合伙人杨轩：互联网保险处于爆发前夜

互联网保险从 2015 年底开始如火如荼地发展，行业发展迅猛，资本也频繁出手，全球互联网保险领域都处于一个高速发展的阶段。

我认为，目前互联网保险处于爆发前夜，我们先不说会不会爆发，毕竟这个行业一定会被互联网化。如果爆发的话，大概有以下三个基础：第一，模式创新。一个行业不管是效率提升，还是成本降低，必然会有一些新的模式创新。第二，资本助力。资本的助力稍微夸张一点说其实就是泡沫，只有当一个行业存在一定泡沫的时候才有更多的人会进来，更多的公司来贡献更多的力量。很多公司一定会被淘汰，但是会留下来很多更强的公司。第三，标杆企业的崛起。一个行业中如果有标杆企业把一些模式给跑通，把一些行业中比较好的人才聚集起来，就可以形成行业中的标杆作用。这三个因素的构成，我觉得互联网爆发就成立了。

目前来讲，互联网保险可以看到的几个主流模式是产品层面、营销层面、服务层面。

产品层面可以分为四个比较大的点：第一，创新型保险。这个产品在以前可能没有出现过，或者在原来产品的基础上把主险或附加险拿出来做一些包装，或者是做一些新的元素融进去。第二，相互保险。第三，优选、定制、改进保险公司原有产品。互联网经济衍生出来的创新险种。比如众安保险的退货运费险，以及像海绵保做的O2O相关的险种。这些险种在以前没有，是在互联网安全、O2O中新出现行业的险种。第四，基于数据的产品定价。一方面，这里比较多的是跟一些特定的疾病相关的，比如糖尿病；另一方面，是跟车险相关。因为这两块对数据会有比较大的需求。

营销层面的切入分为渠道跟代理人。渠道方面像第三方比价平台，对多个保险公司的产品消费者能够做一个选择。第三方销售平台，如慧择、中民、新一站、向日葵等。兼业代理平台以渠道为主，如携程、去哪儿等。流量兼业平台如淘宝、京东，利用自己的品牌优势、流量优势做了保险的优势。

服务层面，代理人升级包括培训和工具。代理人群体比较有意思，他们愿意为自己的培训或者是一些工具花钱。

对于未来互联网保险的发展趋势，我认为，第一，像保险公司集中度下降，但是车险会集中上升，互联网保险渗透率提高就非常明显了；第二，产销分离、代理人升级、保险产品的升级，这几块是连在一起的，有很大潜在机会；第三，渠道入口将进一步向场景化方向发展，很多公司也会选择用比较好的模式跟金融或保险做结合，比如保险是一个比较好的变现模式；第四，相互保险占有一席之地，可能会诞生一个真正的基于互联网的保险经纪公司；第五，保险将成为公司的工具或标配。

信天创投合伙人张俊熹：互联网保险的"革命"刚刚开始

互联网金融 1.0 是以 P2P 众筹为代表的，进展到互联网金融 2.0，所谓的场景化金融，就是将冷冰冰的金融有温度的融入到日常生活和生产之中，金融即服务也许贴切表达了互联网金融 2.0 的内涵，这种场景化金融形式，具备随时可以连接、开放、按需提供等特征。

比较典型的有三类玩家：第一，流量巨头的场景化金融。以阿里为代表，它以电商起家，通过收购培育出更多的场景，包括出行、医疗、理疗等，包括众安保险，通过调用不同场景的 API，搭建各种金融服务，包括形成用户记录的芝麻信用，是非常典型的 SaaS 化概念，已经广泛应用到阿里以外的场景，形成非常好的按需提供服务的生态。第二，传统金融机构场景化的延伸。以平安为代表，它开发过国内最多银行发起的 APP，包括平安的好房、好车，陆金所等场景化平台，通过场景获取用户和数据，为平安银行、保险、理财等金融机构提供服务决策使用。第三，创新型公司的场景化金融。线下有很多场景的金融需求非常分散和多元，比如购物、出行、医疗、旅游等，如果由这些场景方直接对接传统金融机构，效率非常低下；如果金融即服务的居间公司，部署到场景中，调用场景已有的 API，或者部署再调用 API 的方式采集数据，形成画像，再输出前端能力和前端风控能力，这就连接了两端，通过双向开放的方式，向用户提供按需的金融服务。

以保险行业为例。传统保险行业很大，线上化车险发展得非常好，但人身险，保险线上化率相对偏低，主要原因是保单相对复杂，晦涩难懂，以前是代理人佣金推动，不太喜欢卖佣金低的保险，另外保险公司这种销售方式占比较高，而且基本都是不适合网上销售的产品。但从保险需求角度来看，我认为包括"80 后"，不太相信保险代理人的推销，有自己的判断，有非常多的保险需求，但没有机会去获得这样的信息，创新金融公司恰恰是能连接两端的创新业态。

我认为，互联网要打造一个品牌化平台，必须相对聚焦。比如我们投资的小雨伞保险，现在核心的产品是人身健康险和体育运动险，同时针对这些保险开发了许多周边服务，使得这个保险不再是个单一产品，而是系统性的解决方案。

个人看好互联网保险的原因：其一，互联网保险正在快速增长。2011—2015年，互联网保费规模增长了70.9倍，预计2020年互联网保费规模将近万亿元。其二，传统保险不能完全满足消费者需求。全球来看，在购买阶段后，保险公司提供的在线服务消费者满意度呈现下降趋势，尤其理赔和续保问题更是有很多吐槽。其三，互联网保险，倾向于提供简单、分众的产品、更优质的用户体验，可以形成良好的口碑及品牌。以上一切的前提是有强大的贯穿业务始终的数据收集、分析及洞察力。

目前都在说资本寒冬，互联网保险是否也遭遇寒冬？我认为，长期来看，互联网保险的发展潜力巨大，目前的创业项目也都是从不同的路径对传统保险进行改良甚至改革。"革命"刚刚开始，前途是光明的，道路是曲折的，资本整体是聪明且敏感的，而创业必须是坚定的、有信仰的。

作为投资人，在投资互联网保险创业公司时主要会考虑两个方面：项目切入点可行性论证及核心团队构成。从赛道考虑，在保险链条上从创新产品开发、营销销售、承保保单、理赔管理、数据服务等的创业公司，都可以关注；在类似细分领域里，要选择团队构成最可能成事的、具备核心资源获得能力与优秀的互联网、大数据运用能力的模式。

我认为互联网保险未来发展趋势有：第一，保险业务全面数据化，大数据能力贯穿产品创新、风险定价，交叉销售、防止客户流失、理赔欺诈检测、理赔预防及缓解等；第二，保险业务全面场景化、分众化、购买理赔流程扁平化。

市场不断变化，信息技术快速迭代，身处创业和投资领域，我比较看好未来六大创投"风口"：第一，供应链金融。相对于面向消费者的消费金融过于依赖于场景、流量竞争激烈的问题，供应链金融模式清晰、稳健、市场空间大、模式多样、竞争相对宽松，专业的投资机构相对有限。第二，2B

金融服务。"企业服务＋互联网金融"我认为是现在行之有效而且有巨大空间的一种模式。第三，人工智能。除了机器人领域外，人工智能还能广泛地应用于各行各业，进行人脑的替代。第四，医疗健康。未来随着传统医疗市场化，将会广泛出现医疗行业从业者的创业热潮，趋势将是医疗领域的垂直化、社区化、分级化以及科技化。在细分领域，生物技术、移动医疗、医疗保险、私人医院等都值得关注。第五，文化娱乐。中国文化娱乐产业并不成熟，在垄断、资源型行业向成熟的市场化模式转型的过程中，整个产业链存在大量行业分工、重组所带来的机会。第六，区块链。作为比特币核心底层技术的区块链发展非常快，从创业公司到传统金融企业都在进行尝试，区块链作为基础技术潜力巨大。

陶石资本投资经理张子斌：互联网保险呈现两极分化

个人看好互联网保险的原因有以下几点：第一，从数据上来看，根据保监会的统计数据，2015 年原保费收入 24282.52 亿元，其中产险收入 8423.26 亿元，寿险收入 15859.13 亿元。2016 年 1~7 月的原保险保费收入 20830.47 亿元，同比增长 35.41%。超过六成的原保费收入来自于寿险，同比增长 41.65%。第二，保险行业从大类上分为寿险、财险、健康险以及意外险。我们可以明显发现，目前的互联网保险存在重财险、意外险（尤其是车险和旅意险），轻寿险和健康险的情况。究其原因，在于车险和旅意险属于标品，通过互联网的模式可以有效降低边际成本，实现效率倍增。但无论是哪个细分品类，都存在大量痛点亟待解决。目前来看，寿险和发展速度最快的健康险领域甚至没有模式上创新的平台出现。

市场上都在谈论资本寒冬，互联网保险是否也遭遇寒冬？我认为，资本寒冬是个伪命题。资本寒冬只是一个状态，无论是创始人还是投资人，在这种状态下都趋向冷静，更加清醒地思考项目的模式和估值。但无论如何，优质项目永远会受到市场欢迎。

具体到互联网保险，我认为呈现了两极分化的情况：一方面，我们注意到某些早期成名的平台，随着业绩的提升，获得很多资本的关注，包括部分产业基金也在积极布局；另一方面，我们确实没有听到有太多新的平台获得资本青睐。

作为投资人，看待项目都会有自己的逻辑和思考在其中。结合互联网保险这个特殊领域，谈谈我主要关注的以下几个方面。

第一，团队。我们更加欢迎"互联网人＋保险人"的组合。我们注意到目前互联网保险中存在的一个困境，那就是线上获客成本太高。对于这个问题的解决，需要一个优秀的互联网团队才能解决，其中更少不了一个优秀的产品经理和一个接地气的运营经理。而保险人的存在，可以保证团队有较低的学习成本，少走弯路。同时，也意味着在行业内有更多的资源。

第二，模式。目前可以说互联网保险行业的模式呈现出百花齐放的态势。从 B2C、B2B2C 的模式到互助保险是否适应中国社会的思考都让这个细分领域充满生机和魅力。对于车险领域，我更看好基于 UBI 的产品变革。作为标品，基于 UBI 的车险符合用车习惯、可以提高用户使用频率并玩出更多花样，包括精准定价等。目前我们已经看到很多优秀团队涌入了这个方向。对于寿险领域，实话说，市场还有很多功课需要做。从产品上来看，过去两年，市场更青睐保险特卖超市的模式，有几个平台拿到了大额融资。个人认为，真正理解国人对保险的需求是核心。我们相信通过改革付费方式、缴费期限以及更贴近用户和快速迭代的产品，能够找到一家优秀的互联网寿险平台。

互联网保险渗透率从 2013 年的 1.7% 到 2014 年的 4.2%，再到 2015 年的 9.2%。互联网保险正快速蚕食传统保险市场份额。我认为，未来的互联网保险会呈现以下四个趋势：第一，互联网保险产品的愈发灵活。无论是产品产出还是其他配套方面，精细化将会导致产品小型化，更突出痛点、保障问题的解决。第二，保险产品向个性化和定制化的方向发展。随着产品的精细和大数据的运用，C2B 在未来会成为趋势。第三，渠道入口进一步向场景化发展。这意味着大 B 的话语权将会大大增加。第四，保险代理人的消失。目前很多平台都在强调保险，尤其是寿险，还是价高低频，因此，700 万名保险代理人在短期内还是有存在的合理性。但长期来看，随着保险意识的提高和知识的丰富以及产品的灵活低价，C 端用户购买保险将会是越来越方便。届时，保险代理是否需要，值得思考。

创业是一场永不停息的战斗

从 2011 年的 32 亿元到 2015 年的 2234 亿元，互联网保险保费规模只用了 4 年就实现了 69 倍的增长。这种爆发式增长，令人咂舌之余也吸引了越来越多的创业者进入这个圈子探"险"。然而，创业需要勇气，也需要技能，每个创业者身上都是自带资源，而这个资源就决定了其创业团队未来的发展模式，究竟谁能倚借资源、扶摇直上？《中国保险报》记者采访了几位获得大额融资的创业公司创始人，听听他们来谈互联网保险的创业经。

大特保创始人、CEO 周磊：站在风口和自己赛跑

大特保 2014 年成立之初获得德沃和险峰华兴天使轮投资；2015 年 7 月对外宣布完成 1.8 亿元 A 轮融资；2016 年 2 月完成 2000 万美元 B 轮融资；2016 年 7 月对外宣布完成数千万美元 B+ 轮融资，估值达 2 亿美元。目前投资方包括复星昆仲资本、策源创投、中华开发等。

Q1：拿到融资后，如何解决好和投资方的关系？

投资人选择大特保，首先说明对大特保模式、未来发展空间以及整个行业的成长空间很看好，我们比较幸运的是，从 2014 年项目创立开始，就选择了一个目前看来是大趋势的细分领域，也就是纯保障型健康险，而没有铺展到车险、理财险等所谓的全产品线。近两年，政府红利在向保障型产品倾斜，各大保险公司甚至互联网巨头也纷纷试水健康险，从这个意义上说，我们是先行了一步，而且创业两年来，我们始终坚定这个初衷。

大特保坚定做健康险的方向，并且在这个领域深耕细作。一方面，我们在产品研发和技术迭代上不断深入，慢慢培养和稳固内部创新的基因，同时利用资本快速进入的优势，在业内迅速建立壁垒；另一方面，作为第三方互联网保险平台，我认为发挥平台的灵活性、组合跨界的顶级成熟资源、共同

促进产品和模式创新，是更为有效的方式，也是资本快速变现的一种途径。我们需要适应互联网下人们消费习惯和喜好的快速变化，不断深入各种场景，把我们的产品和服务嵌入进去，资本是非常重要的支撑。

在公司治理方面，股东给予公司充分的自主管理和发展空间，我们在大方向和决策上保持着非常顺畅的沟通机制，保证快速作出关键决策。

Q2：如何确定自身的经营战略？

坚定自己的核心经营理念。我们聚焦纯保障型健康险，主张"普惠大众、回归本源"，这是我们不变的核心。在这个大方向下，我们从技术、产品、服务到营销进行一系列突破和创新，所谓"互联网保险元年"，其内在含义就是创新和互补，这里有三层含义：首先，作为专业的保险服务方，需要突破现有产品形态，填补市场空白，甚至创造出新的需求，主动对用户和市场进行引导和培育。其次，用户也是共创价值的一分子，互联网保民的规模和增速是巨大的，我们的任何经营战略，都是基于用户和市场的真实需求，但是我们更进一步，把服务做到超出用户的预期，就是极致体验，得益于互联网丰富的触达渠道。最后，是互补，我们和国内外大型保险公司和再保公司合作，也和互联网时代催生的各领域服务平台合作，跨界资源组合能力是我们差异化的竞争力，创新和互补则是重要的经营维度。

Q3：如何实现股东利益最大化？

首先，我们和投资人肯定都有一个共同的目标，就是为用户创造价值，满足用户对健康和保险的需求。在与用户共赢的基础上实现企业的利润，保证企业的持续良性运营，保证投资方的利益。

保险是一个特殊的行业，因风险而生，同时又是可以通过风险计算，达到最安全的状态。如何为投资方获取利益最大化这个问题也可以引申为，大特保如何保证自身的盈利。目前我们投资人和管理团队包括公司的每一个员工都充满信心。

Q4：未来发展目标？

未来的目标可以总结为"一个核心＋三个平台"。一个核心，是指健康数据中心；三个平台，是指综合健康管理平台。我们将为用户提供一个保险驱动的，融合疾病预防与检测、健康管理与干预、医疗服务与跟踪的大健康生态系统。

具体来说，这个生态系统融合了移动硬件监测、运动激励、医疗服务、健康管理跟踪等，用户基于健康的任何需求都可以找大特保，最终这些资源和服务都由保险来买单，等于我们还给用户建立了一个可查询、可跟踪的个人健康账户，甚至将健康状况和保费挂钩，通过更多的主动干预措施，最终实现用户不生病。这样就把保险的作用由后端提前到了疾病预防和健康管理的整个过程，提前诊断风险以及制定规避策略，用户健康了，理赔也就降下来了，这是一个双赢的过程。

两年的高速发展和稳健布局，不但使我们可以更好的服务用户，更为健康险行业的发展带来一定的推动。站在风口上，我们更多的是在和自己赛跑。

最惠保创始人、董事长陈文志：
将资金投入到最需要的资源中

最惠保成立于 2014 年 7 月 17 日，专注于保险行业技术创新。而就在前不久，最惠保斩获 2016 年度中国保险行业创新方舟奖。2016 年 7 月，最惠保获得上市公司亚夏汽车增资 8600 万元。

Q1：如何利用好融资？

2016 年 7 月，最惠保 A 轮融资尘埃落定，获得上市公司亚夏汽车增资 8600 万元。其实，创业公司每一轮融资，都不仅仅是对资金的需求。

就最惠保而言，在资金合作的同时，最惠保与亚夏汽车还将开展更深入的业务合作，依靠我们自主研发的"最惠保平台"，在互联网保险领域深入开展合作，包括互联网车险销售、客户导流、车辆维修、大数据分析与营销、融资服务、供应链金融、技术协同、软件设计、大数据分析利用以及未来的其他形式互联网保险相关业务。

Q2：公司的经营战略？

最惠保经营战略的每一步都走得非常踏实，从确定以车险在线交易为切入点，到帮助全国 700 万名保险营销员转型，帮助保险公司提高效率降低成本，帮助用户获得保障，最终成为重建保险行业的互联网平台。

制定符合市场实际的经营战略，是任何一家创业公司必备的素质。最惠保拥有一支"懂保险"的团队，有保险行业、IT 行业经验和背景，这也意味着我们可以走出一条保险与互联网完美融合的模式。通过现代科技用心打造产品，解决行业切实存在的问题，就是最惠保的使命。

在公司旗下"最惠保平台"正式上线不到两年的时间内，就真正实现了产品的预定目标——保险公司与一线营销员的直通平台。颠覆传统的作业模式，打破保险交易的时空界限，是所有用户对最惠保最直接的感受。一位营销伙伴在使用最惠保 16 个月之后，累计车险总保费收入突破 1000 万元，他能够通过客户和车辆管理系统中随时找到自己的客户。

最惠保还营造了许多全新的保险交易场景，有的用户在国外旅游期间，遇到客户车险到期，就在酒店大堂完成了出单；有的用户在吃宵夜时，遇到一个车险快到期的朋友，就边吃着小龙虾边完成了交易。

而在传统的作业模式下，一线营销员都要在工作时间内帮车主买保险，挨个到保险公司进行询价，在时间和空间上来看，效率很低。

截至 9 月 30 日，"最惠保平台"在线业务覆盖全国 25 个省市的 200 多个主要城市。与此同时，最惠保逐步在各大省市开展线下保险业务，进一步整合线上线下资源。

Q3：如何为投资方获取最大利润？

赚钱是所有投资者的基础目的。在短期内，虽然最惠保已经通过科技创新找到了解决保险行业痛点的答案，但距离赚钱还有一段路要走。庆幸的是，最惠保在资本寒冬到来之前，就已经意识到仅仅靠流量、靠模式很难实现根本性突破，结果很可能就是投资人不愿意看到的"无效烧钱"。而最惠保就是要将资金投入最需要的资源中，找到最有用的价值用户。

最惠保所有的资金投入、产品研发和市场营销全都围绕一个核心——提高运营效率、解决行业急需的问题、最终创造自己的价值。这也是保险监管、保险机构、保险从业者、保险消费者最关心的问题。

Q4：未来发展目标是什么？

用一句话来描述最惠保的目标，就是"让保险公司与营销员距离更近"。在保险行业快速增长的周期内，最惠保平台将充分发挥移动计算、云服务、大数据、量化模型、人工智能的科技优势，在产品供给方和销售方之间，搭建起一个顺畅的渠道和多元的平台，这也是最惠保最重要的壁垒。

随着时间的积累，我们的壁垒将会越来越高。未来，最惠保将向着中国第一互联网保险经纪公司目标前进，并成长为全金融服务平台。公司将实行价值增长策略，推动线上指导线下的战略布局，以车险为核心的财务策略，精细化运营，降低销售成本，稳健推动主营利润的增长；逐渐推出车险产业链上的衍生产品，拓展平台大数据应用和信息服务能力。

悟空保创始人、CEO 陈志华：
一个公司能走多远取决于"花钱"的能力

悟空保致力于打造互联网保险定制品牌，为互联网企业服务，定制行业保险解决方案，解决互联网生态中的交易争端，改善和促进双方交易。悟空保选择 B2B2C 的商业模式，为互联网公司 B 端定制产品，以此来服务 C 端用户。这样的保险定制服务可以为互联网平台树立服务标准、提升竞争门槛、强化品牌建设、提供流量变现。

Q1：如何利用好资源，以及如何解决好和投资方的关系？

对于如何利用好融资，我认为，第一，降低运营成本，提高资金使用效率。提高资金使用效率很重要，一个公司能走多远，不仅取决于它挣钱的能力，还取决于它"花钱"的能力。能够合理的控制运营成本就是一种"花钱"能力。比如"悟空保"成立至今，融资过亿元，但是公司几乎没有采购任何大的固定资产，甚至每个员工都是自带电脑上班，公司通过每月补贴员工一定额度的电脑补助，规避一次性大的固定资金投入，从而变成细水长流的变动投入，资本的使用效率大大提升，我们可以把更多的资金投入到团队建设和业务发展上。这样我们才能走得更久、更快和更好。

第二，统筹资金规划，做好现金流管理。创业就是不断试错、迭代和寻找正确的方向，但是创业生存的前提是随时保持账面有 18 个月的现金流，这非常重要；公司在资本金、收入、成本和融资之间随时保持动态规划和平衡，这也非常重要。

对于如何解决好和投资方在公司治理方面的关系，我认为这种关系的维系大约体现在三个方面：首先是投资协议的契约精神，这是基础。双方的合作关系正式建立是从协议签订的那一刻开始，所以重大事项及彼此权利和义务严格按照协议落地执行非常重要。其次是重大信息的有效沟通，这是机制。悟空保的重大决策和事项都会和投资方及时沟通，信息的准确、及时和充分，会使双方更加增进了解、信任和授权，也会成为共同进退的基础。最后是公司控制权的提前约定，这是底线。双方合作会涉及董事会席位与权力划分，在有些核心事项上理解和尊重投资人的一票否决权，但是在公司战略和经营层面保持绝对投票权，确保专业团队做专业事情。

Q2：如何确定自身的经营战略？

一个团队是需要从多维角度进行考量制定自己的经营战略的。我们在确定悟空保经营战略的时候，主要考虑了三大因素。

其一是进入市场大小。我们会调查市场需求的多少和市场规模的大小确定打法。随着互联网消费场景的增多，保险成为交易顺利完成的最有效保障，互联网生态圈对于互联网定制产品的需求呈现爆发式增长。为了服务更多用户，促成互联网生态中的交易顺利完成，悟空保采用 B2B2C 的商业模式向市场输出互联网保险定制产品；同时保险作为金融最重要的板块，市场规模很大，是互联网金融中的一片蓝海。所以，悟空保未来的发展方向就是打造互联网保险定制专家品牌。

其二是竞争壁垒高低。除了市场因素外，我们还需要考虑创业门槛和是否有"护城河"。互联网保险的本质依然是保险，而商业模式有着非常强的互联网属性，所以，这一领域的创业门槛较高。比如高度融合资深保险和互联网的团队，产品定制能力、系统运营能力。

其三是团队能力强弱。事在人为，团队的信任、能力、经验高度互补会成为关键。悟空保云集众多保险业精算师，主要核心团队来自京东及百度等互联网公司，团队能力和所做事情的匹配度和专业度最后将成为决定因素。

Q3：如何为投资方赚钱？

首先是具备自身造血能力，这是前提。公司经营最终目的都是有正向的现金流并有盈利。

其次是做大规模和数据，这是保障。这样不仅可以提升自身的造血功能，同时也可以促进公司的下一轮融资，快速提升公司估值。

Q4：未来发展目标是什么？

互联网在改变人们生活方式的同时，也带来了更加多样化的"风险感知场景"。例如，陌生人之间的买卖交易，O2O上门服务，由于缺乏信任链接，天然存在着保险需求。悟空保能够快速适应互联网时代下的保险需求，针对不同行业痛点以及碎片化的场景，为企业量身打造保险产品，优化自身的同时也改善了互联网的消费环境。

在B2B2C模式背后不只是商业共赢，也是社会责任。作为资深保险从业者，我们深知传统保险行业的痼疾，保险行业是具有公益性与社会责任感的，希望通过我们的努力可以改善人们对保险的看法，同时让保险行业的公益性与社会责任感得到充分发挥。悟空保正在验证"互联网让保险更美好"的使命。

小雨伞保险董事长徐瀚：做好用户服务就能产生更多价值

小雨伞保险作为一家第三方互联网保险特卖平台，2016年已经完成A轮融资。现在主要聚焦在人身健康险和运动保险领域，为用户提供全程在线化的保险产品服务，用户可以在线投保和理赔。

Q1：如何利用好投资？如何解决好和投资方的关系？

我认为投资方和企业创始人之间是合作的关系，在确定进行投资之前，要进行充分的沟通，选择彼此认同的投资方。信天创投作为我们的天使投资方，从一开始就非常认可我们这个团队，对于互联网保险行业非常看好，我们之间的沟通会比较顺畅，在一些重大决策方面，投资人会非常支持我们，对于我们公司决策没有干预，更多的是给予意见和资源支持。

投资方对于一个互联网项目有以下三个方面的看法，第一，他要看这个行业是不是处在一个高速发展的增长期；第二，要看到这个行业目前能解决的痛点多不多；第三，要看你这个团队能不能担当起解决好这个行业的痛点，并且能拿出有效手段来完善。信天创投从天使轮一直跟投到 A 轮，就是因为我们双方相互认同，彼此信任。

Q2：如何确定自身的经营战略？

一个公司的经营战略需要团队主要成员的共同参与，大家一起努力，往我们定下的目标前行。只有通过团队骨干成员的相互配合，才能让一家公司持续地领跑这个行业。我们相信一个公司能做好，需要一个优秀的团队，通过团队成员的共同努力，根据行业发展的情况，持续不断地进行产品的创新，提供给用户需要的产品服务。

Q3：如何为投资方获取最大利润？

小雨伞保险作为互联网保险领域的创新者，通过产品的持续创新，公司一直在飞速发展。我们一直在努力为用户提供更好的保险产品服务，随着市场份额扩大，我们希望能够为用户创造更多的价值。我们和投资方都相信，互联网保险市场空间大，存在着很多可以去变革的机会，只要我们做好用户的服务，就能够产生更多的价值，自然而然，小雨伞会收获在这方面付出的回报。对于投资方来讲，可以通过跟随我们公司的成长，获得较好的投资回报。

Q4：未来发展目标是什么？

小雨伞保险未来发展的目标是做中国最好的互联网保险特卖平台，致力于彻底解决客户无法找到适合的保险产品、保险费用偏高、购买过程不透明等保险业界的弊病。小雨伞平台基于互联网大数据为不同人群设计专属的保险产品，目前已经与国内多家大型保险公司达成紧密合作。我们希望通过我们的努力，为用户提供优先定制的保险产品，通过多个环节服务的优化，帮助用户做好保险产品在线投保、理赔，以多方位的服务让用户拥有全面的健康保障。

小雨伞未来发展的战略主要聚焦在人身健康险和体育运动保险市场，我们希望通过互联网压缩中间环节，通过互联网，简单明确地将责任和条款展示给用户，让整个购买流程简单透明。目前，小雨伞保险平台完成人身健康险产品的全闭环布局，后面会继续推出完善的保险产品服务。此外，我们会从保险行业向产业链上游进行拓展，为用户提供全方位的健康管理保障服务。小雨伞希望能够在定制化的保险服务方面做更多探索，将尝试为特定人群进行保险产品定价和提供完善的医疗健康服务。我们希望通过科技与数据驱动提供优质普惠金融服务，让每一个中国人找到真正适合自己的金融产品。

二、监管

互联网保险：整治再出发

千呼万唤，被称为互联网金融史上最严监管风暴来袭！此消息一出，保监会联合 14 个部门下发了《互联网保险风险专项整治工作实施方案》（保监发〔2016〕31 号，以下简称《方案》）。该《方案》重点针对互联网高现金价值业务、保险机构与不具备经营资质的第三方网络平台合作开展互联网保险业务的行为、非法经营互联网保险业务的互联网机构进行整治。不难看出，监管此次重拳出击直指第三方互联网保险平台。那么，究竟如何界定第三方互联网平台"资质"？此次整治对保险机构、第三方互联网平台、资本涌入有何影响？

保险机构：改变"劣币驱逐良币"的局面

由于渠道成本低、流量大，目前很多保险公司选择和第三方互联网平台合作，然而在选择平台时，保险机构是否也会有所"选择"呢？

记者采访了几家传统保险公司，大多表示愿意和第三方互联网平台合作，第一，看重其庞大的流量和较低的连接成本；第二，可以降低渠道人力成本；第三，节省人力，从而实现人员的有效配置。然而，当问及在合作时如何对第三方互联网平台进行资质认证，有些公司却无法正面回答。

一位保险行业人士告诉记者，目前有保险机构和没有资质的互联网平台合作，对于保险机构来说，可能无法准确鉴别一家互联网平台的合规性，所以有些保险机构就会选择保险代理平台，帮其推荐合规的平台对接。同时，他还指出，保险公司和平台对接只要完善手续就没有问题。

另外，有关人士表示，整治方案出台后，保险机构的延保类业务很可能会受到影响，如用保费包装一些医疗服务，保险公司在与第三方互联网平台合作时可能会有疑虑。

在与第三方互联网平台合作时，保险机构如何界定其"资质"？易安保险相关人士向记者详细说明了他们在与第三方互联网平台合作时，对资质审查和合规性审核的主要衡量标准：首先，第三方互联网平台应满足法定条件和监管要求，需具有互联网行业主管部门颁发的许可证或者在互联网行业主管部门完成网站备案；具有安全可靠的互联网运营系统和信息安全管理体系；能够完整、准确、及时地向保险机构提供开展保险业务所需的投保人、被保险人、受益人的个人身份信息、联系信息、账户信息以及投保操作轨迹等信息；最近两年未受到互联网行业主管部门、工商行政管理部门等政府部门的重大行政处罚，未被中国保监会列入保险行业禁止合作清单；以及保监会规定的其他条件。其次，第三方互联网平台需要具备互联网保险的经营资质。合作方需具备 ICP 许可证或者 ICP 备案，有完善的内控流程管理制度，积极配合易安保险审查标的风险状态和排查潜在风险。若第三方互联网平台参与了互联网业务的销售、承保、理赔等关键环节，还必须取得代理、经纪等保险业务经营资格。最后，第三方互联网平台需要具备良好的信誉。其主要股东需具备良好的财务实力和无重大违法记录，公司的管理层需要具备较好的业界口碑。

针对此次整治方案，对互联网保险业务会有哪些影响？易安保险总经理曹海菁表示，首先，此次整治方案具有清晰明确的时间表，区别对待、分类施策，旨在改变"劣币驱逐良币"的局面，将极大地优化市场发展环境，肃清市场上的大部分非法主体。其次，促进互联网金融保险行业健康可持续发展，建立规范公平的市场竞争环境，进一步提高互联网保险的发展水平，更好地满足广大消费者日益多样化的保险需求。最后，有助于加强风险排查，深入开展消费者宣传教育和风险提示，有效防范风险。

第三方网络平台：市场不会变小，反而会越来越大

山西财经大学保险学院王朝晖表示，本次整治强调采取"穿透式"监管

方法，根据业务实质明确责任，一些此前钻监管空子、打政策"擦边球"而设立的业务性质模棱两可的互联网机构将无法逃避监管和整治。

上述人士认为，整治方案明确了本次整治的重点，存在问题的第三方网络平台、互助平台等将面临挑战，尤其是一些过度依赖问题业务甚至违规、违法业务的企业或机构，其进一步发展会受到较大程度的影响，严重者甚至会被迫退出市场，而没有问题或问题较少的机构发展方向也将更为明确。因此，与其说是限制，不如说是规范。合规依法经营的机构或企业无须担心，专项整治工作将会带来更广阔、更有保障的发展空间。

"这份整治方案，无论是对保险中介，还是对整个互联网保险行业的发展，都起到了监管的作用，推动了行业的健康发展。对于我们来说，这份整治方案的出台，也在一定程度上监督公司的健康发展。"第三方互联网平台开心保网CEO李杰认为，"经营牌照等监管手段在金融体系中是十分必要的，P2P的跑路对行业危害很大，给社会也造成了不稳定的影响。我们需要相关部门更合理的监管，把不靠谱平台或公司规避掉。我们在与保险公司合作的选择策略上，不在于合作的公司有多少，而是要找到稳定的公司进行长期合作。另外，除合作稳定外，公司的产品和服务都要具有特色。"

专注于UBI车险数据团队、第三方互联网保险平台斑马行车创始人张俊表示，互联网保险整治的目标是规范互联网保险经营模式，快速优化市场发展环境，这些对于互联网保险平台来说是促进可持续发展的，同时也是创新和防范风险并存的。张俊认为，对于与保险公司合作时考虑的因素包括市场占有率、保险精算能力、用户的品牌认知等。在他看来，最重要的是希望传统保险公司能够以开放的角度看待互联网金融，不拘一格地实现双方的优势互补与资源共享。

对于第三方互联网平台是否会受到限制，张俊坦言，"对于下一步，监管在一定程度上会对处于起步阶段的互联网创业公司提高门槛，同时对创新方面提出更高要求，但对于成熟的第三方互联网平台来说是一种保护。在市场的各种催化剂下，互联网保险会发出更多的声音，这块蛋糕不仅不会变小，反而会越来越大。"

李杰认为，"现在很多人进来创业，但也有很多人对保险行业的认知并不深刻。目前互联网保险快速发展，但同时也需要通过管理校正并优化市场行为，在合法和合规的状态下进行创新，监管互联网保险行业的健康发展，避免不稳定因素。比如，很多人对互助保险很热衷，但事实上，一定要有严密的风控体系，要有强大的风控团队，不然会出问题。如果进来的人太多，必定会有优胜劣汰的过程，因此，对保险第三方互联网平台的监管与合理限制，是有必要的。"

另外，对于整治方案所提到的互助，监管也是明确了对于以互助名义变相做保险业务，严厉打击非法集资嫌疑的团体。据悉，目前有多家互助平台已转型、向公益组织或者公益基金发展。

资本：互联网保险仍长期看好

互联网保险融资热浪还未退去，互联网保险整治方案的出台对投资人投资互联网保险机构是否有影响？曲速资本杨轩表示，"影响是会有的，我们在投资项目时会考虑其合规性，也会对项目进行筛选，但是互联网保险这个领域我们仍然长期看好，这个方向还是不会变的。"

对于下一步第三方网络平台和互助平台是否会受到监管的严格限制，他认为，"第三方互联网平台限制谈不上，但是一定会走向规范化的道路。尤其是对于互助平台，目前还没有出现风险事件，但风险预判较高，此次整治方案的出台只会促进它们转向合规。""整治结束后，互联网保险下一步将逐渐走向正规化道路，互联网保险仍是趋势，不会因为政策出台而动摇。"

王朝晖认为，整治的目标是规范与发展，希望通过整治，互联网保险发展过程中呈现的风险得以合理控制，消费者的利益得以真正保护，互联网保险在创新中探索并发展壮大的大趋势是不会改变的。

相关链接

互联网保险监管环境

2011 年 4 月，互联网保险监管开启。《互联网保险业务监管规定（征求意见稿）》出台，其对互联网保险经营的资质和规则等作出规定，打开互联网保险监管的大门。

2014年8月，"新国十条"颁布。"新国十条"大力鼓励保险产品服务创新，明确提出支持保险公司积极运用网络、云计算、大数据、移动互联网等新技术促进保险业销售渠道和服务模式创新。

2015年7月，互联网金融监管趋严。P2P跑路潮引发互联网金融行业监管趋严。《互联网保险业务监管暂行管理办法》（保监发〔2015〕69号，以下简称《办法》）发布，其在经营原则、区域、信息披露、经营规范、监管管理等方面对互联网保险经营进行了规范。《办法》发布后，网销万能险业务受到限制。

2016年3月，中短存续期产品受限。监管部门对中短存续期产品进行限制，其中存续期限不满1年的中短存续期产品应立即要求停售。

2016年10月，《互联网保险风险专项整治工作实施方案》（保监发〔2016〕31号）公布。重点针对互联网高现金价值业务、保险机构与不具备经营资质的第三方网络平台合作开展互联网保险业务的行为、非法经营互联网保险业务的互联网机构进行整治。

三、区块链

区块链与保险如何碰撞

目前，在国内，区块链技术已应用于金融、公益等行业，因其颠覆了传统商业模式，而且基于互联网去中心化的属性，使得更多人看重了其中的利润空间，一时间区块链技术广受追捧。时下，区块链与保险的碰撞也是恰逢其时，火花四溅。

保险公司热议区块链

区块链技术是一种利用去中心化和去信任方式集体维护一本数据簿的可靠性的技术方案。理论上来说，区块链技术其实是一类技术解决方案的集合，一种基于计算机加密技术的无可替代的信用凭证。技术上来说，它是一个分布式储存的数据块，每个块上面都会包含一整条区块链的信息。这也就决定了区块链可以在没有可信第三方的条件下，自证其信，解决两个陌生人之间如何建立信任机制的问题。

目前来看，虽然红极一时的区块链在保险业呼声很高，但是实际应用于业务条线的保险公司并不多，大多只停留在理论层面的研究。人保虽在谈区块链技术，但是仍在探索阶段，并未有真正落地的实际举措；平安保险曾表示，区块链会是未来进军的重点，并积极参与实践，加入了区块链国际联盟组织；阳光保险已经推出了国内首款具备区块链特性的微信保险卡单，应用在航意险这样的小众险种上；众安保险则在前不久成立了科技子公司，钻研区块链等互联网高新技术。

区块链成为互联网保险圈里热门的技术流，貌似不说区块链就不入时，就跟不上时代脚步。

"当然，保险公司看好区块链也是看重了其核心的技术结构——共享账本、智能合约、隐私保护和共识算法。"太一云科技技术负责人表示。

"简单来说，共享账本是通过共识机制让所有参与者认可是唯一正确的账本。例如，消费者只要认可这个账本，资金就自动划进来了。智能合约是在整个区块链体系里，与商业最相关的一块。比如，现代商业体系中，两个商业主体在完成交易的过程中，合约的履行往往涉及第三方管理，智能合约在区块链里就是一段计算机的代码，区块链执行到链条上的某环节时，如果满足了相关条件，合约就会自动执行。隐私保护在区块链技术中，还提供了权限管控，所有的交易可视性都可控。所以如果推行了区块链，监管就更容易了，不再需要每个银行报送报表，整个社会成本就降低了。共识算法从区块链应用的角度来看，不是技术问题，而是社会管理和社会参与的问题。"上述人士说道。

人保财险执行副总裁王和认为，区块链技术在互联网保险领域的有效运用，将有助于打破传统保险向互联网保险转型的信用和安全的藩篱，实现互联网技术与保险业的深度融合，探索更加科学合理和安全高效的互联网保险商业模式，推动互联网保险的真正落地，让互联网保险在更大范围、更深层次惠及消费者和社会，实现保险业的本质创新。

区块链重构保险

中关村区块链产业联盟副秘书长范金刚表示，"至今为止，区块链的发展大致经历了四个层次，分别是技术起源阶段、区块链1.0、区块链2.0，以及最近流行的区块链3.0。"

国外区块链的研究技术开发活跃，功能性能不断提升，主要应用于金融、公证、医疗、版权、物流等领域。国内区块链的研究起步较晚，但蓬勃发展，上市公司和国内资本也积极介入。

区块链1.0，即数字货币。2009年初，比特币网络正式上线运行。作为一种虚拟货币系统，比特币的总量是由网络共识协议限定的，没有任何个人及机构能够随意修改其中的供应量及交易记录。"区块链技术的运用将扩大保险的范围和防止保险欺诈。比如有人将贵重物品在不同保险公司投保，后期想进行欺诈，如果将该识别信息写入区块链，可以有效防范保险欺诈。"范金刚说。

上述人士解释道，"保险行业通过区块链技术可以数字化管理个人数据，简化信息认证，更清晰地披露历史情况，那么保险公司和个人之间的关系将变得更直接、有效，数字化带来的无纸化的运营将降低保险公司的管理成本。"

区块链 2.0，即智能合约。2014 年前后，业界开始认识到区块链技术的重要价值，并将其用于数字货币外的领域，如分布式身份认证、分布式域名系统、分布式自治组织等。"区块链在保险行业的重要应用之一在于智能合约的引入。智能合约由代码定义并完全自动强制执行，无法进行中途干预。当保险事件发生并满足保险赔付的触发条款时，智能合约即自动执行，启动理赔程序，实现自动划款赔付，经济高效且无法作伪。"范金刚表示。

区块链相关研究人士表示，"源于区块链数据的真实性和不可篡改的特点，智能合约的出现有利于简化保单理赔处理流程，降低处理成本，降低索赔欺诈的概率。此外，可以进一步保障用户权益，提升客户满意度。"

区块链 3.0，即人工智能操作系统。区块链 3.0 是把人类的统一语言、经济行为、社会制度乃至生命都写成一个基础软件协议的人工智能操作系统，其目标是实现自组织机构，分布式节点互信、和谐有序的社会经济制度。

那么，区块链技术如何助力保险公司实现效率提升？

服务于国内主流互联网金融平台的第三方电子签名 SaaS 公司——法大大联合创始人兼首席法务官梅臻律师表示，"现在我们仅仅将区块链技术用于电子合同签署后的存证业务，暂时未用于合同签署。但是我们将合同签署的关键信息，比如签署人或机构、时间戳以及每次签署完成后文件信息广播到区块链，用技术手段保证签署文件的客观真实性和防篡改性。"说到区块链技术在保险业的应用，梅臻表示，"暂时还没有与保险公司在区块链方面有合作，但是在不远的将来不排除合作的可能性，现在我们和众安保险在法律保险领域有深入合作。我们觉得在智能合约领域，比如实现在出险时保险公司自动理赔，这就可以应用到区块链技术。"

保险公司目前还是以纸质保单为主，随着互联网的发展，未来电子保单是否会代替纸质保单？梅臻补充道，"电子保单从法律上来讲，应用并无障碍，电子保单从发展趋势来看会越来越多地得到应用，实际上很多保险公司已经通过互联网销售保险产品并在互联网上签署电子保单。随着电子商务的发展，线下的很多交易场景会搬到线上，这必然会推动保险产品在线上进行场景化的销售。不过电子保单的底层技术不是区块链技术而是数字签名技术。电子保单的广泛应用跟区块链技术的未来发展没有直接关系，不过如果电子保单跟智能合约的应用结合，将会推动区块链技术的发展。"

可以想象，得益于区块链信用机制的建立，也许就在不远的将来，电子保单和电子合同就能完全取代纸质保单、合同，人们购买保险产品就自动生成电子保单和电子合同，环保高效，更加符合互联网的发展趋势。

区块链是比特币的前身，作为一种虚拟货币，会不会存在无法预知的风险？"确切地说，是先有了比特币的应用和实践，才使人们关注区块链，是人们总结了比特币的技术特征才构建出区块链的技术理论框架。就比特币应用来看，是非常安全的，并不存在无法预知的风险，正因为比特币具有无须第三方权威机构背书的安全性和自信任机制，才引发了技术界和金融界将比特币的原理和技术应用到传统金融领域的兴趣和思考。当然目前区块链的发展还不完善，还需要探索，即便存在风险，也是可以预防和避免的。"梅臻表示。

区块链技术衍生应用

区块链技术衍生领域有哪些？在国外市场的发展情况如何？记者收集了相关资料发现，一些区块链早期切入并已经在实践的主要行业有：

（1）货运。2016年9月13日，全球最大的货运代理公司与区块链公司BitSE签订了唯链（Vechain）资产管理领域的服务合同，用区块链对货运资产进行追踪管理，以此向全球客户提供更好的物流服务。

（2）国际贸易。目前供应链流程复杂，各个主体相互不信任，导致整体效率低下，通常情况下，基于信任的交易离不开复杂的书面文件做证明，流程极其耗时且不安全。巴克莱银行在一家以色列区块链公司协助下，通过区块链完成了全球首次贸易交易，开启了新的贸易运作方式。它的优势在于：通过区块链技术，时间极大缩短，让原来7~10天的贸易流程缩减至4小时。

（3）身份验证。生活工作中办理各种事情经常需要用到身份证、护照等，如果哪一天你出国，丢了护照和签证，是件很麻烦的事情。但将来有一天，当你拥有了一个区块链身份证，一切就变得很简单。区块链的身份信息不再由组织（政府机构或公司等）单方面确定，而需要参与方多方验证，区块链身份 ID 不可改变、移除、编辑、伪造。

（4）版权交易。艺术家们可以把作品（歌曲、画作、文章等）放到区块链上声明版权，并进行点对点的自由交易，不再通过第三方商城，无须任何中介。

（5）慈善公益。蚂蚁金服用区块链技术记录公益捐款的去向。在蚂蚁金服公益平台上，用户可以查询自己的捐款用在什么地方，是哪些人受益，受益人拿到了多少钱，每笔用户捐款都会记录在区块链上，可以保证资金流向正确无误。

（6）投票。目前西方国家的选举和公投成本高居不下，包括宣传费用、人员工资、计票投入等。通过区块链在手机上进行投票，则可大大降低成本。此外，通过区块链投票，更加安全，难以作假。

（7）交通出行。互联网可以通过信息优化，为出行人匹配最方便的交通工具。比如优步和滴滴可以为附近人提供出行叫车服务，但区块链可以让它们变得毫无意义，因为所有的司机和乘客可以不通过任何中介就可直接进行点对点交易，区块链提供了一个可信任的交易网络。

（8）电子病历。区块链技术可以帮助用户记录自己的病历。传统的病历由各家医院掌握，患者无法获得所有病历，区块链则可以建立数据记录和身份管理的标准。如果能建立全球化的电子病历区块链，则可以把所有病人包含本地医院和医生记录的信息统一到个人病历中。普华永道合伙人季瑞华曾说过："我们认为区块链将为目前的商业模式带来颠覆性的改变，至于对行业的影响有多深远，目前还不能完全明确，但可以肯定，绝对不是昙花一现。"

区块链技术崛起，哪些创业公司会站在风口

当前区块链热潮迭起，互联网金融也一样，似乎大家都在经历一轮从热情到审美疲劳，再到反思的阶段。审美疲劳过去之后，在反思的过程中，我们需要考虑如何让区块链技术落地。也就是说，我们需要进一步甄别，其中究竟哪些是值得我们进一步探索的，哪些可能是存在一定的雷区需要我们避免的。2016 年，在微金融 50 人论坛主办的 2016 中国微金融峰会上，记者做了进一步的探寻。

创新应守住底线

中国社会科学院产业金融研究基地主任、研究员，中国区块链研究联盟主任杨涛认为，讨论区块链技术的发展，我们应该脱离个别的产品、个别的主体、个别的技术，思考如何构建一个各方共赢、共享、共同发展的生态系统。因为依靠单打独斗，商业模式不会落地成功。未来区块链的发展既然要融入到各个领域、各个行业，影响不同的群体，实现这个体系的生态健康互动，而不是相互之间产生冲击，不要造成负面影响，这是关键。

杨涛强调，无论把区块链应用到哪个领域，核心问题都是为了解决这个领域存在的矛盾和不足。如果你不能够解决这个领域存在的矛盾和不足，反而加深了矛盾，某种意义上你存在的价值就会大打折扣。

贵州盈态科技有限公司 CEO 孔祥辉认为，区块链已对行业产生很多应用，但也存在不足，"第一是在信任共识上，第二是实现全网扩容，在技术上有一定的挑战难度，每秒的交易速度现在还是有所差异。我们都是抱着相对开放、包容的态度看待新事物。作为从业者，我们更多的是守住底线，在一些真正适合创新的地方、有价值的地方及正确的事情上进行创新。"

区块链创业公司九死一生

区块链到底适用哪一个层面？"区块链技术从应用角度来说，有很多复杂的工作要做。在这样一种情况下，我们是否能够为用户提供一套完备的解决方案，这是每位区块链从业者面临的一个很大的问题。"神州数码行政总裁孙江涛如是说。

"假使这种方案最终能实现得了，无论是在服务宽度、系统能力、用户基础还是商业场景这几个方面，我们都需要为终端用户提供非常好的一个体验，这样才算完成一个商业闭环。从这个角度来看，我们更认为区块链技术更像是一个偏后台、偏底层的一个看不见的存在。这类产业，这类技术很有可能最终只是后台离用户很远的产业层面的一个应用，最终也很有可能是很少的几家胜者为王的机构才有可能摘得这样的果子，而不是巨大的海量红利，被多数的公司都能够在其中分享到资源的这么一个应用。"孙江涛补充道。

在他看来，创业是九死一生的一件事情，一般的行业创业死亡率非常高。而区块链又是一个特殊的、非常复杂的行业。"希望区块链的从业者们冷静、清醒地看待自己，认真思考，找到企业未来的发展之路，让我们的创业能够经过九死一生，最后存活下来。"

北京信和云科技有限公司 CEO 李远与孙江持有同样的观点，他认为，在整个行业没有找到刚需的情况下，我们要做三件事情：第一，我们本身具有技术优势，我们做的早，相对来说更底层一些，慢慢建立这方面的优势；第二，我们拥有自主研发技术，以技术为切入点与一些企业进行合作。我们了解区块链，但我们不了解各行各业，我们在合作过程中，更快地找出一些能够产生或者引爆行业影响的产品；第三，我们希望通过智能合约这类平台的发布，降低区块链行业研发的门槛。如果我们能够提供这样的平台，吸引更多的大佬为这个行业作贡献，也许这个行业的春天会来得更早一些。

区块链是否会站在风口

OKCoin 币行副总裁段新星认为，"从区块链 1.0 到 2.0 再往后发展，我们需要弄清楚概念，区块链毕竟不是一个工具性技术，而是网络性技术，我们要去考虑区块链如何跟我的产业结合，为我做些什么。区块链与互联网的出现让我们思考在新的环境中我们扮演什么样的角色，产生怎样的交互。从这个角度出发，我们也许能发现更多的机会和更多的可能性。"

那么，区块链现在是否站在风口上，会不会飞起来呢？李远认为，"一定会的！在整个传统电商发展过程中，对于1.0、2.0和3.0，也就是传统电商和新电商的较量。传统电商是2.0，在拼速度，物流更便宜。区块链介入，技术可以带动行业创新和产业发展。区块链技术必将引领下一波财富浪潮。"

"我们在投入区块链这个项目时，没有想过2016年会火起来，认为在这么短时间内不应该火起来。过去每项技术的发展都需要一段时间的积累。区块链2016年能够火起来，我觉得是因为资本市场没有概念，所以把这个炒起来了。不管怎样，我们对未来充满信心。"李远补充道。

智能合约：推动区块链革命的"武器"

——专访北京信和云科技有限公司总经理李远

未来区块链技术的突破点可能是，需要有一个产品带动技术在整个行业甚至整个社会中的发展。智能合约就是推动这个行业进展的有力"武器"。

Q：区块链技术发展如火如荼，请您从技术角度谈谈现在的区块链现状？

A：我觉得就区块链技术本身来说，这是一个比较新的技术，就如同互联网发展，互联网在 20 世纪 60 年代后期到 70 年代初期开始萌生，它的大规模发展经历了很长时间。区块链其实也是一样，从 2008 年出现到现在，其实在一部分业务，比如数字货币这个方面，已经有相对成熟的应用方式，那么在其他方面，技术上还是处于一个比较初级的阶段。在具体应用方面，现在也没有找到一个能让大家看到有突破价值的一个点，所以我觉得现在正是一个孕育的过程，但是接下来可能会爆发。

Q：请您谈谈区块链技术在金融领域的应用。

A：首先，我认为智能合约是比较有价值的应用，它是一段可执行的代码，那么智能代码的特点是它在这个区块链上运行，然后允许你去写一段程序，当你发布完这段程序之后，它后面怎样进行操作，都是由程序本身决定的。这样的话，如果说你把它运用到合同这个领域，那结果就是大家不存在违约这样的情况。那如果用到金融领域，比如我们签一个借贷合同，这个合同到期之后，它一定会执行自动付款的功能。当然如果这个合约已经经过法律的认证和审核了，则不需要经过法院执行，也就是可以实现我们说的代码即法律。

Q：你觉得区块链行业今后的突破点在哪里？公司在这方面有哪些具体尝试以及遇到哪些问题？

A：突破点的话，我觉得可能需要有一个产品来带动技术在整个行业，以及整个社会中的发展。大家对它的一个认知，甚至态度会有一个转变。

信和云现在已经与互助保险，还有产品溯源，包括数字资产的发布、股权认证等这样一些技术公司进行合作。在合作过程中，我们承担的角色是一个基础方案的提供方，然后需要与对方一起讨论这个事情怎么做。其实对我们来说，我们对技术是非常熟悉的。但是对各个行业业务的具体流程、内部逻辑，以及如何与区块链形成整合，我们是不清楚的。而对方是对他们的业务非常熟悉，但是不知道区块链怎么去应用，所以在这个沟通讨论过程中，其实会碰到比较多的问题，尤其这是一个新兴事物，大家都在想怎么利用它。

Q：以您个人对区块链行业的理解，您对区块链将来的判断是怎样的？另外，您期待国家在这方面给予哪一些政策上的支持？

A：我认为目前区块链技术属于一个启蒙阶段，接下来可能会经历一个下滑期。在这个过程中，早期参与的一些企业，可能会因为形势不容乐观就会放弃这个领域。但是在经过一段时间的积累，在技术更加成熟，在社会对它认可度的提高，以及一些相关应用方面推动的过程中，它会爆发。这个判断需要时间去验证。

基于这个判断，我们现在要做的一件很重要的事情就是，利用智能合约这样一个系统来推动这个行业的进展，那么，怎么推动呢？这个技术本身很复杂，一个程序员如果想要真正对这个底层有深入的了解，可能需要两三个月的积累，但是我们已经做过这样的积累了。我们希望把我们的产品包装成一个平台，比如智能合约这样的平台，然后让普通的程序员用他所熟知的语言直接去开发出区块链相对的应用。所以我们建一个平台，让别人来尝试，因为更多的人会有更多的想法，也许在这个过程中，就推动区块链的发展进程。

然后国家政策这块，其实比较期待的是，能够有一个所谓的"沙河"，就是我们经常提到的"沙河"的推演，就是你在这个上面，可以做一些事情，可以推倒重来。也就是说，在一个地方划一个区，在这个区里面，允许你尝试一些传统的制度，允许你有一些突破性的想法和尝试，然后也允许犯错，如果犯错的话，在这范围内不去扩散。我们希望可以给这样一个试验区，在这里面，你的企业可以去做你想做的事情。

四、人工智能

厉害了，人工智能！人工智能如何改变保险业

在阿尔法围棋（AlphaGO）战胜李世石之前，谁也没想过人工智能会那么厉害，也就是在 2016 年初，人工智能一下子火了起来，以迅雷不及掩耳之势影响着各个行业。人工智能是否在模仿人脑，会不会超越人脑？我们是否会被机器统治？是否很多岗位终将被替代？诸多问题摆在我们面前。那么，到底人工智能是什么？对于保险业的发展又会带来哪些冲击？

人工智能的魔力

马云在 2016 杭州·云栖大会上提到：在未来，机器一定会比人聪明，但机器不会统治人类，因为它们没有想象力和价值观。

2016 百度世界大会上，百度公司创始人兼 CEO 李彦宏全面展示了"百度大脑"——百度人工智能全貌，他从语音、图像、自然语言理解和用户画像四个方面阐述了百度大脑的能力。其中，李彦宏现场展示了运用情感语音合成技术还原著名影星张国荣声音的视频，通过情感语音合成技术实现了与粉丝的"隔空对话"，震惊现场观众，观众直呼"帅呆了！"

2016 年初有一条新闻引起社会轰动，韩国一家金融新闻编辑部，一名人工智能记者正式上岗，仅用 0.3 秒即可完成一篇股市行情的新闻报道。这对于记者、编辑而言，无疑是"灭顶之灾"。也许较为简单的初级文案，会逐渐被人工智能所取代。由机器自动生成的描述类文案，必将是未来的趋势。

那么，人工智能到底是什么？简单来讲，就是让机器像人一样去思考、

去行动。"数据是人工智能的起点，随着算法迭代不断进步，足够快的运算速度提供了大量数据积累，让机器学习有了可输入的样本并使其发挥作用，也正是有了机器学习才能更好地挖掘出大数据中所隐藏的价值。"人工智能领域研究人士表示。

有关人士认为，人工智能之所以能够迎来发展的春天，其受益于大数据积累、算法迭代、计算能力，这也正是人工智能能够掀起第三次科技革命浪潮之因。

如果把科技比作一袭华美的袍服，透着丝丝凉意，那绚烂的科技成果则可以显著提升人们的生活质量，可同时也令人不禁反思：当弱人工智能（阿尔法围棋）都可以绰绰有余地击败人类（如在围棋方面），强人工智能（复杂的行为）的实现就只是时间问题，不再遥不可及。

灵伴科技产品方案总监、灵伴研究院副院长李经宇认为，人工智能会在以下几个领域得以实现：第一，智力游戏。比如谷歌阿法狗的应用，去掉感知层次，设定好战略战术，从而模仿人脑与人对战，当然这还是比较简单的弱人工智能。第二，智能交通。比如无人驾驶技术的应用，在技术上实现机器开车，但是会带来诸多问题，如发生事故责任如何认定等。第三，语音、语言领域。比如语音识别、合成技术等，初期可能还仅限于对自然语言的理解。

专家指出，目前在人工智能的应用领域，发展还多处于"专用阶段"，无论是人脸识别，还是视频监控、语音识别都主要应用于具体任务，覆盖范围有限，产业化程度有待提高。而技术要与商业连接起来，最重要的还是要找到合适的应用场景，提供实质性的价值，比如机器对人类工作效率的提升，或者代替人类能够完成高风险系数的工作。

李开复曾在Google、微软、苹果等世界顶尖科技公司担任全球副总裁职务。在他看来，传统企业，比如股票的数据，又比如保险业、银行业等各种金融机构，数据非常丰富，而且是非常狭窄的领域，不用跨领域地理解，可以快速产生商业价值。

随着数据电子化程度加深、数据比较集中且数据质量高的行业或将最先受到人工智能的改造，实现机器协助人类工作、提高效率。

人工智能在保险业

不少保险公司已经开始尝试将人工智能应用于保险交易的各个环节，从而提高生产效率，促进交易。同时，传统保险公司经常面临信息不对称和道德风险的问题，人工智能在一定程度上能够解决相关问题。

首先，通过数据分析为保险产品定价，实现定制。比如保险公司在销售车险的时候，需要了解客户的年龄、性别、驾驶记录、职业、教育等信息，但每个人的信息与行为组合各不相同。传统精算师研究的是评估数，很少涉及个案，但是，通过大数据分析，就可以提供更精准的风控方案和定价模型，为客户制定个性化的保单。目前，UBI车险就是基于驾驶行为确定保费的保险，根据数据的收集、分析，为保险公司参与产品定价提供了精准数据。

其次，通过机器识别参与保险核赔，降低风险。传统的保险产品具有大额、低频等特点，而新型的互联网产品则提供的是小额、高频、碎片化的产品。如果依靠人力审核，不仅效率低而且成本高，但若实现了机器识别，不仅提高效率还节省了人力成本。比如，弘康人寿在业内首推人脸识别技术，通过技术实现快速投保，以及防范保险骗保行为。据了解，蚂蚁金服保险平台的图片识别技术是核赔流程重要应用之一，其消费保险的理赔环节，超过九成是依靠后台技术识别和判定。更重要的环节是对图片相似度的识别，在传统保险领域，企图骗保的人，可能会拿着网上下载的图片，在多家保险公司报案理赔。但在生鲜腐烂、化妆品过敏这些消费保险上，从技术上是可以在一个庞大的图片库中，进行比对，从而识别出报案人上传的是真实拍摄图片，还是重复使用了别人皮肤过敏的图片，或是网上下载了腐烂水果的图片。结合对理赔者信用程度的判断，绝大多数理赔都可以在短时间内在线完成，无须人工干预。

最后，通过技术优化业务流程，促进交易。目前，有些互联网保险公司和第三方平台开始将科技业务作为重要板块。比如，众安保险宣布成立了独立的科技公司，关注的技术更为前沿，包括区块链、人工智能和大数据，推出的平台包括区块链开放平台和智能投顾，从金融和医疗健康切入。据悉，互联网保险技术平台车车车险即将实现利用人工智能帮助客户实现符合自身特点的风险保障方案，根据用户画像分析用户需求，精准匹配更适合用户的保险方案，降低成本的同时，也大大提高了效率。

人工智能的三大创业机会

2016 年 11 月 22 日，中科乐创举办"智能大数据，解放投资人"发布会，推出阿尔妮塔机器人，运用人工智能帮助投资人做股权投资，并宣布成立中科乐创量化投资基金，规模为 10 亿元。

据悉，阿尔妮塔是一级市场人工智能股权投资机器人，致力于通过预测分析与数据可视化（结构化图形展示）的方式为用户提供专业的创业投资市场咨询服务，协助用户做项目尽调及股权投资决策。核心的应用场景主要有三大块：一是针对 C 端用户（投资经理、投资研究员和独立投资人）的数据可视化服务；二是针对 B 端用户（政府、银行、险资和各类创业赛事方）的项目点评与分析业务；三是针对资本端（各类基金公司及平台）的量化投资模型。

在华兴逐鹿日前举办的关于人工智能的沙龙中，与会嘉宾认为，目前看来，人工智能的发展概念性强于实用性，处于技术红利期，进一步扩大数据量以达到更精准的计算，同时能够将技术切入到具体的应用环境中以实现智能改造，实现产业链条的布局虽仍需时日，但前景可以期待。其中，平台生态构建者、特定应用场景先行者和底层硬件设施提供者三种模式值得关注。

具体来看，平台生态构建者，即通过对底层资源的长期投入和积累，建立通用技术平台；特定应用场景先行者，即多为特定领域从业者，通过内部研发或外部收购、投资的方式实现特定技术应用突破，以形成智能化升级；底层硬件设施提供者，即专注于底层芯片、服务器等硬件设施的提供。

前海梧桐母基金马春峰表示，"目前 AI（人工智能）大的方向就是语音语意识别方向、图像识别方向，图像人工智能的方向是未来的一个很重要的风口。图像和视频应用场景更为广泛，它的空间更大，而语音更多的还是用于输入的场景，所以从产业的角度去看图像人工智能领域机会有待发现。"

深之蓝 CEO 魏建仓认为，"人工智能领域其实产出的是科技型产品，这类产品要提前释放概念，更要将产品真正落地。哪怕产品功能再简单，但只要切准一个痛点就能形成市场。要做到销售一代、研发一代、储备一代，并且有打造后续技术平台建立的能力，这个逻辑要清晰明确，但是所有的一定要基于商业价值。"

"目前来看，人工智能应该还介于形成到成长之间，人工智能和技术方面，其实能够落地的点非常多，最终呈现的也应该是一个多元化形态。我们现在更多关注数据、算法迭代，实际上在硬件或者传感器领域也有创新的机会，比如在语音识别方式中的远场识别与光学传感器，另外，在垂直应用方面也有大量的机会。"德联资本合伙人贾静表示。

随着人工智能的不断发展、渗透，VR（虚拟技术）目前也在研究以及在各个领域中进行实践，可以预见，未来科技将超乎我们想象，我们所能做的就是拥抱科技、把握机遇。

五、保险科技

云计算让保险公司更像"超级互联网公司"

科技的发展让我们的生活锦上添花，让我们的生活方式发生了翻天覆地的变化。随着互联网的高速发展，相应的高新技术也从幕后走向前台，助力企业发展的同时，也成为众多行业研究和探讨的焦点。云计算由来已久，但是如何将其应用于金融领域以及保险行业，从而助力企业发展？《中国保险报》记者采访了专注于企业云计算领域的轻量级 PaaS 供应商数人云 COO 谢乐冰。

企业云可提高资源利用率

《中国保险报》：云技术起源于何时？很多人对于云计算等技术不是十分了解，如何用简单易懂的语言解释云计算这个概念？

谢乐冰：企业云计算服务的量空前巨大，变化快。云就好比租房子，我先造一栋大楼，这个大楼是空的，当你用的时候我帮你隔出来。也就是说，把资源统一了，你需要多少隔多少。隔出来以后，还要装修，还要配备水电。虽说资源能调动了，但是尚未标准化，住进去还不行，所以现在又出现了居住的集装箱，这个集装箱里已经给你装修好了，需要住的时候，找一个集装箱进去就好了，然后接通水和电，就能住了。

所以，云计算解决的问题主要是以下三个方面：第一是资源按需使用，提高资源利用率。从社会角度来说，云计算提高了资源利用率。从用户角度来说，云计算减少一次性投资，不用购买固定资产。第二是当企业使用量激增的时候，能够应付需求，不至于到时候"断电"。第三是随着企业业务更新，新业务能够快速上线。

《中国保险报》：云计算适用于哪些领域？能够解决哪些问题？

谢乐冰：第一，云计算适应于使用量大、变化快、客户多的企业。如果企业只有一个客户，那就可以为你定制了。如果企业有 100 个客户，那就必须标准化。第二，这些客户都要求按需使用，不想自己来买，这是云计算的核心价值。云计算是一个大的概念，云计算产业链中还分了好几块，有的组织是负责标准化的，有的是做调度。第三，云计算作为突破性技术、创新的商业模式以及新的技术，首先要把企业规范化、集约化，按照不同使用量分级管理，内部先处理好，然后再根据企业使用量多少配上相应的保险丝、变压器等。

云计算助推企业转型

《中国保险报》：云计算作为一种突破性技术、创新商业模式以及新的基础架构管理方法，能够把 IT 资源、应用、数据等有效融合，因此，有金融机构通过数据中心实现业务经营的规范化和集约化提升自我竞争力。云计算对金融行业和保险业来说，有哪些意义？

谢乐冰：首先是业务上有需求。企业面临互联网转型，由服务少数的企业客户到服务大量的 2C 的散户（服务个人客户），因为未来所有企业都是 2C 的，没有真正的 2B。当有了 2C 的客户群体，数据量和数据处理量是以十倍、百倍和千倍的速度增长。以前我可能服务 100 家企业，对接 100 家企业就行了，现在我服务 1 亿人，所以系统的复杂度、客户量、波峰、波谷等这些东西就会跟互联网公司面临的问题一样。未来，保险行业和金融行业就变成了"超级互联网公司"，它们也需要有一套这样的技术架构解决这些问题，所以它们开始着手做，一方面把内部东西梳理标准化，另一方面开始把所有的资源集中管理，变成云，同时引入技术智能调度，最后实现业务的弹性快速发展和更新。

举个例子来看，目前很多企业都有云计算，比如保险公司"双十一"推出一个保险产品进行秒杀，顿时几十万人蜂拥而上，而平时这个东西可能只有几个人买。有了这个云计算基础以后，你会发现保险公司的业务推广灵活多了，我可以根据市场需求快速推出各种各样的业务，而且它能在移动端卖保险，甚至以后人人都是保险代理。

另外，金融行业的技术水平比较高，有很多 IT 开发人员，所以金融行业有条件把这些先进的技术快速用起来。

其次，对传统保险公司来说，可以节省管理成本。以前这么多机器需要大量的人员管理，而且资源利用率也很低，所以现在可以集中起来用云来管理。特大型的企业可以以此节省成本，对于新的企业不是节省成本的问题，而是更好的发展。

最后，技术推动。技术推动对于一些比较先进的保险公司和银行有应用基础，互联网发展太快了，新技术得有人才能掌握，而且有技术能力才能适应这种变化。

合作共赢才是互联网的终极玩法

《中国保险报》：随着互联网的发展，很多企业也是依托于各种高端技术寻求更大的发展空间，比如现在很火的区块链技术，您怎么看待科技创新？科技在很多人看来比较晦涩难懂，感觉也很难接近，但是确确实实地改变了我们的生活，让生活更加便捷、高效。

谢乐冰：互联网时代大家拼的是资源，越来越靠垄断性资源，所以互联网的玩法还是基于合作共赢。更多的公司越来越从原来单纯甲乙方的关系变成一个合作的关系，所以我们希望客户有自己的技术能力和明确的需求，然后，我们帮他解决关键性的问题。

对于 IT 领域来说，我认为"很多人的今天就是大家的明天"，为什么这么说，因为谁先做谁就会先碰到这些问题，比如规模、业务，碰到了一些问题，发展了一套方法解决。举个例子，比如云识别，我说句话的时候，其实是在云端会发起一个人工智能小任务，小的机器人把我这句话分析完了直接表达出来，而分析完了整个程序也就是结束了，而未来，我就需要一个云上面有成千上亿个小机器人，通过数据化就可以把它算出来。

保险科技最大机会在医疗险、车险

在 2016 年 12 月 18 日慧保天下联合新浪财经举办的"2016 年保险新业态共创峰会"上，波士顿咨询公司合伙人兼董事总经理何大勇分享了全球保险科技发展概况。

全球保险科技公司分为十个板块

截至 2016 年，全球保险科技一共分为十个板块，其中医疗险、寿险、车险、理赔给付、资产管理、分销是核心市场，基本和保险市场的主业密切相关。另外一部分是科技服务市场，多是服务保险业，包括 IT 赋能、比特货币区块链、大数据及分析、数据保护四大部分。

第一，医疗险方面，包括健康险、预约管理、医疗管理，比如 Oscar、ZocDoc 都是赫赫有名的医疗险创业公司。

第二，寿险里的养老金和储蓄，包括几块：一是退休，退休的计划，退休的规划；二是投资组合，像智能投顾这样的概念。三是投资人和财务顾问，也是 Financial 这样的概念，更多的是 O2O 结合的方式。这与证券、银行概念基本差不多，比如 Nutmeg、Betterment、Personal Capital、Wealthfront、Wobi，这些都是赫赫有名智能投顾公司，他们也提供寿险、养老金和储蓄产品。

第三，车险、房屋保险、产险市场，包括与车相关的，比如驾驶员辅助管理，碎片化需求相关或按需购买的相关服务，车联网也在这个门类里。

第四，理赔和给付处理方面，这主要是做理赔和给付的日常管理解决方案，包括 Mobileye、Telogis、Edaijia、Thumbtack、Service Marketplace，它们更多的是自动化理赔或理赔管理相应的技术处理，大数据服务的公司。

第五，资产管理不多做介绍。

第六，分销管理方面，包括从事的保险经纪、比价网站，比价的从门户到服务虚拟助手的公司。

相邻科技细分市场有四个方面：

第一，IT赋能。IT赋能，已有15年历史，最早发展那些赋能公司围绕保险产业前台、中台、后台做了很多应用：基础设施建设、智能化处理、决策分析。

第二，区块链。区块链和保险有很大的联系，如保险的合约等。

第三，大数据分析。大数据分析包括大数据相关的欺诈检测、预防核配大数据分析、大数据分析中的基础设施算法等。

第四，数据保护。数据保护对象主要是客户数据、身份、登录，以及和数据安全相关的公司。

保险科技发展的三个阶段

从全球范围来看，我们把保险科技的发展分为三个阶段：

第一个阶段，2005—2010年，这五年大概有660家公司出现，整个融资额为177亿美元。在这个阶段，发展较快的主要是这两类公司：IT供应商、数据保护（个人信息安全、数据安全）公司。

第二个阶段，2010年开始，公司总数增加到1090家，融资总额增加到266亿美元。这几年主要发展的是和保险核心相关的，比如车险、房屋险、产险相关机构都出现了，从2010年之后出现的比较多。还有理赔管理、寿险养老金、储蓄相关机构、大数据分析公司。

第三个阶段，2010—现今，公司总数增长到1700家，整个融资额增加到340亿美金。这更多体现出和保险核心相关业务的高速发展，包括车险、房屋险出现爆发式的增长，也包括分销机构，从比价延伸到服务商的公司高速发展，并不是说这些公司没有，第一家比价网站出现之后，2010年一共2000家左右，2010年之后在欧洲和亚洲发展都很迅速。健康险机构大量地增长，而且发展很快，这是这一波的一个特点。

纵观三个阶段发展历程，每个阶段发展的重点各有所差异。

目前，世界保险科技发展领先的还仍然在北美地区，尤其是美国。就目前整个融资总额来看，北美为290亿美元，占85%，欧洲为35亿美元，亚太为15亿美元，中国占亚太的一半。也就是在中国340亿美元中，相关的也只有不足 10 亿美元的融资总额。所以说保险科技市场有很大的潜力。

保险科技比较活跃的国家，主要是北美的美国，欧洲的英国、法国、以色列，亚太地区的中国和印度。各国市场创新的重点也不一样。在美国，市场主要是和 IT 赋能、大数据、个人数据相关，最新保险科技与健康险密切相关。在欧洲车险、房屋险、比价发展得不错，这和英国市场相关，英国市场导致这块创新发展得很好。在中国和印度，车险、比价、IT 公司这三大块也发展得比较好。从全球范围来看，英国、中国算是保险中介发展比较好的市场。

如果大家想去投资，寻找合作伙伴时，业务品种不同，目的地国家也不同，比如，和技术相关的主要是在美国，包括 IT、用户数据、大数据；和车险中介相关的且发展较好的公司主要在中国，这些公司大多是业务模式上创新。

保险科技的机会在哪里？

保险科技的机会主要体现在以下方面：

第一，与保险相关的业务，保险科技的机会主要是在医疗险、车险方面。保险科技公司，整体规模很大，包括提供 IT 赋能的公司，数据保护的公司，大数据分析的公司。2013—2015 年融资额一直保持旺盛。

第二，如果看保险、支付、信贷，保险科技公司尚没有出现 D 轮和 E 轮，但从支付和信贷来看，会看到很多 E 轮、D 轮大规模公司，说明保险科技还处于起步阶段，大规模的融资仍然还未出现。保险科技发展速度正需大力提升。2011 年，每个季度平均五六笔交易，但现在一个季度平均 50 笔左右的交易。保险科技，尤其在最近这两年，即 2014—2016 年，引起了整个科技界的高度重视，出现了前所未有的活跃态势。

第三，保险科技公司出现了两个独特的投资者，保险公司和再保险公司。2014 年开始，保险公司和再保险公司大规模投资保险科技公司，比如安联、Liberty mutual、平安创投、中国人寿，他们希望通过资本进入这些保险科技领域，与他的主业形成战略协同效应。

众安没有把主要的公司放在里面，因为融资额比较大。在传统的保险业务中，保险分析市场最大的融资有 Zhefte、Oscar，科技方面最大的基本都是和大数据有关的。

车险相对分散，有三条主线：第一条主线是按需购买、碎片化购买；第二条主线是车主服务圈，围绕着车主生活的服务延伸；第三条主线是车联网。寿险、养老险和储蓄领域，主线也非常明确，基本是智能投顾投资主线或创新主线。

"科技＋"时代的资本市场新风险

在资本市场的发展过程中，金融如何更好地和各路资本结合，发挥金融推动实体经济的正能量，减少它的负面冲击作用。这个问题值得众多创业者研究和探讨。在金融科技的背景下，金融与科技的融合如何推动资本市场健康、稳健地发展？

金融科技倒逼市场创新

我们现在所说的金融科技（Fintech），其实就是互联网金融。金融科技实际上就是以信息技术为主的金融创新。那么，除了金融科技以外，实施这些科技研发应用的就是我们所说的金融科技企业。金融科技企业，实际上就是将互联网和金融科技结合的企业。以前，这些企业不认为自己是金融企业，因为它们仅仅是提供一些技术，一些服务，它们要进入这个企业，必须得有门槛，比如牌照。

上海财经大学上海国际金融中心研究院资本市场首席专家金德环教授在微金融50人论坛举办的"2016·中国微金融峰会"上说道："金融科技企业今后可能会好一点，因为现在监管还是有非常严格的限制，没有牌照无法进入。"

上述人士指出，金融科技给整个资本市场带来很大的影响，它的主要工具和模式是网络支付。具体可以分成两类：一类是银行支付，也是网络，现在银行的电子银行的网络已经比较成熟了；另一类是非银行支付，也就是第三方支付，它受到严格的监管。同时，金融科技的创新，也正在改变传统的投资顾问公司。"智能投顾会加大力度规范我们的投资行为，提高效率，节约投资成本。所以，金融科技就是促进资本在市场之间、区域之间、国际之间的互联互通，就现在的资本市场格局来看，未来充满挑战。这也倒逼整个市场监管模式的创新。"

金融科技面临几大风险

"新出现的像智能选股、智能投资、智能策略交易、客户营销、精准营销等，对新的业务模式进行了一些推动。"上海景领投资管理公司董事长、兴业证券前副总裁兼首席风险官张训苏表示。在他看来，金融科技有以下风险：

第一是监管风险。金融科技在资本市场上对产品创新的推动，对各个方面的推动都面临着合规性问题，而且这个问题不是短时间能解决的，是长期面临的问题。

第二是法律风险。举个例子来说，比如互联网融资，通过互联网方式把融资融券的业务做了，但是平仓的时候出了问题。还有网上开户问题，一个客户在营业部开户了，他亏损了，然后怀疑投顾有问题。但是，这个人他本身有境外的护照，也有国内的身份证，这里就面临一个合规性的切入点。从法院来讲，我是境外的身份，不能够做 A 股，但是你的管理身份没有注销，所以在打官司的时候，在法律上就存在这个问题。

第三是运营风险。互联网金融面临一个组织问题。现有的业务，优秀的人员调到某个部门做某个业务，往往是大错特错，因为业务模式、思维模式、很多方式都固化了。绩效制度方面，传统绩效制度和现有的创新绩效制度完全不契合。

第四是技术风险。比如一个庞大的机房系统，有时候一个人进去随便弄一下插口，如果没有机制，没有跟踪系统，第二天可能就会出现大问题，这就是管理上的问题。

第五是风险偏好体系难以适应。这方面缺少经验和风险数据，管理难度非常大。再有敏感性分析、情感分析等都面临很大的问题。对于创新业务如何进行风险管理，老的风险体系因刚试运营，同时面临新业务、新创新，就要承担很大的责任。

第六是整个产品创新。互联网金融创新、互联网证券创新、智能证券创新、精准数据营销创新等，都面临着环境和基础问题。而现状是环境和基础都十分薄弱。以股票为例，股票是一个基础产品，也是一个现货产品，这个产品是否成熟，是否比较成熟，是否有很多问题，等等，如果这个基础产品都不成熟，或者很不成熟，所有的创新，所有的"互联网+"是建立在股票基础上的，那就会非常虚弱。

担心客户信息泄露？蚂蚁金服是这样做的

"我们大概将风险分为三类，第一类是底层的、系统方面的风险。这个层面上，我们团队会去做一些反入侵、反扫号等的检测。第二类是账户类安全，我们会对这些用户行为和画像进行刻画，尽量预防风险发生。第三类是业务所特有的，比如保险定价等，我们技术部门要做的是识别他的用户身份或者识别他的账户，反映用户本人的真实意愿。"

互联网快速发展的同时，也带来很多隐患，比如网络黑客攻击和客户信息泄露等。对于企业来说，可能防不胜防；对于客户来说，信息泄露会带来各种骚扰，令客户叫苦不迭。身处互联网保险浪潮中，如何将信息安全应用于实际工作中？《中国保险报》记者专访了蚂蚁金服大安全资深构架师李俊奎。

《中国保险报》：近来客户数据泄露事件频发，蚂蚁金服在保护客户数据方面有什么探索和实践？如何保护这些用户的信息安全？特别是有些保险用户可能会涉及一些隐私，如何保障数据安全？请您具体谈谈。

李俊奎：现在整个蚂蚁金服，我们从支付向金融生活这个角度去转变，其中保险就是我们很重要的一块。我们大概将风险分为三类，第一类是底层的、系统方面的风险，比如网络被攻击了，系统上面有漏洞，这个我们叫系统安全。这个层面上，我们团队会去做一些反入侵、反扫号等的检测，进行攻防对抗，这个比较容易理解。第二类是账户类安全，保险它就有这种账户的特点，比如说每个客户都要有个账户，我们会对这些用户行为和画像进行刻画，尽量预防风险发生。第三类是业务所特有的，因为保险其实本身是一个风险业务，我可能预知这样的风险，比如保险定价等，这些属于业务本身风险层面，由业务部门来做，我们技术部门要做的是识别他的用户身份或者识别他的账户，反映用户本人的真实意愿。

我们把客户数据安全当成我们生命线一样来维护，把它当成眼睛一样保护。我们首先是要把自己这个平台上面的信息或者数据的隐患控制住，在这个方面，我们就是不断地做各种监控和处置。其次，随着我们的深入，发现现在用户的信息很多情况下不是在平台这个角度泄露，可能是在互联网其他地方泄露了，这种情况对我们也是有损害的，所以现在的思路就是我们要去赋能我们的上下游，比如一些商户这个层面，我们去给他做这种漏洞检测，提高整体的安全水位。再次，我们有风险情报合作，这个层面上是可以相互促进。

在互联网方面，对这种新兴技术，我们首先需要考虑的是，能否解决用户的问题，比如我们引入了人脸识别等多种生物技术，在这个技术上面加强。然后我们要通过对用户心智的理解来确定这个用户的实际风险画像。特别是对新用户，因为他对整个这种新型技术的感知，其实比较弱，所以我们要不断地优化这种技术，让他感觉方便，给他保护，所以我们在背后是做了很多这种分析工作。

《中国保险报》：现在"金融科技"非常火，对此，您怎么看？

李俊奎：金融科技的本质还是金融，它的金融本质是没有变的，只是我们用互联网的技术，把金融服务贯彻到老百姓的日常中去，然后做他的生活服务。这个层面上，我们认为服务小微企业，还有普通用户，这个层面上，我觉得可能会带来更大的价值，这个也是我们蚂蚁金服为什么要一直坚持往这个方向发展。

就好比有很多产品不是说我非要做多大，而是可能就很小，比如芝麻信用就是很小型的，每个用户都有，它在日常的生活中会积累你的点滴信用，这个层面来说，它是非常好的一个评价体系。

2016 年我们在推进互联网推进器计划，或者我们称为开放平台这样一个计划。在开放平台计划中，我们把安全作为一项很重要的东西放到里面，随着我们的业务一起来开放。然后把安全的能力也开放给我们的合作伙伴，开放给我们的商户。因为大家的风险意识，或者风险的这种技术的能力是不一样的，我们把我们沉淀了十几年的这样的经验，或者这种技术的能力开放给他，然后让他不至于说成一个短板。

《中国保险报》：把技术都交给商户，是否会担心被替代？以后他就不需要你们去做了？

李俊奎：合作，其实就是一种技术服务的合作，我们这种开放的服务的能力，这个我们倒不是很担心的。现实中其实是你中有我，我中有你这种情况，就是说风险面前谁也不能独善其身，因为在实际过程中，如果守着这一块平台，我们发现我们守不住的。比如其他地方，如果是一个很弱的短板，他在那里不断的泄露用户的数据、信息，那么其实也会成为很大的攻击对象，这对我们来说也会受到影响。我们相信只有服务好商户或者合作伙伴，我们才是成功的。

六、2016年互联网保险市场盘点

互联网保险回归保障

人身险爆发式增长

根据中国保险行业协会发布的统计数据显示，2016年1~10月，互联网人身保险累计规模保费达1466.3亿元。截至目前，共有61家公司开展互联网保险业务。

从业务结构来看，在互联网人身保险各险种中，寿险的优势地位非常明显，实现年化规模保费1192.3亿元，占互联网人身保险保费收入的81.3%。其中，投连险和万能险仍占据寿险的主要地位，分别占57.8%和17.5%。年金保险实现年化规模保费228.6亿元，成为仅次于寿险的第二大人身险险种，占互联网人身保险保费收入的比重达15.6%。在互联网健康保险中，费用报销型医疗保险为健康险主力险种，占互联网健康保险保费的比重高达54.3%。虽然意外险的保费收入仅占互联网人身保险保费收入的1.3%，但从承保件数看，占人身保险公司互联网保险业务承保件数的比例高达66.9%，成为互联网人身保险各险种中的"件数王"，其中规模保费最多的为交通意外保险，以76.2%的保费占比成为互联网意外保险的主力产品。从以上数据不难看出，互联网人身险的主力仍是理财型险种。

"这与保险购买人群有一定关系，互联网保险购买人群偏年轻化，而这一人群更偏爱理财。"国务院发展研究中心金融研究所教授兼博士生导师朱俊生表示。

有关业内人士指出，"理财型产品占比高，其实和公司导向、代理人、消费者都有一定关系，尤其是开门红期间，公司主推理财型产品，因为规模大、上量快，代理人方面的佣金也高，而消费者想到保险也是和收益挂钩，形成了买保险看收益的错误理念。"

"2016年底的监管风暴会使过于激进的理财型产品线收缩，促使互联网人身险产品在2017年更多地回归保障属性。"山西财经大学财政金融学院保险系主任王朝晖表示。

在理财型产品规模渐起之时，一些互联网保险公司和中介公司、平台积极践行"保险姓保"，推出了一系列保障型产品，起到了很好的市场教育和示范作用。例如，众安保险推出的一款互联网医疗险"尊享e生"，该款产品由于价格极低，一经推出就广受欢迎；泰康在线也推出一款名为"尊享医疗"的中端医疗险。也有不少公司在长期寿险和重疾险方面发力。例如，明亚保险经纪近日联合同方全球人寿推出一款通过互联网渠道销售的"优选寿险2.0版"纯消费型产品；互联网保险定制平台悟空保与华夏保险共同推出"YOYO至尊保"重大疾病产品。

财险碎片化同质化严重

从净利润来看，2016年上半年，3家互联网保险公司为负值。其中，泰康在线实现净利润为 –12558.57万元；安心保险实现净利润为 –297.93万元；易安保险实现净利润为 –2457.00万元。模式单一、突围无力、流量有限，导致现在大部分互联网保险平台都处于亏损阶段。

"这也倒逼了互联网保险公司做更多的创新，而所谓的'创新'在于：第一，能够改变或者纠正现有某个错误的模式或路径，以此引导行业走向正确方向；第二，彻底颠覆目前的模式，走另类路线。"朱俊生认为，目前很多产品"概率高、损失高"，而互联网保险产品其实更应该符合保险"概率低、损失高"的特征，未来产品设计应朝着这个方向发展。

2016年前7个月，互联网财险累计保费收入330.02亿元，占财险公司保费收入5341.89亿元的6.18%，同比负增长22.37%。其中，占据大头（近八成）的车险下滑明显。业内人士认为，互联网车险保费下滑与商业车险改革有关系。车险作为网销保险的最大险种，改革之后不管是网销、电销、传统保险价格都是一样的，以往的电网销售优惠 15% 的优势不复存在，所以大量业务回流传统保险出单模式。

"对于互联网保险和创业公司来说，未来竞争点不是价格，而是在如何为客户创造价值和服务上面做文章。"朱俊生表示。

宜保通常务副总经理杨帆认为，场景化的保险和技术驱动型的保险将是未来互联网保险发展方向，比如退货运费险这类场景化很强的产品，以及可以实现精准定价的技术运用，都将助力互联网保险的发展。

第三方互联网保险平台崛起

在 2016 年 1~10 月，在互联网人身保险 1466.3 亿元保费规模中，通过第三方网站合作实现的业务保费规模累计 1394.2 亿元，占 95.1%。有人因此担心，传统保险公司过度依赖第三方平台。

第三方互联网保险平台一般分为代理公司或者经纪公司、保险科技、服务咨询几类。这类公司一般有两条发展路线：一条是专业中介路线，发展O2O 模式，建立线上 + 线下矩阵；另一条受制于牌照，只能服务于保险公司，为保险公司出谋划策或提供技术服务。

"传统公司和第三方平台各有优势劣势，但是互联网经济是一种共享经济，方向上必定走向融合。"互联网保险资深研究人士说。

明亚保险经纪董事长杨臣则表示，互联网保险时代仍需要保险经纪人来为客户规划全面的风险保障，短时间内经纪人不会被互联网替代。

泛华金控董事长胡义南认为，"随着费率市场化的深入推进，大量的保险公司营销员将脱离现有组织模式成为独立代理人。而离开组织的单个的独立代理人绝大部分会很快阵亡，市场需要更多强大的独立第三方的后援支持平台，能够供给全面金融产品、教育培训、移动展业、客户服务、品牌一体化管理系统等支持。因此，保险中介公司的核心竞争价值是线上平台和线下实体组织，做好对营销员的深度理解和支持才是保险中介公司的正道、王道。"

宁波市保险行业协会常务副会长兼秘书长邵洪吉表示，互联网大大拓宽了保险业的视野，更重要的是，在这个无限的资源集合里，保险可以低成本、快速地和各种资源进行连接，保险业从一个点变成了一个连接 N 个点的网络。连接以后，如何融合是关键，无论是体验也好，渠道创新也好，都是保险与相关资源的对接和融合。同时，保险也会变得越来越简单。在他看来，互联网保险公司更多要做的是将简单交给客户，将复杂留给自己。

2016年互联网保险八大关键词

回首 2016 年，这一年，互联网保险市场发生了诸多变化。展望 2017 年，互联网保险市场又将会发生哪些令人期待的变化？看似遥不可及的新技术是否能够颠覆传统保险业态？本文总结 2016 年互联网保险市场那些事儿，展望 2017 年几大趋势，并有创业者、投资人、专家等不同角度的观点交锋，以期为读者带来一场饕餮盛宴。

2016 年的互联网保险市场热闹非凡，出现了百花齐放的局面。这一年，以 BATJ 为首的四大巨头积极布局保险市场，或参与设立保险公司，或成立金融公司代理保险业务，意欲在互联网保险领域分一杯羹；这一年，四家互联网保险公司纷纷成立，形成了"四足鼎立"的局面；这一年，保险产品创新摒弃了噱头，更多地回归保障；这一年，保险科技成为热词，走进人们的视野，并开始运用到保险业务中；这一年，资本纷纷涌入互联网保险领域，尽管遭遇资本寒冬也挡不住互联网保险的热度。下面，我们一起来细数 2016 年互联网保险市场的八大关键词。

NO.1：监管

在 2015 年发布的《互联网保险业务暂行管理办法》基础上，2016 年，监管部门针对一些不合规的互联网保险平台进行了严厉整顿。2016 年上半年，首先对网络互助平台进行整顿，对以保险名义开展网络互助的平台进行了点名。下半年开始，针对第三方互联网保险平台进行了严格界定，并提出无保险牌照的第三方不得变相经营保险业务、收取保费。2016 年底，又对以保险名义开展网络互助的平台发出最后通牒，并给予整治的最后期限。由此可以看出，对于互联网保险的监管日渐趋严，在鼓励创新的同时，更注重风险防控。

NO.2：融资

2016年互联网保险出现了融资热现象，几乎各种模式都有人投，而且每个模式下都能出现一个独角兽，这也说明保险市场足够大。据互联网保观统计，截至2016年，除网络互助外，互联网保险领域获得融资的公司近50家，而这50家中有10家的融资总额已过亿元。不难发现，2016年大额融资逐渐增多，并且早几年成立的创业公司大多数都走到了B轮。

NO.3：科技

每一次技术的进步都会引起一场社会变革。2016年，伴随着互联网的快速发展，科技也迎来了前所未有的发展。科技正在改变着你我的生活，影响我们的衣食住行用。而随着大数据、区块链、人工智能的兴起，保险业也正面临一场颠覆性的变革。大数据定价、智能合约、智能客服、UBI车险、可穿戴设备、各种APP的应用等，这些都在润物细无声中冲击着传统保险业，助力传统保险业互联网转型。比较有代表性的事件是众安保险在2016年成立众安科技公司，专注于区块链、人工智能等技术的研究。如果保险是生活的必需品，那科技一定是起到锦上添花之用，成为保险让生活更美好的助推器。

NO.4：服务

提到保险，是最能和服务相联系的行业之一。2016年，保险业在积极践行"保险姓保"的基础上，更注重服务。而互联网保险公司相比传统公司，在服务方面更胜一筹。原因在于，互联网保险业务交易性质很大程度上取决于客户体验，而客户体验优劣直接影响客户购买，所以服务则成为各家公司的王牌和撒手锏。服务举措方面，第三方互联网保险平台更具代表性，因为他们更多地站在客户角度、代表着客户利益。如一站式保险服务平台慧择网在2016年底首次推出了客户记录公开服务，也就是说，客户的所有购买信息都能在线查询，这也积极践行了监管部门对于保险销售行为的监管要求，此举的实施意味着互联网保险进入"有迹可循"时代；企业保险定制平台保险极客在 2016 年底发布理赔 2.0 服务，即享受企业团险的员工和个人，全国范围内医疗费用 5 个工作日内结案付款，直击保险理赔痛点。

NO.5：创新

2016 年互联网保险创新点最多的是产品创新。这一年，保险产品摒弃了噱头成分，更多的回归保障，传递行业正能量。如果说 2015 年大家还在互联网保险发展道路上探索，2016 年则是在探索中取得突破的一年，找准了方向，符合用户需求，产品自然更接地气。这一年，我们看到了一些具有积极意义、尚且在一些领域保障欠缺的保险产品出现，填补了市场空白。比如，易安保险联合天气科技推出国内首款"气象指数保险"，根据天气情况来弥补投保人损失，更多的是解决了上班族的痛点；掌中保 360 在线联合利宝保险推出了国内首款针对旅游消费欺诈风险的保险产品"安心旅游险"，对于指定范围内的旅游宰客、纠纷给予保障，虽然后期核赔工作尚有难度，但是大胆创新的精神值得肯定。

NO.6：跨界

2016 年互联网保险快速发展，所能渗透的领域也越来越多。可以说，只要有风险的场景都能和保险相关联。这一年，我们看到更多的跨界合作。比如泰康在线定位是"互联网保险＋大健康"，保险与养老、医疗、地产相结合，实现价值链的发展；互联网保险定制平台悟空保联手泰康在线和医美平台深耕"互联网保险＋医美"行业，推出整容保险，解决医美行业痛点；互联网保险生态平台海绵保深耕"互联网保险＋驾培"市场，与平安保险和互联网驾校联合推出了"驾考宝"，深度垂直，解决了该领域的痛点；掌中保 360 在线与利宝保险推出了旅游防欺诈"安心旅游险"，深耕"互联网保险＋旅游"市场。

NO.7：牌照

2016 年，四家互联网保险公司形成了"四足鼎立"局面，市场上不少主体都看好互联网保险这块大蛋糕，但是却止步于牌照，只能以第三方中介平台或者科技、服务公司身份出现。同年，监管部门还获准了三家相互保险筹建，对于市场上网络互助平台来说是件好事，但是这一群体由于属性不明确，尚不能界定为保险，所以归属成为难题，想要拿到保险牌照无疑是难上加难。"一牌难求"成为这一年互联网保险领域的真实写照。

NO.8：多元

2016年互联网保险市场出现了百花齐放、百家争鸣的市场格局。除四家专业互联网保险公司外，市场上出现了第三方互联网保险中介平台（如慧择网、开心保）、针对企业定制的 TO B 模式（如悟空保、保险极客、海绵保、保掌柜）、针对个人定制的 TO C 模式（如小雨伞、大特保）、针对代理人的 TO A 模式（如最惠保、保险师）、科技服务类公司模式（如车车车险、小保科技、OK 车险、里程保）、金融服务公司模式（如宜保通金融服务集团、大道金服）。市场够大，跑道上的选手也越来越多。目前来看，各种模式不存在孰优孰劣，也不存在竞争和厮杀，都有各自的优势和存在的理由。但是可以肯定的是，能够长久立于市场不败之地的，一定是能够从根本上解决客户痛点的企业和模式。

相关链接

2017 年互联网保险三大方向

2016年，互联网保险市场迎来爆发式增长，尤其是寿险产品，增长速度飞快。这一年，互联网保险公司推出的产品越来越接地气、同时渐渐回归保障。互联网保险发展的同时也依赖于资本的青睐，资本在这一年也是纷纷涌向互联网保险领域，一定程度上助推了互联网保险的发展。这一年，我们发现，科技一词越来越受到各家互联网保险机构和资本的青睐。已经到来的2017年，市场会有哪些动向和趋势？

监管趋严

金融业发展离不开监管，作为传统行业的保险业，更是与监管密切相连。

2016 年，监管加大了对于网络互助、第三方平台的界定和整顿，肃清了互联网保险市场上一些不规范行为，利于进一步实现市场良性发展。可以预见，2017 年监管对于互联网保险市场的监管会愈加严格。

保险科技

在 2016 年下半年时，Insurtech 开始在互联网保险领域蔓延，从而成为最能引领未来互联网保险领域发展的代表性事物。Insurtech 最早发源于美国，后来慢慢被众多创业者带到了国内。市场一下子就被这个新鲜事物所吸引，一时间成为行业热议的话题。这一事物最早应用于车险领域，比较有代表性的是 UBI 车险的技术应用，因为车险相比寿险等其他险种简单，同时又是刚需，所以操作起来较为容易，这也是众多创业者和投资人看好 Insurtech 在车险领域应用的原因。接下来，Insurtech 会在一些简单的险种上实现应用，提高保险效率，增强用户体验，比如智能投顾的应用。可以预计，随着互联网保险的与时俱进，2017 年我们会看到更多这类科技公司出现，从而助力传统公司实现转型发展。

跨界合作

除了 2016 年市场上出现的各种模式外，互联网保险下一步将渗透到更多领域，比如"互联网保险＋物流""互联网保险＋家装""互联网保险＋孕婴"，等等。而且这些领域的保险需求会涉及多个险种。由此可以推断，跨界合作将成为 2017 年的主旋律。

互联网保险创业者：
回首2016年，角逐2017年

在《互联网保险业务暂行管理办法》的基础上，2016年，互联网保险市场群雄逐鹿，出现了百花齐放、百家争鸣的市场格局。与此同时，随着"大众创业、万众创新"的国家政策支持，越来越多有志青年投入到创业大潮中，而互联网保险领域的创业尤为抢眼。与此同时，互联网保险因其发展潜力巨大，也成为资本竞相追逐的"宠儿"。走过2016年，互联网保险在创业者心中留下了哪些印记？展望2017年，互联网保险市场又将迎来哪些精彩？紧随互联网保险各具代表性的几种模式的创始人来走入互联网保险的2016年和2017年。

互联网保险公司篇

泰康在线总裁兼CEO王道南：

2017年三大方向：生态圈、技术驱动、传统保险互联网化

Q：您认为2016年互联网保险市场有几大关键词？2016年互联网保险市场让您印象最为深刻的是哪一方面？或者说存在哪些问题有待破解？

A：2016年互联网保险市场有两大关键词：竞争激烈、监管严格。与此同时，有几大问题有待破解：第一，场景。场景都在渠道手里，因此渠道的话语权很高，保险公司如何在场景上突围、争取更多主动权是一大考验。第二，价格竞争。保险产品定价要根据经验数字，经验数字没有积累之前如何处理，这是一个很大的挑战。第三，用户黏度。保险是一个非常低频的产品，客户在购买了保险之后不会每天登录APP来查看，也不会每天打开保险公司的微信公众号，所以无论是互联网保险公司还是传统保险公司，

能否黏住用户是一大挑战，如果能黏住客户，后续要转化到其他有价值的产品就相对容易了。

Q：监管对于互联网保险的态度更多的是让产品回归保障，作为公司领军人，如何结合公司发展来贯彻这一规定？

A：泰康在线自成立以来，一直坚持以产寿结合作为发展方向，以"互联网保险＋大健康"作为发展战略，尤其是作为国内首家以保险集团背景发起成立的互联网保险公司，这也是一大优势所在。我们认为，互联网保险无论如何发展、如何创新，最终都需要回归到保障本身。

Q：2017 年，您对互联网保险市场有哪些期待？您觉得互联网保险下一步会发生哪些变化？

A：2017 年，互联网保险市场的发展前景会更加广阔，技术创新以及各项最新技术的应用也将进一步驱动行业升级，同时产品的保障功能将进一步得到强化。

互联网保险下一步发展主流将是构建互联网生态圈、技术驱动以及将传统保险更好地互联网化，这三个领域既各自为主线，又相互有交叉，场景化、创新型和体验式的理念将贯穿其中。互联网保险的生态包含用户、产品、场景、保险公司以及合作伙伴。在这一生态体系下，保险可以通过互联网创新不断突破时间、地域、行业的各种界限。电商、手机、航旅、医疗健康、物流、金融等客户和数据聚集的行业都是互联网保险施展拳脚的重要阵地，加之互联网保险有着更加开放的平台以及更为标准化、碎片化、可复制化的产品，这将激发并挖掘社会消费中的各类新型保险需求。

而随着技术的更新换代，与可穿戴设备、生物识别、人工智能、基因工程、车联网、大数据等技术相关的创新保险将陆续出现，原有保险模式也将改变。技术革新将带来产品设计、承保、风控、客户服务等全流程的变化，客户将会得到更好的保险体验。

Q：作为公司领军人，您在 2017 年有哪些规划？

A：泰康在线将继续坚持产寿结合的发展方向，主要从三个方面着手实践互联网保险深远发展。第一，坚持发展自有平台。互联网保险公司通过自建平台才能真正实现去中介化、低成本、信息透明的互联网本质，降低保险公司成本，为客户提供更实惠的保险产品，强化保险公司和用户的联系。第二，进一步拓展互联网生态。全方位融入广阔的互联网生态是所有互联网保险公司开展业务的第一步，泰康在线成立一年已累计签约近 200 家合作渠道，开发了 200 余款新产品，从简单的"渠道＋产品"模式转变为"一个领域＋一揽子解决方案"，下一步互联网生态仍将是泰康在线发展的一大抓手。第三，依托集团资源。依托泰康集团"活力养老、高端医疗、卓越理财、终极关怀"四位一体的商业模式以及集团强大的线下代理人团队，在产品销售、产品创新、商业模式创新、落地服务等各方面与集团进行合作，实现资源共享。尤其是泰康在线已于 2016 年 12 月 29 日获批车险牌照，在极其重服务的车险领域，集团强大的线下资源无疑将成为泰康在线发展互联网车险业务的一大利器。

易安保险 CEO 曹海菁：

做好互联网保险的关键是融合

Q：您认为 2016 年互联网保险市场让您印象深刻的是哪方面？

A：在我看来，2016 年互联网保险市场可以用"创新、规范、融合、使命"这四个词来归纳。创新，是互联网保险发展的基因，2016 年互联网保险创新不再追逐"噱头型"产品，真正立足于客户需求，提供互联网化的解决方案；规范，是互联网保险发展的土壤，随着《互联网保险业务监管暂行办法》的发布和一系列互联网保险监管政策和自查自纠活动的出台，互联网保险市场逐步走上了健康、有序、和谐发展的道路；融合，是互联网保险发展的路径，是对商业习惯和商业逻辑的重构，跨界融合，实现共赢；使命，是互联网保险发展的责任，随着互联网保险的市场份额逐渐提高，互联网保险应肩负起更多的社会责任，坚守合规底线，推动保险回归普惠、互助、保障的本质。

Q：监管对于互联网保险领域监管趋严的同时，也在鼓励更多的创新，对此，您怎么看？

A：监管层防范风险频出招，意在引导保险公司回归保障本质，肃清互联网保险的乱象，促进互联网保险的健康发展。易安作为第四家获批的互联网保险公司，一直以来积极响应监管行动，围绕用户生活中切身遇到的各种场景，对传统产品形态和产品运营流程进行再造，采用场景化、碎片化、细分策略、服务整合的技术路径，开发了一系列创新型互联网保险产品，致力于在规范的前提下寻找互联网化的解决方案，攻克传统保险痛点。比如，2016 年，易安携手多家医疗健康供应商，推出挂号服务费用补偿保险。通过对传统健康保险产品的保险责任的碎片化，产品运营的场景化和业务流程的便捷化，将医疗服务最前端的挂号场景单独碎片化，解决客户"挂号难"的问题。2016 年 12 月，易安携手天气科技、慧择保险经纪及华谊保险代理，面向公众发布气象指数保险 DIY 服务。

从上述创新实践可以看出，易安的产品创新都是从用户需求出发，以互联网手段为客户寻找具体的解决方案，真正落实监管"保险姓保"的号召，回归保障的本质。

Q：在您看来互联网保险下一步会发生哪些变化？

A：互联网保险发展正在迈入新纪元。毫无疑问，互联网保险的经营模式正在快速渗透、改变乃至颠覆保险产业链中的多个环节。近年来，大数据、云计算、移动互联等基础技术为互联网保险的发展提供了强力支撑，区块链、物联网、人工智能、基因诊疗等新兴技术将革命性改变保险业态，为保险业的转型升级提供充足动力和赋予其无限可能性。

我认为，做好互联网保险的关键是融合。互联网保险，一定是告别传统保险刚性技术路径的新生力量，是对商业习惯和商业逻辑的重构。在实践中，就是要在充分理解互联网本质的前提下，寻求保险行业与其他产业融合发展、跨界共生的完美契合，将互联网保险和其他行业结合创造出完全不一样的东西。

Q：作为公司领军人，您在 2017 年有什么计划和创新举措？

A：按照公司的设想，在探索互联网保险发展模式的道路上，分成"连接""共享""孵化"三步。在 2017 年，易安首先要做的就是"连接"，广泛连接各种渠道和资源，建立一套标准化快速响应的内部运作机制，基于这样的战略目标和实施途径，易安将主要从以下三方面着手：首先，通过渠道创新做好"搬运工"。线下产品线上化是"搬运工"的主要特点，将一些传统模式的产品通过互联网和新技术的手段来实现，将个人客户线上迁移，实施客户在线化经营。其次，通过产品创新转型"改造工"。主要以"把原来缺乏保险需求的产品卖出去"为特点，这样的产品脱胎于传统保险，但经过互联网的模式再造，改变了利益格局和价值链条，因此产生新的生命力。最后，通过商业模式创新成为"造物主"。对于未来科技的冲击，我们也在做一些准备，很快这个行业里就会出现这样的变化。例如，人工智能、物联网、UBI、智能家居、智慧城市等，在这些领域虽然都处在探索阶段，但都可能创造出新的保险需求或者新的服务工具，那么对现有渠道、现有业务模式、现有价值链都将产生巨大冲击。

科技公司篇

最惠保创始人陈文志：

互联网是最能践行"保险姓保"的渠道

2016 年互联网保险市场呈现出以下特点：爆发、分化、规范、回归保障。

2015—2016 年是互联网保险平台的爆发期。在这段时间，中国保险市场涌现了数量众多的互联网保险创业公司，维度涉猎渠道、产品、技术、UBI、服务等。这些互联网保险的创业项目，已经进入分化的时代。有不少是符合保险行业发展规律的，是真实需求的反映，能够在实践中不断找到定位和出路。但更多项目的需求可能只不过是想象中的，或者需求本身不够强烈，将面临逐步被淘汰或主动转型。

在创业激情爆发的年代，各种概念保险鱼龙混杂，甚至出现伪保险创业项目。为避免重蹈 P2P 市场的风险，监管部门果断采取监管措施，对互联网保险出台政策引导以及通过各种方式进行规范，已经取得阶段性成效。

每个有情怀的保险人，都知道保险一定要姓保，都希望能够为老百姓提供真正的保障。但为什么实践过程中，那么多非保险的保险产品还在销售呢？其中一个重要的原因，就是渠道成本太高了。纯保障的保险产品保费低，产生佣金不足以支撑渠道销售成本。低佣金的产品业务员不肯卖，保险公司只得往上面附加东西。

互联网是最能践行"保险姓保"的渠道。一种方式就是通过新的技术和渠道，可以更好拉近保险公司与客户之间的距离，极大降低产品的复杂度和渠道成本，这样低保费的纯保险产品也可以销售出去。另一种方式就是提升渠道的信息化程度，帮助保险营销员降低销售成本，提升产能，增加收入，业务员就更愿意销售纯保障保险产品。

这也是我从保险公司出来，创立最惠保的宗旨。就是要帮助全国数百万的保险营销员更好展业，降成本、增收入，让保险公司和客户都可以得到实惠。

我认为，2017 年，互联网保险市场还将继续分化，好的项目能够得到资金和渠道的支持，获得更加广阔的发展；更多伪需求创立的项目，势必会逐步退去光环。另外需要强调的是，无论概念多好的互联网保险项目，不解决保险业的实际问题，就难以找到生存之地。不能解决实际问题，就很难拿到资本市场的钱来支持公司发展。随着资本寒冬的持续，投资者也越来越精明，没有前景的项目将越来越难融到资金；反之，好的项目，资本会趋之若鹜。

2017 年，最惠保要做的还是继续把基础夯实，服务好合作的保险公司，服务好一线保险营销员，把车险交易做深做透，把车险服务做好。

车车科技 CEO 张磊：

技术将全面推动保险业改革和创新

在我看来，2016 年互联网保险市场有几大关键词：（1）"保险姓保"。"保险姓保"是保险业实现价值的根基，是行业稳定健康发展、服务经济社会的根本要求。（2）"融资井喷"。从 2012 年到 2016 年 8 月，共发生 51 起互联网保险融资事件。其中，2015 年增长明显，共有 26 起，相比 2014 年增长了 225%。而截至 2016 年 8 月底，13 家互联网保险创业企业 2016 年共发生 15 起融资事件。其中，以围绕车险方面的变革创新尤为值得关注。（3）"互助退烧"。2015 年，继互联网车险之后，互助保险再次成为行业宠儿。但是，在 2016 年，监管也对网络互助做了清晰的界定，如不得使用"保障""保证"等字眼，同时应与保险产品划清界线。（4）"三足鼎立"。目前互联网保险大格局大致为三足鼎立的局面，首先是传统保险公司营造生态圈，以平安为例；第二类是互联网保险公司借车险入局，以众安保险、安心保险、易安保险等为例；第三类是创业型公司万生相，致力于围绕车险产业链变革的各个环节。（5）"保险科技"。全球刮起保险科技风潮，科技助力保险业升级发展，在 IT 赋能、区块链、大数据、人工智能和安全方面不断涌现出专业的创业公司。国内，众安成立众安科技，车车科技宣布打造互联网开放平台，提升保险公司的效率，为各行各业提供保险增值服务。

2016 年印象最为深刻的是马云在"2016 中国保险业发展年会"上提出未来 30 年内，云计算、大数据、人工智能都会成为基本的公共服务，在数据革命的推动下，社会将变得更高效、更公平，各行各业都将进入改革深水区。而保险是最早应用大数据的行业，是建立在信任和互助基础上的金融工具，在给予国民"保障"和"安全感"方面，保险业大有可为，并判断将有如下三大变化：产品简化、组织改革和监管创新。

总结而言，技术将全面推动保险业的改革和创新。

2017 年，希望互联网保险市场继续以"开放、创新、共享、自律"为发展主旋律。希望监管层可以在风险可控的情况下，鼓励更多的创新险种试水，迭代更新。希望保险公司投入更多的资源与第三方平台一起加速保险的互联网化。希望有更优秀的互联网人才加入到互联网保险创业中来。

在我看来，互联网保险下一步的变化主要是保险与科技的融合。现阶段我们主要做的是融合，前端用户接触和购买习惯的培养，后端的 IT 能力的提升，都是融合。概括而言，就是我一直比较推崇保险科技的说法，保险公司做产品，保险科技帮助保险公司优化、创新产品和销售渠道，甚至经营粉丝。

车车科技在 2017 年的计划主要有三个方面：首先，加大培养和鼓励用户网上买车险，继续优化提升传统保险公司产品的互联网渠道化，连接更多的互联网场景。其次，以"按天买车险"为创新契机，加大创新产品的尝试和推广力度，联合保险公司继续挖掘更多的创新产品，促进保险产品的优化。最后，我们计划在健康、意外、人寿、理财等保险的推广上，加入更多的智能推荐，让消费者能更快地找到属于自己的保障方案，让好产品自带光环，浮出水面。

小保科技 CEO 李恒：

围绕人做文章销售流程越简单越好

为解决用户痛点，小保科技联手保险公司推出了基于场景化、碎片化的产品，比如电动车骑行保、手机碎屏保、赛事意外险等产品，都是我们基于用户生活中常遇到的风险，联合保险公司设计推广的创新保险产品。2016 年，这些产品推入市场以来，已经为数千万用户提供了风险保障服务，广受用户和市场好评。这类场景化、碎片化产品，贴近用户的日常生活，保障内容上更具针对性。与传统保险产品相比，无论是价格、体验、还是理赔服务等，让消费者更容易接受。由此看来，这些产品具备着一定的保险教育功能。

在中国，保险未出现爆发式增长，很大原因是大众的保险认知缺失，然而教育认知是一条很长的路。生硬的、告知式传播科普方式，我认为不大合适，这已经在中国市场践行了几十年，说明还需另辟新径。那么，场景化、碎片化保险产品则是未来发展方向，用体验的方式完成保险认知工作。其实大众心里知道风险的存在，可由于以往保险产品种类单一、费用高、投保理赔流程复杂等问题，人们就不会主动地想到用保险管控风险。而碎片化的产品恰好能够让人们花小钱买大保障，让人们愿意接受保险。总之，我认为这种形式更符合今天的大众消费理念和习惯。这也是小保科技始终坚持的理念——围绕人、服务人，开发设计的产品都是人们生活中的"必需品"，产品也易于理解，再通过我们的大数据平台，优化购买、核保、服务等流程，"去繁从简"，让保险真正走进每个中国人的生活中。

在做好用户需求产品定制的基础上，我们还特别注重服务这块，小保拥有遍布全国的维修网络、1800家维修商、20000各手机维修工程师在使用小保自有的保宝修平台接单，可以为用户提供一站式服务。

这个平台的价值不仅体现在广大用户身上，对保险公司来说也有优势，是一种很好的补充功能。首先是降低成本，以汽车服务为例，如果用户在保宝修平台维修，平台能够收集到大量的用户信息；再通过大数据形式，整理分析出险情况，用户画像等因素，并将其应用于保险产品的风控、定价等方面。其次，就是帮助保险公司提升后端服务能力，完善产品体验。对用户的话，当然能够方便进行维修服务，使用户拥有更加顺畅的体验，也节省了维修成本。由此，"互联网保险＋服务"一定是未来互联网保险发展方向。

我认为2017年的互联网保险将会有几大趋势：第一，强者愈强，大型公司在较大赛道赛跑；小型公司则在单一赛道赛跑，但可能会产生更多机会。第二，客户会更加接受互联网这种保险购买方式，逐步脱离代理人，产品也将会更容易让客户理解。第三，保险公司在销售端，也就是供给端已经是红海，未来竞争将更加激烈，但也将面临更多机会。

OK车险创始人齐石：

互联网时代与客户互动式的风险共管

2016年互联网保险领域的关键词，首先是"监管"必不可少。随着互联网金融的整治，保监会也三令五申"保险姓保"，为保险的互联网创新定调。除此之外，我觉得还有"价值"和"风险"。随着资本市场的回归理性，创业者更多要从行业本质思考，为用户和行业创造价值。2016年，我们看到了更多服务于保险行业的2B模式的创业公司涌现以及获得投资，从保险行业运营的各个角度提供增效服务。同时，从商业模式的风险控制到运营管理的风险控制也越来越得到了监管、行业和创业者的重视。

总体而言，我认为互联网保险或者InsurTech要有理性的自身定位。作为传统保险的补充，要坚持良性创新、价值创新，切实为中国保险行业的发展作出有益贡献。

OK车险作为以"风控"为核心使命的创业公司，我们利用独立研发并取得了发明专利的"手机车联网"技术获取了海量用户驾驶行为数据，并与国内外的保险数据公司和再保公司合作开发基于驾驶行为的新一代车险风控模型，真正从风控的根源上提升行业的运作效率。

同时，OK车险也是较少的坚持2C模式的InsurTech创业公司。我们以为用户带来更好的车险体验为使命，推出了多个满足用户需求、获得良好市场口碑的创新服务。比如，我们推出了量化评测车主驾车安全的数据产品"OK驾值"，把培养良好驾驶习惯落实到车主的每次驾驶行为中。对于由于智能手机普及而导致的新型交通隐患——"盲驾"，我们推出了"驾驶安全模式"，利用我们的技术帮助用户在开车时屏蔽掉手机的干扰，专注驾驶，提升安全。

我认为，互联网时代的保险是保险公司和客户之间互动式的风险共管，是基于科技和数据的微量风险度量和行为引导。保险回归保障，优化风险管理，提升保障效率，是我们追求的目标。

2017年，我们有三大期待：第一，期待监管继续鼓励和支持互联网保险的创新，允许互联网保险在一定范围内有突破性尝试。保险公司作为风险管理的主体，承担着重大的社会责任和经营风险，天然对于创新保持谨慎态度。而创业公司在管理体制、市场敏锐度、对新技术和理念的接受和执行层面，具备保险公司不具备的基因。这两种力量应该是优势互补、融合并存的。第二，期待资本，尤其是和保险业相关的产业资本，能够继续关注InsurTech领域的创业，并且更加务实和落地。第三，期待创业者们继续努力，实现更多的良性创新，让消费者从中受益。

第三方互联网保险平台篇

开心保CEO李杰：

通过场景打造入口级产品

我认为2016年互联网保险市场主要有两个关键词：场景和烧钱。

2016年，互联网保险把场景定制吹捧上天，又回落人间，过分强调场景，而不关注保险产品的特殊属性和用户需求痛点，并不能从根本上解决流量和用户黏性问题。一方面，很多人都认为保险一定要和场景结合，要定制产品，甚至认为有场景就拥有客户，但最后大家往往发现，场景是别人的场景，而很多为场景定制的产品，其同质性依然还很明显。或者说，为场景定制的产品，被模仿起来还是比较简单，这就造成在市场体量比较大的场景下，竞争高度激烈，无法产生比较大的利润；另一方面，很多体量较小的场景，由于运营维护成本和定制成本过高，也不能产生盈利。因此，可以说，2016年，整个互联网保险市场并没有找到合适的方法，让场景真正解决互联网保险产品黏性比较差的问题。

我认为互联网保险的"场景化"并非简单的连接，通过场景打造入口级产品才是"核武器"。所谓入口级产品，也就是基于刚需、高频的众多连接，这样才能真正的实现找到、打通乃至运用场景，最终完成保险与用户需求的无缝对接。

开心保自2012年9月上线以来，陆续连接了购物场景"天猫旗舰店"、搜索场景"开心保保险网——最便捷在线网上比价投保平台"、旅行场景"甩票、穷游、马蜂窝"、金融场景"万达金融、块钱"等，也在短短的4年内实现服务用户超300万人，保费超过7亿元的市场成绩。

烧钱是2016年互联网保险另外一个关键词。2016年见证了市场的冲动与浮躁，烧钱、亏损成了很多创业公司的主要手段，却忽视了保险产品的特殊属性和用户需求。在国内保险业高速发展的大势之下，很多公司进入到互联网保险行业，也有很多公司因为过度烧钱而陷入困境甚至无奈退场，这个现象的核心点在于，保险是低频消费产品，单纯的烧钱并不能真正留存客户。

关于保险姓保，监管的这个决定是非常英明而及时的，同时我们也欣喜地看到，客户保险需求也在逐步提高，比如现在环境污染，大家对重大疾病等方面的关注度在提高。

2017年，保险市场非常值得期待，尤其是在健康险类的产品定制方面，目前已经看到市场上很多公司创造了合适的产品。未来，开心保也会在这方面积极投入，把产品和服务融为一体，产品和服务联合起来，满足客户的需求，这是我们努力的方向。同时，互联网保险热度会进一步升高，巨头进一步深入互联网保险领域。同时，我们要改变保险产品接触频率低、被动购买等固有属性，让大家看得懂、买得起、用得好。

悟空保创始人陈志华：

互联网保险市场足够大

2016 年是互联网保险持续升温且模式、产品和融资具呈现百花齐放、百家争鸣的繁荣景象的一年。2016 年，从商业车险费改的全面落地，健康税优政策的推行，到个税递延型养老保险新政的试行，以及对于险资举牌上市公司的相关规定，都显示了监管在确保行业健康稳健发展和灵活适应新发展形势双重目标下的努力与平衡，也让我们看到监管层在面对互联网带来千变万化的新气象时，更加理性和更加笃定的态度。我们发现，保监会几乎所有的重大规定都集中在保险产品的供给侧改革和创新上，所以我们认为产品定制和创新是 2016 年让我们印象深刻的一点，这也是悟空保矢志不渝的追求和实践。比如近期悟空保携手华夏人寿共同推出了一款性价比完爆中国香港保险的"至尊保"产品（华夏优优宝终身重大疾病产品），这也是我们在寿险定制领域的第一次尝试和探索，核心理念也是回归保险保障属性，去繁就简。

另外，悟空保在很多互联网场景做了很多创新，比如和新氧、泰康在线原创定制的整形整容效果产品；和好车无忧、中国人保原创定制的二手车技师责任险；和小牛电动、人寿财险合作的电动车保险等，这都是我们的原创。

任何的互联网创业，万变不离其宗，一定是围绕客户的痛点、需求、价格和体验等，一切从客户角度出发，一切创意来源客户，一切利益为了客户，所以回归保障、产品定制、价格亲民、体验良好是我对于互联网保险市场的期待。

个人认为互联网保险市场下一步的主要变化有以下几个方面：一是竞争主体：将凸显出两极分化，收购兼并即将出现，强者恒强；二是监管趋势：要求越来越高，一些纯粹互联网出身又缺乏保险专业背景的团队可能因此被淘汰出局；三是产品定制：基于消费者利益的产品定制和原创将会成为创业的主流方向之一；四是资本市场：更加大额的融资案例将在 2017 年不断涌现，基于资本优势，对于传统保险业、中介及代理人的冲击力量将会持续增强；五是商业模式：创业的新模式将会更加丰富多彩，不管是做平台、产品、渠道、工具、服务、互助、比价等，每个方向都会诞生领头羊，互联网保险市场足够大，能够允许很多家独角兽公司存在。

小雨伞保险董事长徐瀚：

互联网保险与健康场景结合是重要方向

2016 年互联网保险市场让我印象最深刻的是互联网保险场景化方面的快速发展和探索。伴随着互联网的飞速发展，在产品、需求和用户群等方面出现基于线上场景的互联网保险机会。一方面是特定场景下产生的保险需求，将功能明确的保险产品嵌入特定的互联网场景，结合特定场景下用户产生的风险管理需求提供保险服务；另一方面是保险渠道的场景化，各个不同类型的第三方服务平台聚拢的用户有其自身场景的保险产品需求。

运输运营交通工具意外伤害险、航班延误保险等在互联网上热销的保险产品，都在说明将功能明确的保险产品嵌入特定的互联网场景，结合特定场景下用户产生的风险管理需求提供保险服务，是互联网保险场景化探索的大方向。

我认为，互联网保险与健康场景结合无疑是一个重要方向。互联网保险可以和运动 APP、健身场馆等进行合作共享数据，根据个人的运动数据和健康数据推动个性化保障内容和保费费率的设定；也可以和体检单位合作，自动获取客户体检信息，提高自动核保率和人工核保时效。有了多种数据的积累，可以介入到保险产品定价，有针对性地定制符合不同用户需求的产品。

不可否认，互联网保险市场发展的同时也存在一些问题，希望互联网保险行业能够回归保险保障的初心，从业者要把更多的资源和精力放在保险产品、理赔服务方面进行更多创新，为用户提供更简单透明的保险产品；希望互联网保险从业者能够通过保险产品和互联网技术进行结合，运用人工智能、区块链等新技术，介入到保险产品设计、保险投保、保单管理、健康管理等方面做更多的创新，为用户提供全方面的保险保障。

小雨伞保险一直聚焦于人身健康保障领域，为特定的用户定制专属的互联网保险产品。未来，雨伞保险会在产品设计、保险投保、保单管理、健康管理等方面做更多的创新和升级，为用户提供全面的保险保障。小雨伞保险很看好微信小程序的发布，会投入公司的开发资源在小程序方面做保险服务工具的创新。

保掌柜创始人任海波：

细分领域的跨界融合会更加开放

2016年的互联网保险市场可以概括为几个关键词：百花齐放、监管。

2016年是互联网保险百花齐放的一年，大家发力点各有侧重，场景保险、车险、互助、代理人等多个方向都有长足发展，保监会也通过发文、专项整治等活动规范整个市场运作，让保险回归保障本质。大家在细分领域不断探索的同时，同样面临很多问题，如场景保险获取流量成本及用户黏性问题、车险的盈利能力、互助的政策风险、保险低频非刚需如何破解、产品同质化竞争等。

2016年监管对于互联网保险更多是让产品回归保障，这方面大家都已经达成一个共识"保险姓保"，互联网保险不管有多创新，一定要坚守"保险姓保"的定位。专注于企业场景定制的保掌柜全部精力都投入在产品设计及互联网技术上，旨在为用户提供更简单、体验更好的保险产品、理赔服务，只有这样互联网保险才能迎来持续健康的发展。

我认为，2017年互联网保险将会迎来更广阔的市场，细分领域将出现领跑者，在消费升级的大潮下一定会有更多的细分场景保险需求，保险从保障属性的基础上，在细分领域的跨界融合会更加开放，将出现更多创新模式。我们要做的就是通过大数据、人工智能等技术把互联网保险的连接属性发挥得更好，让保险润物细无声融入到用户生活、工作及消费中去。

作为互联网保险大潮中的一位创业者，保掌柜经过半年多时间在十多个领域拓展了50+B端合作伙伴，接下来将聚焦在2~3个领域做重度垂直，探索"保险＋服务"模式形成深度融合，在某个细分领域保险会成为服务的精准流量入口，实现服务闭环，通过差异化竞争优势提高门槛、提升毛利。